# OSHO
## O livro dos homens

FUNDAMENTOS PARA UMA NOVA HUMANIDADE

# OSHO

## O livro dos homens
Como usar a "crise da masculinidade" como uma oportunidade para a autodescoberta

*Tradução*
Patrícia Arnaud

6ª edição

BestSeller
Rio de Janeiro | 2020

CIP-BRASIL. CATALOGAÇÃO NA PUBLICAÇÃO
SINDICATO NACIONAL DOS EDITORES DE LIVROS, RJ

O91f Osho, 1931-1990
6ª ed. O livro dos homens / Osho; tradução: Patrícia Arnaud. – 6ª ed.
– Rio de Janeiro: Best*Seller*, 2020.
il.

Tradução de: The book of men
ISBN 978-85-7684-709-0

1. Vida espiritual. 2. Meditação. I. Título.

14-12067 CDD: 299.93
CDU: 299.9

Texto revisado segundo o novo Acordo Ortográfico da Língua Portuguesa.

TÍTULO ORIGINAL:
THE BOOK OF MEN
Copyright © 1997, 1998 OSHO International Foundation
Copyright da tradução © 2014 by Editora Best Seller Ltda.

Publicado mediante acordo com OSHO International Foundation, Switzerland.
www.osho.com/copyrights

O material contido neste livro foi selecionado a partir de vários discursos de Osho
para plateias ao vivo. Todos os discursos de Osho foram publicados na íntegra
como livros, e estão também disponíveis como gravações de áudio.
Os arquivos completos de gravações e textos se encontram em www.osho.com

**OSHO** é uma marca registrada da Osho International Foundation,
www.osho.com/trademarks.

Capa: Gabinete de Artes
Editoração eletrônica: Abreu's System

Todos os direitos reservados. Proibida a reprodução,
no todo ou em parte, sem autorização prévia por escrito da editora,
sejam quais forem os meios empregados.

Direitos exclusivos de publicação em língua portuguesa para o Brasil
adquiridos pela
EDITORA BEST SELLER LTDA.
Rua Argentina, 171, parte, São Cristóvão
Rio de Janeiro, RJ – 20921-380
que se reserva a propriedade literária desta tradução

Impresso no Brasil

ISBN 978-85-7684-709-0

Seja um leitor preferencial Record.
Cadastre-se e receba informações sobre nossos
lançamentos e nossas promoções.

Atendimento e venda direta ao leitor:
sac@record.com.br

# Sumário

| | |
|---|---|
| Prefácio | 9 |
| Introdução | 11 |

## PARTE 1

| | |
|---|---|
| ADÃO | 17 |
| A VÍTIMA | 35 |
| O ESCRAVO | 47 |
| O FILHO | 57 |
| O ROBÔ | 66 |
| O ANIMAL | 76 |
| O MANÍACO SEXUAL | 85 |

| O MONGE | 100 |
| O HOMOSSEXUAL | 107 |
| O ZORBA | 113 |

## PARTE 2

| EVA | 121 |
| O MACHO | 132 |
| O MENDIGO | 143 |
| O NAMORADO | 153 |
| O MARIDO | 162 |
| O PAI | 170 |
| O AMIGO | 178 |
| O PLAYBOY | 185 |

## PARTE 3

| O POLÍTICO | 195 |
| O PADRE | 199 |
| O CIENTISTA | 204 |

| O EMPRESÁRIO | 208 |
| O AMERICANO | 212 |
| O BUDA | 239 |

## PARTE 4

| O NOVO HOMEM | 249 |
| O MEDITANTE | 254 |
| O GUERREIRO | 263 |
| O JOGADOR | 273 |
| O CRIADOR | 280 |
| O ENVELHECIMENTO | 286 |
| O MESTRE | 293 |
| ZORBA, O BUDA | 302 |
| Informações adicionais | 317 |

# Prefácio

Os títulos dos capítulos foram escolhidos para estruturar a riqueza do material de Osho disponível sobre o assunto da Libertação dos Homens. Estes arquétipos definidos por Adão, O Robô, O Mendigo, O Amante, O Político, O Jogador, O Criador etc. não devem ser entendidos como tipos fixos de caráter ou personalidade, mas simplesmente como descrições de certas tendências, condicionamentos e padrões de comportamento da personalidade, comum a todos os seres humanos. Conforme Osho indica, a realidade do indivíduo está além de todas essas teorias e categorias. Esses conceitos arquetípicos são usados para ajudar o homem a reconhecer sua mentalidade particular e, depois, a avançar para além das limitações e confinamentos da mente, com o propósito de ir além da personalidade e descobrir sua face original, o eu verdadeiro e essencial.

# Introdução

A libertação dos homens não aconteceu ainda. Não apenas as mulheres, mas os homens também precisam de um grande movimento de libertação, uma libertação do passado, desde a escravidão dos valores que negam a vida e dos condicionamentos sociais que foram impostos à humanidade por todas as religiões há milhares de anos. Os padres e os políticos causaram uma tremenda divisão no homem. Criaram um homem com sentimento de culpa que é alienado de si mesmo, que luta contra um conflito interno permanente que permeia todas as áreas de sua vida, ou seja, um conflito entre o corpo e a alma, a matéria e o espírito, o materialismo e o espiritualismo, a ciência e a religião, o homem e a mulher, o Oeste e o Leste e assim por diante.

A vida pode ser vivida de duas maneiras: seja como um cálculo, no campo da ciência, da tecnologia, da matemática, da economia; seja como poesia: no campo da arte, da música, da beleza, do amor.

Desde a infância, todo homem é condicionado a se comportar e a sobreviver nesse mundo competitivo e orientado para a eficiência. Ele se une à luta e à corrida ambiciosa por dinheiro, sucesso, fama, poder, respeitabilidade e status social. Ainda criança, já aprende a adotar os objetivos e os valores dos pais e professores, padres e políticos, e todos os interesses institucionais, sem nunca questioná-los. Assim, o indivíduo é desviado de sua verdadeira natureza, do eu original, e perde a capacidade da alegria espontânea, da inocência infantil e da criatividade brincalhona. É reprimido em seu potencial criativo, em sua capacidade de amar, em sua vontade de gargalhar, em sua paixão pela vida, dentre outras coisas. O modo como é educado pela sociedade elimina a sensibilidade do corpo e dos sentidos e o torna insensível e morto. Perde o acesso às suas próprias qualidades femininas inatas de sentimento, gentileza, amor e intuição e se transforma em um robô eficiente orientado pela razão e sem sentimentos.

A sociedade ensina o homem a se tornar um "homem forte", que é sinônimo de suprimir suas qualidades femininas de suavidade e receptividade, amor e compaixão. Porém, todo homem tem também uma "mulher interior" dentro de si, a sua própria parte feminina inconsciente ou semiconsciente, que foi negada e reprimida por milhares de anos.

Osho destaca uma terceira maneira de se viver a vida: com a meditação. O primeiro passo é reconhecer o poder transformador da meditação e da consciência de se tornar um indivíduo maduro e completo. A meditação é o catalisador que coloca em ação o processo de crescimento interno e o acelera. A meditação faz do homem um conjunto integrado, ao criar um equilíbrio entre suas partes masculina e feminina. Ensina a viver e a desfrutar a vida em sua multidimensionalidade, em um equilíbrio saudável entre o corpo, a mente e a alma, entre a matéria e o espírito, entre o mundo exterior e o interior.

O homem de hoje vive uma profunda crise. Tendo em vista a crise global que ameaça o planeta no limiar do terceiro milênio, surge a pergunta: "E agora, Adão?" Os limites de crescimento foram alcançados há muito tempo, e a crença no progresso científico e social ilimitado foi fundamentalmente desvirtuada. Todas as revoluções exteriores falharam. Chegou a hora de uma revolução interior.

A menos que o indivíduo comece a sair de seu comportamento mecânico semelhante a um robô e da inconsciência e comece a viver a vida com amor-próprio, consciência e um profundo respeito por sua verdadeira natureza, parece não haver chance alguma de o mundo poder escapar do suicídio global.

"O homem precisa de uma nova psicologia para entender a si mesmo", diz Osho, e a compreensão básica que precisa ser profundamente assimilada e experimentada é que "nenhum homem é apenas homem e que nenhuma mulher é apenas mulher, e que cada homem é tanto homem quanto mulher, da mesma forma que cada mulher é mulher e homem. Adão tem Eva nele, Eva tem Adão nela. Na verdade, ninguém é apenas Adão, assim como ninguém é apenas Eva. Somos Adões e Evas. Este é um dos maiores conhecimentos já alcançados".

Porém, ao ser condicionado a negar e a rejeitar suas qualidades femininas, o homem foi treinado para reprimir sua parte feminina interior, o que se reflete na repressão do elemento feminino no mundo exterior. A menos que comece a descobrir sua própria mulher interior, o homem estará preso a uma busca frustrante pelas qualidades femininas, que são inerentes à sua natureza, do lado de fora, na mulher exterior. Ele precisa reintegrar sua parte feminina, de modo a se tornar saudável e inteiro, ou seja, completo dentro de si mesmo.

"Minha visão do novo homem é a de um rebelde, de um homem que está à procura de seu eu original, de sua face original. Um homem que está pronto para deixar cair todas as máscaras, todas as pretensões, todas as hipocrisias, e para mostrar ao mundo o que ele é na verdade. Se ele é amado ou condenado, respeitado, honrado ou desonrado, coroado ou crucificado, não importa, pois ser ele mesmo é a maior bênção que existe. Mesmo que seja crucificado, será crucificado feliz e completamente satisfeito. Um homem de verdade, um homem de sinceridade, um homem que sabe sobre o amor e que conhece a compaixão, e que compreende que as pessoas são cegas, inconscientes, entorpecidas, adormecidas espiritualmente."

# PARTE

# 1

# Adão

Adão foi o primeiro homem; não o primeiro homem de fato, pois podem ter existido muitos outros antes dele, mas nenhum deles disse "não". E, assim, a história não pôde registrá-los, uma vez que não tiveram egos. E esta é a minha percepção: como Adão poderia ter sido o primeiro homem? Pode ter havido milhões antes dele, mas ninguém nunca disse "não". Eles não poderiam se tornar homens, não poderiam se tornar egos.

Adão disse "não". É claro que sofreu por ter dito isso e foi expulso do jardim da felicidade.

Adão é homem, e todo homem é semelhante a Adão. Toda infância se passa no Jardim do Éden. Toda criança é tão feliz quanto os animais, é tão feliz quanto o ser primitivo, tão feliz quanto as árvores. Já observou quando uma criança corre entre as árvores ou na praia? Pois ele ainda não é humano. Os olhos da criança, embora claros, ainda são inconscientes. Ela terá que sair do Jardim do Éden. Este é o significado da expulsão de Adão do Jardim do Éden, pois ele não faz mais parte da felicidade inconsciente. Tornou-se consciente ao comer a fruta da árvore do conhecimento. Tornou-se homem.

O fato não é que Adão uma vez foi expulso, mas que todo Adão tem que ser expulso de novo e de novo. Toda criança tem que ser jogada para fora do jardim de Deus, pois faz parte do crescimento. A dor é a do crescimento. O indivíduo tem que perdê-lo para ganhá-lo novamente, e ganhá-lo de forma consciente. Trata-se de seu fardo e de seu destino, de sua angústia e de sua liberdade, o que é tanto um problema do homem quanto uma grandeza.

Por que é que o homem nunca está muito satisfeito com quem ele é e com o que a existência lhe oferece? Está sempre à procura de algo melhor para fazer, à procura de ser alguém diferente, sempre querendo mais quando o outro tem mais do que lhe foi dado. Como diz o ditado: "A grama do vizinho é sempre mais verde." Por que isso?

É porque o homem tem sido confundido. É direcionado para onde a natureza não prevê que ele esteja. Não se move em direção ao seu próprio potencial. Está tentando ser o que os outros quiseram que ele fosse, mas isso não pode resultar em satisfação. Quando não há satisfação, a lógica diz: "Talvez não seja suficiente, tome mais do mesmo." Então, ele vai atrás de mais, começa a olhar em volta. E todos saem com uma máscara sorridente, que demonstra felicidade, de modo que uns enganam os outros. Ele também sai com uma máscara, para que os outros pensem que é mais feliz. Ele acha que os outros são mais felizes.

A grama do vizinho parece mais verde, mas ela o é dos dois lados. As pessoas que moram do outro lado da cerca veem a sua grama, e ela parece mais verde. Realmente parece mais verde, mais espessa, melhor. Essa é a ilusão criada pela distância. Quando se chega mais perto, é possível ver que não é bem assim. Entretanto, as pessoas se mantêm a distância. Mesmo os amigos, mesmo os amantes se mantêm a uma certa distância.

pois proximidade demais é perigoso, uma vez que podem ver a sua realidade.

E como o homem tem sido mal-orientado desde o início, qualquer coisa que ele faça fará com que permaneça infeliz. A natureza não tem a noção de dinheiro, pois, do contrário, dólares teriam crescido em árvores. A natureza não tem a noção de dinheiro, pois este é pura invenção do homem. É útil, mas também perigoso. Quando se vê alguém muito rico, é possível achar que talvez o dinheiro traga alegria: "Olhe para aquela pessoa, como ela parece ser alegre", e, então, corra atrás de dinheiro. Alguém é mais saudável, corra atrás de saúde. Alguém está fazendo alguma outra coisa e parece muito contente, então siga-a.

Mas são sempre os outros, e a sociedade se organizou de tal forma que o homem nunca vai pensar sobre o seu próprio potencial. E o problema é que ele não está sendo ele mesmo. Basta ser ele mesmo para que não haja sofrimento, nem concorrência, nem aborrecimento pelo fato de os outros terem mais, e de ele não ter mais do que os outros. E, para quem gosta da grama mais verde, não há necessidade de olhar para a do vizinho, pois você pode tornar a *sua* própria grama mais verde. É muito simples fazer com que ela fique mais verde. Entretanto, você está apenas olhando para tudo que é lado, e todos os gramados são muito bonitos, exceto o seu.

O homem tem que estar enraizado em seu próprio potencial, seja qual for, e ninguém deve lhe dar direções e orientação. Devem ajudá-lo, aonde quer que vá, e no que quer que esteja se tornando. E o mundo vai ficar inacreditavelmente satisfeito. Eu digo que nunca senti qualquer descontentamento, até mesmo na infância, pela simples razão de que nunca permiti que alguém me desviasse do que estivesse fazendo ou do que estivesse tentando ser. Isso me ajudou bastante. Foi difícil, e as dificuldades continuaram a crescer, e, agora, o mundo inteiro está contra mim. Mas isso não me perturba. Eu me considero muito feliz, muito contente. Não consigo pensar que poderia ter sido de outra forma. Em qualquer outra posição, acho que teria sido infeliz.

O mundo é contra a individualidade. É contra o ser humano ser apenas seu eu natural. O mundo quer que o homem seja apenas um robô, e como concordou em ser um robô, o homem se encontra em apuros. O homem não é um robô. Não foi essa a intenção da natureza. Portanto, visto que ele não é o que foi previsto ser, nem o que foi destinado a ser, encontra-se em uma constante busca: "O que será que está faltando? Talvez melhores móveis, melhores cortinas, uma casa melhor, uma esposa melhor, um emprego melhor..." Durante toda a vida o indivíduo faz tentativas e corre de um lugar para outro. Entretanto, a sociedade o confunde desde o início.

Eu me empenho em trazer o indivíduo de volta para si mesmo, assim ele, de repente, vai descobrir que todo o descontentamento desapareceu. Não há necessidade de ser mais – o homem é suficiente. Todo mundo é suficiente.

Por que é tão difícil para o indivíduo amar a si mesmo?

Toda criança nasce com um amor enorme por si mesma. É a sociedade que destrói esse amor, é a religião que destrói esse amor, pois, se uma criança cresce amando a si mesma, quem vai amar Jesus Cristo? Quem vai amar o presidente? Quem vai amar os pais? O amor da criança por si mesma tem que ser desviado. A criança deve ser condicionada, de modo que seu amor esteja sempre direcionado para um objeto externo a ela. Isso torna o homem muito pobre, pois quando ama alguém que não a si mesmo, seja Deus, o papa, sua esposa, seu pai, seu marido, seus filhos, quem quer que seja o objeto de seu amor, torna-se dependente do objeto. Torna-se um objeto secundário a seus próprios olhos, torna-se um mendigo.

O homem nasceu um imperador, absolutamente satisfeito consigo mesmo. No entanto, seu pai quer que ele o ame, sua mãe quer que ele a ame. Todos ao seu redor querem se tornar um objeto de seu amor. Ninguém se importa com o fato de que um homem que não pode amar a si mesmo não pode amar ninguém mais também. É por isso que se cria uma sociedade muito louca nos locais em que todos estão tentando amar alguém, e eles não têm nada para dar. Nem a outra pessoa tem qualquer coisa para dar. Por que os amantes brigam, se provocam e ofendem constantemente um ao outro? Pela simples razão de que não recebem o que tinham esperado receber. Ambos são mendigos, ambos são vazios.

Uma criança educada de forma correta terá permissão para crescer com o amor voltado para si mesma, e se tornará tão repleta de amor que compartilhá-lo será uma necessidade. Ela fica tão sobrecarregada de amor que há de querer alguém com quem dividi-lo. Assim o amor nunca torna a pessoa dependente de ninguém. Ela é a doadora, e o doador nunca é um mendigo. E o outro também é um doador. E, portanto, quando dois imperadores, mestres de seus próprios corações, se encontram, há uma enorme alegria. Ninguém é dependente de ninguém, todo indivíduo é independente e bem-centrado e bem-fundamentado em si mesmo. Tem raízes que vão fundo no interior de seu ser, de onde o suco chamado amor vem para a superfície e floresce, abrindo milhares de rosas. Esse tipo de pessoa não foi possível até agora por causa dos profetas, dos messias, das encarnações de Deus e de todos os outros tipos de idiotas. Eles destruíram o homem por sua própria glória, seu próprio ego. Eles o esmagaram completamente.

É possível perceber a lógica. De duas, uma: ou o messias, o salvador, se torna o objeto do amor do indivíduo, e este se torna apenas uma sombra, seguindo-o cegamente, ou o indivíduo, se estiver totalmente satisfeito, transborda de amor e floresce em milhares de rosas. E, no último caso, quem é que vai se importar de ser salvo, uma vez que já está salvo? Quem se preocupa com o paraíso, uma vez que já está nele?

O padre vai morrer e o indivíduo vai aprender como amar a si mesmo, o político não vai ter seguidores, todos os interesses institucionalizados da sociedade vão à falência. Estão todos prosperando com uma exploração psicológica muito sutil do homem.

Mas aprender a amar a si mesmo não é difícil, é natural. Para aquele que é capaz de fazer algo que não é natural, e aprendeu como amar os outros sem amar a si mesmo, então a coisa é muito simples. Tem feito o que é praticamente impossível. É só uma questão de compreensão, a simples compreensão de que "tem de amar a si mesmo, pois, do contrário, vai perder o significado da vida. Nunca vai crescer, vai simplesmente envelhecer. Não terá nenhuma individualidade. Não será verdadeiramente humano, digno, integrado". E, além disso, se não conseguir amar a si mesmo, não conseguirá amar ninguém mais no mundo. Tantos problemas psicológicos surgiram porque o homem foi desviado de si mesmo. Ele "não é digno", não é o que deveria ser, e suas ações devem ser corrigidas. Tem que ser moldado com uma determinada personalidade. No Japão, embora existam árvores de 400 anos, a altura delas é de apenas 15 centímetros. Os japoneses acham que é uma forma de arte. É assassinato, puro assassinato! A árvore parece antiga, mas tem apenas 15 centímetros de altura. Teria 30 metros de altura, em direção às estrelas. O que os japoneses fizeram? Que estratégia usaram? A mesma estratégia usada contra a humanidade, contra os seres humanos. Colocam a árvore em um pote sem fundo. Assim, quando as raízes da árvore crescem, cortam-na em um processo constante, pois não há fundo no pote. As raízes são cortadas à medida que crescem, e por isso mesmo, como as raízes não crescem profundamente, a árvore não pode ficar alta. Envelhece, mas nunca cresce. Exatamente o mesmo que é feito com os seres humanos.

O amor por si mesmo é uma necessidade básica para o crescimento do ser humano. E é por isso que eu ensino o indivíduo a ser egoísta, o que é natural.

Todas as religiões ensinam as pessoas a serem altruístas. Sacrificar-se por qualquer ideia idiota: a bandeira, apenas um pedaço podre de pano. Sacrificar-se pela nação, que não é nada além de uma fantasia, pois a Terra não é dividida em nações em lugar nenhum. Trata-se de uma artimanha dos políticos para repartir a Terra no mapa. As pessoas se sacrificam por linhas desenhadas nos mapas! Morrem pela religião: o cristianismo, o hinduísmo, o budismo, o islamismo. E conduzem isso de tal forma que o indivíduo fica preso. Se morrer pela nação, será chamado de mártir. No entanto, na verdade, estará simplesmente cometendo suicídio, e isso também por um motivo tolo. Aquele que morrer pela religião vai alcançar o paraíso, e desfrutar de bênçãos eternas. Eles manipularam os cidadãos. Mas uma coisa é básica nessa manipulação, ou seja, o homem não deve amar a si mesmo, e sim odiar a si mesmo, porque não vale nada. Todos têm muito ódio de si mesmos. E será que aquele que odeia a si mesmo consegue encontrar alguém que vá amá-lo? Se não estiver pronto para amar a si mesmo, é impossível que qualquer outra pessoa venha a amá-lo. Todos aceitam a ideia de que, caso não sigam determinadas regras, dogmas religiosos, ideologias políticas, não são dignos de valer alguma coisa.

Ao nascer, o homem não é cristão, católico, e também não nasce comunista. Toda criança vem ao mundo como uma folha de papel em branco, ou seja, completamente limpa. Não há nada escrito sobre a criança, seja na Bíblia, no Alcorão, no Gita ou em *O capital* (de Karl Marx). Não, não há nada escrito sobre ela. A criança, além de não trazer nenhum livro sagrado com ela, ainda chega com a maior inocência. Entretanto, a inocência se torna seu maior problema, pois todos ao seu redor são lobos, que se escondem em políticos, em padres, em pais e em professores. Todos pulam em cima de sua inocência. Começam a ditar coisas sobre esse novo ser que, mais tarde, vai acreditar que se tratam de sua herança. Eles destroem a herança. E depois é possível que eles o escravizem, para fazer com que faça o que eles quiserem. Se quiserem que o indivíduo mate pessoas inocentes... Há máfias religiosas, há máfias políticas, e elas vão explorar as pessoas. Essas máfias podem ser inimigas entre si, mas em um ponto todas concordam: não se deve permitir que o homem ame a si mesmo. Isso corta suas raízes a partir do seu próprio ser e, consequentemente, ele se torna um indivíduo indefeso, sem raízes, como uma simples madeira lançada à água, de modo que possam fazer qualquer coisa que queiram com ele. Pessoas nos Estados Unidos estavam matando pobres inocentes no Vietnã. O que queriam com isso? E não era unilateral. Estavam enviando seus próprios cidadãos, homens que ainda não tinham provado nada da vida, para matar em nome da democracia, em nome da América. Mas por que alguém deveria se sacrificar em nome de alguma coisa? Muçulmanos e cristãos lutaram e mataram uns aos outros, em nome de Deus. Ambos estão lutando e matando em nome da mesma divindade, Deus. Estranho o mundo que criamos!

A estratégia é muito simples: destruir o amor natural da pessoa por si mesma. Com isso, ela se torna tão indigna aos próprios olhos que se dispõe a fazer qualquer coisa por uma medalha de ouro, apenas para sentir que vale alguma coisa e é alguém. Quem nunca viu nos generais várias listras coloridas presas ao uniforme? Que tipo de estupidez é essa? Aquelas listras continuam aumentando à medida que o general mata e destrói a si mesmo. Qualquer um pode ter todas aquelas cores em suas camisas. Aparentemente, não há nenhuma lei que possa impedir de tê-las, mas quem usá-las vai parecer simplesmente tolo. Aqueles generais, eles não parecem tolos? São respeitados e grandes heróis. E o que foi que fizeram? Assassinaram muitas pessoas do próprio país e de vários outros países. E esses assassinos ainda são recompensados. Alguém já viu alguma sociedade recompensar seus amantes? Não, amantes devem ser condenados. Nenhuma sociedade permite qualquer tipo de respeito aos amantes, pois o amor é uma maldição para a sociedade. Portanto, a primeira coisa que todos os interesses institucionais têm a fazer é desviar o homem do amor, o que eles têm conseguido até agora.

Milhões de anos... e o homem continua a ser um escravo, e a sentir um profundo complexo de inferioridade e indignidade, porque não é capaz de cumprir tudo o que lhe é exigido. De fato, o que quer que seja exigido é tão antinatural que não há como cumprir. E, por meio da ausência de dignidade por parte do homem, os messias continuam a ficar cada vez maiores, pois dizem e prometem que são os salvadores e que vão salvar o homem. O homem não pode salvar o homem. Nunca lhe permitiram que aprendesse a nadar. Por conta própria, o homem pode apenas se afogar.

Os políticos continuam a dar esperança de que em breve não haverá mais pobreza, e a pobreza continua a crescer. Não está diminuindo, e sim aumentando. Na Etiópia, milhares de pessoas estão morrendo todos os dias. E qualquer um ficaria surpreso ao saber que há meio milhão de pessoas nos Estados Unidos que sofrem de excesso de peso e obesidade, e que estão ficando cada vez mais gordas. Na Etiópia, as pessoas estão encolhendo, passando fome e morrendo. Nos Estados Unidos, as pessoas estão morrendo por comer demais. Será que alguém acha que esse mundo que criamos é normal?

Metade da Índia vai enfrentar o mesmo destino que a Etiópia em breve, embora o governo da Índia esteja vendendo e exportando trigo para o mundo exterior. O próprio povo vai morrer, e não em pequenas quantidades. Cerca de 50% da Índia estão no limite, e a qualquer momento pode se tornar uma Etiópia, ainda maior. No entanto, os líderes políticos vendem o trigo para outros países, porque querem usinas nucleares, energia atômica, de modo que também possam competir na corrida absurda que vem se desenrolando.

Tudo isso aconteceu em nome do altruísmo. Eu quero que você se torne absolutamente egoísta. Ame a si mesmo e seja você mesmo. E não se deixe confundir por qualquer tipo de pessoa, sejam religiosos, políticos, sociais ou educacionais. A primeira responsabilidade do indivíduo não está voltada nem para a religião nem para o próprio país. Sua primeira responsabilidade é para com ele mesmo. Basta ver: se o homem amar a si mesmo e cuidar de si, sua inteligência vai chegar ao seu pico e seu amor vai transbordar. A filosofia do egoísmo vai tornar o homem de fato altruísta, pois terá tanto para compartilhar, tanto para dar que, para ele, o ato de dar se tornará uma alegria e o de compartilhar, uma celebração. O altruísmo só pode ser um subproduto do amor-próprio.

O fato de não amar a si mesmo faz com que o ser humano se sinta fraco, porque o amor é alimento e define a força do homem. Como é possível que alguém se sinta responsável de forma natural? O homem continua a jogar a sua responsabilidade nos ombros de outra pessoa. Deus é o responsável, o destino e o responsável, Adão e Eva são os responsáveis. A serpente que seduziu Eva para desobedecer a Deus é a responsável. Olha a idiotice de toda essa questão de o homem despejar toda a responsabilidade em alguém. Uma serpente, talvez há milhões de anos... Eu tentei arduamente manter uma conversa com uma serpente, com uma cobra, mas elas não falam. Aliás, elas nem sequer ouvem. Descobri que as serpentes não têm orelhas, que estas não fazem parte de sua fisiologia. E, se não podem ouvir, como é que poderiam falar? E como é que poderiam persuadir Eva? Mas o homem tem que despejar sua responsabilidade em alguém. Adão a despeja em Eva. Eva, na serpente. A serpente, se pudesse falar, a despejaria em Deus. Dessa forma, as pessoas continuam a jogar nos outros suas responsabilidades, sem compreender que, se não forem responsáveis por elas mesmas, não serão indivíduos de verdade. Esquivar-se de responsabilidade é destrutivo para a individualidade de cada um. Entretanto, o homem só consegue aceitar a responsabilidade quando tem um enorme amor por si mesmo.

Aceito a minha responsabilidade e me alegro com isso. Nunca despejei a minha responsabilidade em ninguém, porque isso é perder a liberdade, isso é se tornar escravo, à mercê dos outros. Tudo o que sou, sou por inteiro, e unicamente responsável por isso. Isso me dá uma grande força. Também me dá raízes, me dá equilíbrio. Mas a fonte dessa responsabilidade é o fato de eu amar a mim mesmo. Também já passei pelo mesmo tipo de exploração em massa. Porém, desde o começo, deixei claro que, se for para eu ir para o céu, recusarei. Por livre e espontânea vontade, estou pronto para ir para o inferno. Pelo menos vou ter a minha independência, a minha própria escolha.

Meus pais, meus professores na escola e meus professores na faculdade brigavam comigo. Mas eu dizia: "Uma coisa é certa: não posso aceitar qualquer suborno para me tornar um escravo. Preferia sofrer por toda a eternidade no inferno, mas vou permanecer com o meu verdadeiro eu. Pelo menos vou ter essa alegria, a alegria de que essa é a minha escolha, e que ninguém me obrigou a isso." Será que seria possível se divertir no paraíso, caso ficasse ali como prisioneiro? Que tipo de paraíso é aquele em que o homem tem que seguir Jesus Cristo, Moisés, Buda, ou Krishna, onde se espera que ele seja um crente cego, onde ele não pode fazer perguntas, e onde não pode questionar sobre nada? Esse paraíso é pior do que o inferno. Entretanto, as pessoas são desviadas de suas próprias fontes.

Eu quero que as pessoas voltem para casa, que respeitem a si mesmas, que sintam a alegria e o orgulho de que a existência precisa delas, pois, do contrário, não estariam aqui. Quero que se regozijem com o fato de a existência não poder acontecer sem elas. Em primeiro lugar, é por isso que estão aqui: a existência lhes deu uma oportunidade, ou seja, uma vida com tesouros enormes escondidos dentro delas mesmas, tesouros de beleza, de êxtase, de liberdade.

Mas o indivíduo não é existencial! E sim cristão, budista, hindu. E eu quero que acreditem em uma coisa: na existência. Não há necessidade de ir a alguma sinagoga ou igreja. Aquele que não puder experimentar o céu, as estrelas, o pôr do sol, o nascer do sol, as flores desabrochando, os pássaros cantando... A existência como um todo é um sermão! Não foi preparada por algum sacerdote estúpido; está em todo lugar.

É preciso apenas confiar em si mesmo – que é um outro nome para amar a si mesmo. E, quando confia e ama a si mesmo, é óbvio que o indivíduo assume todas as responsabilidades do que quer que ele seja, e de quem quer que ele seja, sobre os próprios ombros. Isso dá uma experiência tão grande como ser humano que ninguém pode escravizá-lo novamente.

Veja a beleza de um indivíduo que consegue ficar de pé com os próprios pés. E, aconteça o que acontecer, seja alegria ou tristeza, seja vida ou morte, aquele que ama a si mesmo é tão integrado que será capaz de desfrutar não apenas a vida, mas a morte também.

Sócrates foi punido pela sociedade. Pessoas como ele estão sujeitas a serem punidas, pois são indivíduos e, como tais, não permitem que ninguém os domine. Sócrates foi envenenado. Encontrava-se deitado na cama, e o homem encarregado de lhe dar o veneno o estava preparando. O sol estava para se pôr, era o momento certo. O tribunal tinha dado a hora exata, mas o homem estava atrasado no preparo do veneno. Sócrates perguntou ao homem: "O tempo está passando, o sol está se pondo. Por que o atraso?"

O homem não pôde acreditar como alguém que estava prestes a morrer estava tão preocupado com a hora exata da própria morte. Na verdade, ele deveria estar agradecido pelo atraso. O homem amava Sócrates. Ele o tinha ouvido no tribunal e percebido sua beleza: ele sozinho tivera mais inteligência do que Atenas como um todo. Quis se atrasar um pouco mais para que Sócrates pudesse viver por mais algum tempo. Mas Sócrates não o permitiria. Disse então: "Não seja preguiçoso. Apenas traga o veneno."

O homem, ao dar o veneno a Sócrates, perguntou a ele: "Por que está tão animado? Vejo tanto esplendor em seu rosto, vejo tanta indagação em seus olhos. Não compreende? Você vai *morrer*!"

Sócrates explicou: "É isso que quero saber. A vida, eu conheci. Foi bela, e mesmo com todas as suas ansiedades e angústias, ainda assim foi uma alegria. O simples ato de respirar já é alegria suficiente. Vivi, amei, fiz o que queria fazer, disse o que queria dizer. Agora quero provar a morte, e quanto antes, melhor.

"Há apenas duas possibilidades. Ou a minha alma vai continuar a viver sob outras formas, como dizem os místicos orientais, o que é uma grande emoção, pois será possível continuar essa jornada da alma livre do fardo do corpo. O corpo é uma gaiola e tem limitações. Ou talvez os materialistas estejam certos quando dizem que, quando o corpo morre, tudo morre. Ninguém permanece depois. Isso também é uma grande emoção, ou seja, não ser! Sei o que significar ser, e é chegado o momento de saber o que significa não ser. E quando eu não for mais, qual será o problema? Por que eu deveria estar preocupado com isso? Não estarei lá para me preocupar e, então, por que perder tempo agora?" Esse é o homem que ama a si mesmo. Até mesmo a responsabilidade da morte ele escolheu, uma vez que o tribunal não tinha nada contra ele. Foi apenas preconceito público, o preconceito das pessoas medíocres que não podiam compreender os grandes voos de inteligência de Sócrates. Entretanto, elas eram a maioria, e todas decidiram pela morte de Sócrates.

Elas não conseguiram responder a um único argumento proposto por ele. Provavelmente, não conseguiram sequer entender o que ele estava dizendo, e responder, então, estava fora de questão. Ele destruiu todos os argumentos daquelas pessoas e, apesar disso, como estavam em uma cidade democrata, elas decidiram que aquele homem era perigoso e que devia lhe ser dado veneno.

Qual foi a sua culpa? Sua culpa foi, segundo aquelas pessoas, "fazer com que a nossa juventude seja rebelde, fazer com que a nossa juventude fique cética, fazer com que nossa juventude se torne esquisita. Ele cria uma lacuna entre as gerações mais velhas e as gerações mais jovens. Os mais jovens não ouvem mais os mais velhos e discutem sobre tudo. E isso acontece por causa desse homem".

No entanto, os juízes eram um pouco melhor do que as pessoas comuns. Disseram a Sócrates: "Vamos lhe dar algumas alternativas. Se deixar Atenas e prometer nunca mais voltar, pode se salvar da morte. Ou, se quiser permanecer em Atenas, então deve parar de falar, ficar em silêncio. Depois também podemos persuadir o povo a deixá-lo viver. Caso contrário, a terceira alternativa é que amanhã, quando o sol se pôr, você terá que beber veneno."

O que Sócrates fez? Disse: "Estou pronto para tomar o veneno amanhã ou hoje, quando quer que o veneno esteja pronto, mas não posso parar de dizer a verdade. Se estiver vivo, vou continuar a dizê-la até meu último suspiro. Além disso, não posso deixar Atenas apenas para me salvar, porque depois vou sempre me sentir um fraco que ficou com medo da morte, que escapou da morte, e que não pôde assumir a responsabilidade da morte também. Tenho vivido de acordo com a minha própria forma de pensar, sentir e ser, e quero morrer também dessa forma.

"E não se sinta culpado. Ninguém é responsável por minha morte. Sou eu o responsável. Eu sabia que isso estava prestes a acontecer, já que falar a verdade em uma sociedade que vive de mentiras, fraudes e ilusões é pedir para morrer. Não culpo essas pessoas pobres que decidiram por minha morte. Se alguém é responsável, esse alguém sou eu. E quero que todos saibam que vivi assumindo responsabilidades por mim mesmo e vou morrer dessa mesma forma. Em vida, fui um indivíduo. Na morte, sou um indivíduo. Ninguém decide por mim, sou eu quem decide sobre o meu destino."

Isso é dignidade. Isso é integridade. Isso é o que um ser humano deveria ser. E se a Terra como um todo fosse cheia de pessoas como esse homem, seria possível fazer desta Terra um local tão bonito, com muito êxtase, abundante em tudo...

Contudo, como o indivíduo está em falta, é preciso que o homem assuma a responsabilidade por si mesmo. Entretanto, só será capaz de assumi-la se começar a amar a si mesmo, quem quer que ele seja: essa é a forma que a existência queria que ele tomasse. Se quisesse outro Jesus Cristo, a existência teria criado um. Ser cristão é feio, ser muçulmano é feio, ser hindu é feio. Todo ser humano tem que ser ele mesmo, apenas ele mesmo, simplesmente ele mesmo. E deve se lembrar que está assumindo um grande risco quando declara que é simplesmente ele mesmo. Não pertence a nenhuma multidão, a nenhum rebanho. Estes são todos rebanhos: hindus, muçulmanos, cristãos, comunistas. Ele, por sua vez, está se declarando como indivíduo, sabendo perfeitamente bem que é arriscado. A multidão pode não perdoá-lo em absoluto, mas é belo assumir o risco de seguir em frente a cada passo perigoso. Quanto mais perigosamente se vive, mais se vive. E é possível viver toda a eternidade, em um único momento, para aquele que está pronto para viver na totalidade, arriscando a tudo e a todos.

Eu não quero que você seja um homem de negócios, quero que seja um jogador. E, quando estiver jogando, deve colocar tudo em jogo. Não deve reservar nada para o momento seguinte. Depois, aconteça o que acontecer, receberá uma grande bênção. Mesmo que se torne um mendigo, seu ser será muito mais digno do que o de um imperador.

O homem não pode cair em um estado pior. Entretanto, *caiu*, pois esqueceu o sorriso com o qual toda criança nasce e perdeu seu caminho em direção à saúde e integridade.

A porta se abre neste exato momento, sempre aqui e agora, onde a vida e a morte continuamente se encontram. O ser humano escolheu a orientação da morte, porque era do interesse daqueles que estão no poder, e esqueceu que a vida passa enquanto se afoga em tristeza.

Uma vez um discípulo perguntou a Confúcio como ser feliz, como ser vivaz. Confúcio respondeu: "Você está fazendo uma pergunta estranha. Estas coisas são naturais. Nenhuma rosa pergunta como ser uma rosa." Se a preocupação for a tristeza e o sofrimento, haverá tempo suficiente em seu túmulo para então poder ser infeliz, para a satisfação do seu coração. Entretanto, enquanto estiver vivo, seja totalmente vivo. A partir dessa totalidade e intensidade há de surgir a felicidade, e um homem feliz certamente aprende a dançar.

O que mais se deseja é que toda a humanidade seja feliz, dance e cante. Dessa forma, este planeta inteiro se tornará maduro e desenvolverá a consciência. Um homem triste, um homem infeliz, não pode ter uma consciência muito afiada. Pelo contrário, sua consciência é fraca, monótona, pesada, escura. Apenas quando dá gargalhadas com bastante vontade é que toda a escuridão desaparece repentinamente como um flash.

É através da risada que o homem demonstra seu eu autêntico. Por outro lado, é na tristeza que encobre sua face original com a falsa identidade que a sociedade espera dele. Ninguém quer que as pessoas estejam tão felizes a ponto de começarem a dançar na rua. Ninguém quer que deem gargalhadas, pois, do contrário, os vizinhos vão começar a bater nas paredes pedindo para parar. Sofrimento é normal, mas gargalhada é uma perturbação. As pessoas infelizes não podem tolerar ninguém que não seja infeliz. O único crime de pessoas como Sócrates é o fato de elas serem pessoas muito felizes, e sua felicidade criar uma inveja imensa nas grandes massas que vivem na miséria. A massa não pode tolerar pessoas felizes, elas têm que ser destruídas, porque provocam dentro dos indivíduos uma possibilidade de revolta, e eles têm medo dessa revolta. Quando o homem se apaixona pela rebelião, ele está no caminho certo.

# A Vítima

Por que o indivíduo não conhece o seu próprio eu? Essa deveria ser a coisa mais fácil do mundo e, no entanto, tornou-se difícil, a mais difícil. Tornou-se praticamente impossível conhecer-se a si mesmo. O que deu errado? O indivíduo tem a capacidade de conhecer. Ele está lá, e a capacidade de conhecimento está lá. Portanto, o que foi que deu errado? Por que essa capacidade de conhecimento não pode se voltar para ele próprio?

Apenas uma coisa deu errado e, a menos que a corrija, o indivíduo vai continuar na ignorância em relação a si mesmo. E a coisa que deu errado é uma divisão que foi criada dentro dele. Ele perdeu sua integridade. A sociedade transformou o indivíduo em uma casa partida, ou seja, dividido contra si mesmo. A estratégia é simples e, uma vez compreendida, pode ser removida. Trata-se do seguinte: a sociedade proporciona ao homem os ideais de como ele deveria ser. E reforça esses ideais de forma tão profunda nele que o homem passa a estar sempre interessado no ideal "como ele deveria ser", e se esquece do "quem ele é".

As pessoas estão obcecadas com o ideal futuro e se esquecem da realidade presente. Os olhos das pessoas estão voltados para o futuro distante. E é por isso que não conseguem se voltar para dentro. Estão constantemente pensando no que fazer, em como fazer e em como ser. A linguagem que utilizam passou a ser "devo fazer" e "tenho que", e a realidade consiste apenas em "ser e estar" no presente. A realidade não conhece nenhum dever, nenhuma obrigação.

Uma rosa é uma rosa, não há dúvidas de que seja alguma outra coisa. E a flor de lótus é uma flor de lótus. Nem a rosa tenta se tornar uma flor de lótus, nem a flor de lótus tenta se tornar uma rosa. Portanto, elas não são neuróticas. Não precisam de psiquiatra nem de qualquer psicanálise. A rosa é saudável porque simplesmente vive a sua própria realidade. E assim acontece com a existência como um todo, exceto com o homem. Apenas o homem tem ideais e deve fazer isso e aquilo. "Ele deve ser isso e aquilo", e assim fica dividido contra seu próprio "ser". "Dever" e "ser" são inimigos. E ele não pode ser nada que ele não seja. Precisa deixar que isso ancore profundamente no coração: o homem só pode ser o que ele é, e nunca outra coisa. Uma vez aprofundada essa verdade, a de que "consigo ser apenas eu mesmo", todos os ideais impostos desaparecem. Eles são descartados automaticamente. E quando não há ideal, encontra-se a realidade. Daí, então, os olhos estão voltados para o aqui e agora e, portanto, o homem está presente para o que ele é. A divisão desapareceu. O homem é um ser completo.

Este é o primeiro passo: ser único consigo mesmo. E é difícil, dado tanto condicionamento, tanta educação, tantos esforços civilizatórios. Se adotar o primeiro passo de apenas se aceitar e amar a si mesmo da maneira como é, a cada momento... Por exemplo, você está triste. Neste momento está triste. Todo o seu condicionamento lhe diz: "Você não deve ficar triste. É ruim. Não deve ficar triste. Você tem que ficar feliz." Agora a divisão e, consequentemente, o problema. "Você está triste": esta é a verdade neste momento. E o seu condicionamento e sua mente dizem: "Você não deve ficar assim. Você tem que ficar feliz. Sorria! O que as pessoas vão pensar de você?" Sua mulher pode deixá-lo se estiver muito triste, seus amigos podem desertá-lo se estiver muito triste, seu negócio será destruído caso permaneça muito triste. Precisa dar risada, precisa sorrir, tem pelo menos que fingir que está feliz. Se for um médico, os pacientes não vão se sentir bem se estiver muito triste. Eles querem um médico que esteja feliz, alegre, saudável, mas ele parece estar muito triste. Precisa sorrir. Mesmo que não consiga produzir um sorriso de verdade, deve estampar no rosto um sorriso falso, desde que seja um sorriso. Deve pelo menos fingir, atuar.

Este é o problema: fingir, atuar. É possível produzir um sorriso, mas com isso a pessoa se transforma em duas outras. Reprimiu a verdade e se tornou impostora.

E o impostor é apreciado pela sociedade. O impostor se transforma em santo, o impostor se torna o grande líder. E todos começam a seguir o impostor. O impostor passa a ser o ideal de todos. É por isso que o ser humano é incapaz de conhecer a si mesmo. Como pode conhecer a si mesmo se não aceita a si mesmo? Ele reprime seu ser constantemente. O que deve ser feito, então? Quando estiver triste, precisa aceitar a tristeza: este é um sentimento que o homem está tendo de fato. Não deve dizer: "Estou triste." Não deve dizer que a tristeza é algo separada dele. Pode simplesmente afirmar: "Sou a tristeza. Neste momento, sou a tristeza." Precisa viver sua tristeza com total autenticidade. E ficará surpreso quando uma porta miraculosa se abrir para o seu ser. Ao viver sua tristeza sem a imagem de estar feliz, o homem fica feliz imediatamente, pois a divisão desaparece. Não há mais nenhuma divisão. "Sou a tristeza" e não há dúvidas quanto a qualquer ideal de ser outra coisa. Assim, não há nenhum esforço, nenhum conflito. "Simplesmente isso", e uma sensação de relaxamento. Relaxamento esse que se traduz em graça e alegria. Toda a dor psicológica existe apenas em função de as pessoas estarem divididas. Dor significa divisão, e felicidade significa a ausência de divisão. Pode parecer paradoxal: se alguém está triste e aceita sua tristeza, como é que pode se tornar alegre? Pode parecer paradoxal, mas é assim que acontece. Basta tentar.

E não estou querendo dizer: "Deve-se tentar ser feliz" ou "Deve-se aceitar a tristeza para que se possa ser feliz". Não quero dizer isso. Se essa for a sua motivação, então nada vai acontecer, e a luta continuará. Você observará pelo canto dos olhos, pensando: "Tanto tempo se passou e aceitei até mesmo a tristeza, além de dizer 'Sou a tristeza', e a alegria ainda não chegou." Ela não virá desse jeito.

A alegria não é um objetivo, é um subproduto. É uma consequência natural da unidade, da unicidade. Deve-se apenas se manter unido a essa tristeza, sem motivação e sem nenhum propósito em particular. Não há necessidade de qualquer propósito. Esta é a forma como você se encontra neste momento, é a sua verdade. E no próximo momento você pode estar bravo, e deve aceitar isso também. E no momento seguinte, pode ser que esteja de algum outro jeito, e também deve aceitar da mesma forma. As pessoas devem viver cada momento com aceitação extrema, sem criar nenhuma divisão, de modo a rumarem em direção ao autoconhecimento. Abandone a divisão, pois é aí que reside todo o problema. Cada um está contra si mesmo. Abandone todos os ideais que criam esse antagonismo dentro de você. Cada um é o que é, aceite isso com alegria e gratidão. E, de repente, uma harmonia será sentida. Os dois eus, o eu ideal e o eu real, não estarão mais lá para brigar. Vão se encontrar e se fundir em um só. Não é realmente a tristeza que causa a dor às pessoas. É a interpretação de que a tristeza é errada que lhes provoca dor, e esta se torna um problema psicológico. Não é a raiva que é dolorosa. É a ideia de que a raiva é errada que cria ansiedade psicológica. É a interpretação, não o fato. O fato é sempre libertador.

Jesus disse: "A verdade liberta." E isso é de uma tremenda importância. Sim, a verdade liberta, mas sem *conhecer* sobre a verdade. Seja a verdade, e ela libertará. Seja a verdade, e haverá libertação. Não é preciso produzi-la, não é preciso esperar por ela, pois ela acontece instantaneamente. Como ser a verdade? O homem já *é* a verdade. Está apenas carregando falsos ideais que criam o problema. Tem que abandonar os ideais e procurar ser um ser natural por alguns dias. Exatamente como as árvores, os animais e os pássaros, o homem tem que aceitar ser como ele é. E surge um grande silêncio. Não poderia ser diferente. Não há interpretação. Daí, então, a tristeza é bela e tem profundidade. E a raiva também é bela e tem vida e vitalidade. Da mesma forma, o sexo é belo, uma vez que tem criatividade. Quando não há interpretação, tudo é belo. Quando tudo é belo, as pessoas ficam relaxadas. E, nesse estado de relaxamento, o homem compõe sua própria fonte que, por sua vez, gera autoconhecimento.

Acomodar-se em sua própria fonte é o que se entende quando Sócrates disse: "Conhece-te a ti mesmo." Não é uma questão de conhecimento, e sim uma questão de transformação interna. E que transformação é essa? Eu não vou revelar nenhum ideal de como as pessoas devem ser. Não vou dizer que as pessoas precisam transformar o que são para se tornarem outra pessoa. Devem simplesmente se sentir relaxadas com o que são, e observar, apenas.

Compreende o que quero dizer? Observem apenas o seguinte: isso é libertação. Uma grande harmonia, uma grande música é ouvida. Trata-se da música do autoconhecimento. E a vida começa a mudar. Com isso, o indivíduo tem uma chave mágica que abre todas as fechaduras.

O que é repressão? Repressão é viver a vida a que você não está destinado viver. Repressão é fazer coisas que você nunca quis fazer. Repressão é ser o sujeito que alguém, especificamente, nunca foi. Repressão é um meio de destruir a si mesmo. Repressão é suicídio, muito lento, é claro, mas um envenenamento lento, com certeza. Expressão é vida, enquanto repressão é suicídio. Esta é a mensagem do Tantra: não viva uma vida reprimida, pois, caso contrário, você não viverá. Viva uma vida de expressão, de criatividade, de alegria. Viva da maneira como a existência (Deus) gostaria que você vivesse, e viva de modo natural. E não tenha medo dos padres.

Ouça seus instintos, ouça seu corpo, ouça seu coração, ouça sua inteligência. Confie em si mesmo, vá para onde sua espontaneidade o levar, e nunca sairá perdendo. E ao seguir espontaneamente, com vida natural, um dia será obrigado a chegar às portas do divino. Repressão é uma maneira de evitar o risco. Por exemplo, as pessoas são ensinadas a nunca terem raiva e acham que uma pessoa que nunca fica com raiva tende a ser muito afetuosa. Está errado. Uma pessoa que nunca fica com raiva também não será capaz de amar. Essas capacidades andam juntas, elas vêm no mesmo pacote.

O homem que realmente ama fica com raiva de verdade algumas vezes. No entanto, sua raiva é bela, pois é por amor. Como a energia dele é quente, ninguém fica magoado com seus ataques de raiva. Na verdade, as pessoas se sentem agradecidas por ele estar irritado. Já observou isso? Ao fazer algo à pessoa que ama, e a pessoa ficar *realmente* irritada, francamente irritada, não se sente grato pelo fato de saber que ela o ama tanto que pode se permitir ficar zangada? É o oposto, por quê? Quando não se quer se permitir a raiva, mantém-se a polidez.

Quando não se quer arcar com nada – não se quer assumir nenhum risco –, mantém-se o sorriso. Não importa. Se o filho vai se atirar no abismo, o pai não vai ficar bravo? Não vai gritar? Sua energia não vai ferver? Vai continuar sorrindo? Não é possível. Quando você ama, pode ficar com raiva. Quando ama, pode se permitir ficar irritado. Aquele que ama a si mesmo nunca vai ser repressivo, e sim expressivo, de tudo o que a vida oferece, e isso é uma necessidade na vida, pois, do contrário, se desperdiça a vida. Ele expressará suas alegrias, suas tristezas, seus momentos de auge, seus momentos deprimidos, seus dias, suas noites.

Entretanto, o homem foi criado para se tornar falso, e foi educado para ser hipócrita. Quando sente raiva, continua sorrindo, um sorriso maquiado. Quando fica furioso, reprime a fúria. Quando sente a sexualidade à flor da pele, reprime-a. Nunca é fiel ao que está dentro dele.

Foi o que aconteceu...

Joe e sua filha pequena, Midge, fizeram uma viagem a um parque de diversões. No caminho, pararam para fazer uma refeição completa. No parque, chegaram a um estande de cachorro-quente, e Midge começou a dizer:

– Papai, quero...

Joe a interrompeu e lhe deu pipoca.

Quando chegaram até o vendedor de sorvete, a pequena Midge mais uma vez gritou:

– Papai, quero...

Joe a cortou de novo, mas desta vez disse:

– Você quer, você quer! Sei o que você quer. Sorvete, não é?

– Não, papai – implorou ela. – Quero vomitar.

Era o que ela estava querendo desde o início. Mas quem ouve? Repressão é não ouvir a sua natureza. Repressão é um artifício para destruir a pessoa.

Doze skin-heads, *bubbleboys*, entram em um pub com suas jaquetas da Levi's e todos os seus equipamentos. Eles caminham até o proprietário e pedem:

— Treze canecas de chope, por favor.

— Mas vocês são apenas 12.

— Olha, queremos 13 canecas de chope.

Então, o proprietário lhes dá a cerveja e todos se sentam. Um sujeito idoso e pequeno está sentado em um canto, para onde o líder dos skin-heads caminha. Ele diz:

— Aqui está, pai, aqui está uma caneca de cerveja para você.

O sujeito pequeno diz:

— Obrigado, obrigado, você é generoso, filho.

— Tudo bem, não me importo de ajudar aleijados.

— Mas não sou um aleijado.

— Vai ficar se não pagar a próxima rodada.

Isso é o que a repressão é: um truque para aleijar o homem, um artifício para enfraquecê-lo. É um truque para colocá-lo contra ele mesmo. É uma forma de criar conflito dentro de si, e sempre que um homem está em conflito consigo mesmo, é claro que ele fica muito fraco.

A sociedade tem feito um belo jogo para colocar todos contra si mesmos. E, com isso, todos lutam constantemente contra o próprio ser. Ninguém tem mais energia para fazer qualquer outra coisa. Pode observar isso acontecendo com você? Uma luta contínua. A sociedade faz do ser humano uma pessoa dividida: deixa-o esquizofrênico e o confunde, como se fosse um tronco à deriva no rio. Ele não sabe quem ele é, não sabe para onde está indo, não sabe o que está fazendo aqui. Não sabe por que está aqui, em primeiro lugar. Isso realmente confunde as pessoas. E dessa confusão nascem grandes líderes: Adolf Hitler, Mao Tsé-Tung, Joseph Stalin. Também dessa confusão surge o papa do Vaticano, além de mil e uma coisas. Mas o *homem* é destruído.

O Tantra diz: seja expressivo. Porém, lembre-se: a expressão não significa irresponsabilidade. O Tantra diz: seja expressivo de forma inteligente, e nada de mal vai acontecer a ninguém. Um homem que não pode fazer mal a si mesmo nunca fará mal a alguém. Por outro lado, um homem que faz mal a si mesmo é um homem perigoso de algum modo. Se nem mesmo tem amor por si próprio, ele é perigoso, e pode prejudicar qualquer pessoa. Na verdade, ele *vai* fazer mal.

Quando alguém está triste, quando alguém está deprimido, faz com que as outras pessoas ao redor fiquem tristes e deprimidas. Quando está feliz, quer criar um ambiente feliz, pois a felicidade só pode existir em um mundo feliz. Ao viver com alegria, a pessoa quer que todos sejam alegres. Esta é a religião verdadeira. A partir da própria alegria, o ser humano abençoa toda a existência.

Estou tão condicionado como católico que não vejo nenhuma esperança para mim: você ainda pode me ajudar?

Católico ou comunista, muçulmano ou maoísta, jaina ou judeu, não faz diferença, é tudo a mesma coisa. É claro que os católicos fazem isso de forma mais sistemática do que os hindus, de forma mais científica. Eles desenvolveram uma grande capacidade de saber como condicionar pessoas. Entretanto, todas as religiões estão fazendo isso de alguma forma, e todas as sociedades também estão fazendo isso, à sua própria maneira: todo mundo é condicionado.

No momento em que a criança nasce, a partir de sua primeira respiração, começa o condicionamento. E isso não pode ser evitado. Os pais vão condicioná-la, as crianças com as quais ela brinca vão condicioná-la, a vizinhança vai condicioná-la, a escola, a Igreja, o Estado. Conscientemente, o condicionamento não é feito em larga escala, porém, inconscientemente, a criança o acumula sem parar. A criança aprende imitando.

Portanto, não se preocupe. Esta é a situação normal no mundo: todos são condicionados. E todo mundo tem que sair do condicionamento. É difícil. Não é como se despir. É como fazer *peeling* na pele. É duro, árduo, porque todos passam a se identificar com seus condicionamentos. Eles se conhecem apenas como católicos, comunistas, hindus, muçulmanos, cristãos. O maior medo do indivíduo, ao abandonar o condicionamento, é o de cair em uma crise de identidade.

É difícil largar o condicionamento, porque se trata de todo o passado do indivíduo, sua mente, seu ego, tudo o que ele é. Porém, se estiver pronto, se for corajoso, se tiver coragem suficiente para me acompanhar, é possível. Já aconteceu com muitas pessoas. Faça parte desse acontecimento. Não seja um espectador. Junte-se à dança! Meu convite é para todos, meu convite é incondicional.

Qualquer que seja o condicionamento que você tenha, pode ser eliminado, uma vez que ele foi forçado a entrar, de fora para dentro, por esse motivo também pode ser extraído, de dentro, pelo lado de fora.

Não posso lhe dar Deus, não posso lhe proporcionar a verdade, não posso lhe dar seu equilíbrio interno, mas posso descartar todo o lixo que foi acumulado sobre o homem. E, uma vez removido o lixo, Deus começa a se tornar vivo dentro dele. Uma vez removidos todos os obstáculos, a primavera da vida de cada um começa a fluir, e a inocência é recuperada.

A inocência recuperada é o paraíso recuperado, e o homem entra novamente no Jardim do Éden.

O homem moderno está sofrendo com o passado e não devido aos seus próprios pecados, como os que se dizem pregadores religiosos continuam a pregar. Sofre pelos pecados de séculos... mas agora as coisas chegaram a um limite máximo. O homem está desmoronando. Até agora, de alguma forma, as pessoas conseguiram se manter unidas. Mas agora as coisas chegaram a um ponto em que, ou o homem tem que mudar totalmente e transformar sua visão de vida, ou deve cometer suicídio.

Aqueles que seguem o passado podem estar a ponto de cometer um suicídio global. E é isso que os líderes políticos tentam fazer: preparo de bombas atômicas, bombas de hidrogênio, superbombas de hidrogênio e acúmulo de bombas sobre bombas. Eles já têm tantas! Na verdade, há apenas dez anos eles já tinham a capacidade de matar cada pessoa sete vezes. Há dez anos, estavam prontos para destruir a Terra sete vezes, embora uma pessoa morra apenas uma única vez. Não é preciso matá-la duas vezes, pois será desnecessário. Contudo, caso alguém sobreviva, os políticos devem tomar cuidado, e é por isso que planejam de forma perfeita. Mas isso é como as coisas eram dez anos atrás.

Agora, a surpresa: eles podem destruir a Terra setecentas vezes, e cada pessoa pode ser morta setecentas vezes! Isso já é demais, e absolutamente desnecessário. Sete, ainda tudo bem, pois existem algumas pessoas astutas que podem não morrer. Mas setecentas vezes?! E ainda assim a corrida continua. Mesmo os países pobres aderem à corrida com um desejo ardente de fazer parte. Mesmo não tendo o que comer, querem bombas atômicas. Passando fome! E ainda querem mais poder para matar e destruir.

Ao observar a vista aérea é possível perceber que a Terra está se preparando para um suicídio global, uma destruição total, uma guerra geral. E é bom lembrar novamente que isso não tem nada a ver com o homem moderno, no que diz respeito à sua natureza. O homem moderno é apenas uma vítima de todo o passado. E os padres continuam a dizer que há algo de errado com o homem moderno e continuam a elogiar o passado.

O homem moderno é um subproduto de todo o passado! Todos os tipos de culturas, como a cristã, a muçulmana, a hinduista, a budista, contribuem para essa situação. Elas são as responsáveis. A menos que todas desapareçam, a menos que as pessoas abandonem todo esse passado patológico e comecem tudo de novo, vivendo no presente, sem nenhuma ideia de perfeição, sem ideais, sem deveres, sem mandamentos, o homem está condenado.

# O Escravo

Um dos problemas que todo ser humano tem que enfrentar é o mundo em que nasce. O seu ser e as intenções do mundo não andam juntos. O mundo quer o homem para servir, para ser um escravo, para ser usado por aqueles que estão no poder. E, naturalmente, ele se ressente disso. Ele quer ser ele mesmo. O mundo não permite que ninguém seja o que deveria ser por natureza. O mundo tenta moldar cada pessoa em uma *commodity*: útil, eficiente, obediente, e nunca rebelde, nunca assertivo, nunca capaz de declarar sua própria individualidade, mas sempre subserviente, praticamente como um robô. O mundo não quer que os homens sejam seres humanos, quer, sim, é que sejam máquinas eficientes. Quanto mais eficiente o homem for, mais respeitável e mais honrado ele será.

Nenhum indivíduo nasce para ser uma máquina. É uma humilhação, uma degradação, que lhe rouba o orgulho e a dignidade, além de destruí-lo como um ser espiritual e reduzi-lo a uma entidade mecânica. É por isso que toda criança, desde o princípio, à medida que se torna consciente das intenções da sociedade, dos pais, da família, do sistema educacional, da nação, da religião, começa a se fechar em si própria. Começa a se tornar defensiva, simplesmente por medo, porque tem que encontrar uma força enorme. E é muito pequena e frágil, vulnerável, indefesa, muito dependente das mesmas pessoas contra as quais deve se proteger.

O problema fica mais complicado porque as pessoas contra as quais devem se proteger são as que acham que a amam. E talvez essas pessoas não estejam mentindo. Suas intenções são boas, mas falta consciência, pois estão adormecidas. Não sabem que são marionetes nas mãos de uma força cega chamada sociedade, dos interesses reunidos por poderes institucionais. A criança enfrenta um dilema. Precisa lutar contra aqueles que ama e que ela acha que a amam também. Mas é estranho que as pessoas que amam a criança não a amem do jeito que ela é. Dizem a ela: "Vamos te amar, realmente te amamos, mas só se seguir o caminho que seguimos, se seguir a religião que seguimos, se for obediente do modo como somos obedientes." Tornar-se parte desse vasto mecanismo, contra o qual vai passar toda a sua vida... lutando contra, simplesmente não faz sentido, pois será esmagado. É mais sensato apenas se render e aprender a dizer "sim", querendo ou não. Reprimir o "não". Em todas as condições e em todas as situações, espera-se que o homem diga "sim". O "não" é proibido. O "não" é o pecado original. A desobediência é o pecado original e, então, a sociedade se vinga, com uma grande vingança. Isso gera temor na criança. O seu ser como um todo quer afirmar sua potencialidade. A criança quer ser ela mesma, porque, se assim não for, não consegue visualizar nenhum sentido na vida. Caso contrário, ela nunca vai ser feliz, alegre, satisfeita, contente. Nunca vai se sentir à vontade, estará sempre dividida. Uma das partes, a mais intrínseca de seu ser, vai sempre sentir fome, sede, insatisfação, fragmentação. No entanto, as forças são grandes demais, e lutar contra elas é muito arriscado.

Naturalmente, toda criança, aos poucos, começa a aprender a se defender e a se proteger. Fecha todas as portas de seu ser. Não se expõe a qualquer pessoa e simplesmente começa a fingir. Começa a ser um ator. Age de acordo com as ordens que lhe são dadas. Surgem-lhe dúvidas, mas ela as reprime. Sua natureza quer se afirmar, mas ela as reprime. Sua inteligência quer dizer "Isso não está certo. O que está fazendo?", mas ela deixa de ser inteligente. É mais seguro ser retardada, assim como é mais seguro ser ignorante. Qualquer coisa que a deixe em conflito com os interesses institucionais é perigosa. E se abrir, mesmo para pessoas muito próximas, é arriscado. É por isso que todo mundo se fecha. Ninguém abre suas pétalas de modo destemido como uma flor, que dança ao vento e sob a chuva e o sol... tão frágil, mas sem medo. Todos vivem com as pétalas fechadas, com medo de que, ao se abrirem, se tornem vulneráveis. Portanto, usam escudos de todas as espécies, e até mesmo algo como a amizade é usada como escudo. Vai parecer contraditório, pois a amizade pressupõe que as pessoas se abram umas com as outras, para compartilhar segredos e expor seus corações. Todos estão vivendo tais contradições. As pessoas estão usando a amizade como escudo, o amor como escudo, a oração como escudo. Quando querem chorar e não conseguem, costumam sorrir, uma vez que o sorriso funciona como escudo. Quando não querem chorar, choram, pois as lágrimas funcionam como escudo em determinadas situações. A risada é puramente um exercício para os lábios, dado que por trás se esconde a verdade – as lágrimas. A sociedade como um todo foi criada em torno de uma determinada ideia que é basicamente hipócrita. Nela o indivíduo deve ser o que os outros esperam que ele seja, e não o que ele de fato é. Por isso tudo se tornou falso e digno de imitação. Mesmo na amizade, o indivíduo vem mantendo certa distância. Só até determinado grau permite que alguém se aproxime. Caso alguém esteja muito próximo do indivíduo, pode ser que consiga olhar por trás de sua máscara. Ou pode reconhecer que aquele não é o seu rosto, e sim a máscara, e que seu rosto está por trás dela. Todos os indivíduos no mundo em que os seres humanos vivem não são verdadeiros nem autênticos. Minha visão do novo homem é a de um rebelde, de um homem à procura de seu eu original, de sua face original. Um homem que está pronto para deixar cair todas as máscaras, todas as pretensões, todas as hipocrisias, e para mostrar ao mundo o que ele é na realidade. Se ele é amado ou condenado, respeitado, honrado ou desonrado, coroado ou crucificado, não importa, pois ser ele mesmo é a maior bênção que existe. Mesmo que seja crucificado, será crucificado feliz e completamente satisfeito.

Um homem de verdade, um homem sincero, um homem que sabe sobre o amor e que conhece a compaixão, e que compreende que as pessoas são cegas, inconscientes, entorpecidas, adormecidas espiritualmente... O que elas fazem é praticamente em seu sono. O indivíduo está condicionado faz tanto tempo, e por tantos anos – uma vida inteira –, que também vai ser necessário algum tempo para o descondicionamento. Encontra-se oprimido com toda espécie de ideias falsas, isto é, pseudoideias. Vai levar algum tempo para abandoná-las, para reconhecer que são falsas e que são pseudo. Na verdade, depois que reconhecer algo como falso, não é difícil eliminá-lo. No momento em que reconhecer o falso como falso, este cai por si. O próprio reconhecimento é suficiente. A conexão é quebrada, e a identidade é perdida. E depois que o falso desaparece, o real está lá, novo em folha, com toda a sua beleza, uma vez que a sinceridade é beleza, a honestidade é beleza, a veracidade é beleza. Ser você mesmo é ser belo.

A consciência, a compreensão e a coragem com que o homem está determinado e comprometido a encontrar a si mesmo vão dissolver todas as faces falsas que lhe foram dadas pelos outros. Esses outros, os pais, os professores, entre alguns, também estão inconscientes. Não se deve ficar bravo com eles, pois também são vítimas. Eles tiveram a mente corrompida pelos pais, professores e padres, assim como fizeram com sua mente. Ninguém nunca pensou que o que aprendera por meio de seus pais, que o amam, de professores, de seus padres, pudesse estar errado. Entretanto, estava errado, e criou um mundo totalmente errado. Estava errado, cada centímetro. E a prova está espalhada por toda a história: todas as guerras, todos os crimes, todos os estupros... Milhões de pessoas foram assassinadas, esquartejadas, queimadas vivas em nome da religião, em nome de Deus, em nome da liberdade, em nome da democracia, em nome do comunismo. Belos nomes! Porém, o que aconteceu por trás dos belos nomes é tão feio que o homem um dia vai olhar para a história como se fosse uma história da insanidade, e não de uma humanidade sã.

A vida tem sido condenada de todas as formas possíveis por todas as religiões. E quando todo mundo condena a vida, pois o mundo todo está repleto de condenadores, o que é que a criança pode fazer? Fica impressionada com todo esse julgamento. Basta olhar para a história do início do mundo. Deus disse a Adão e Eva: "Não comam da árvore do conhecimento, e não comam da arvore da vida." Ele os proibira de comer das duas árvores. Estas são as coisas mais importantes na vida: conhecimento e vida, e Deus lhes nega ambas. No entanto, qualquer um pode comer todo tipo de erva e qualquer coisa que queira. Deus não diz: "Não fume maconha, não beba álcool." Não, Ele não está interessado nisso. Adão e Eva podem fumar erva, que é permitido, podem fazer vinho a partir das uvas, que é permitido. Apenas duas coisas não são permitidas: não devem se tornar pessoas de sabedoria, e sim permanecer ignorantes, e não devem viver, e sim adiar a vida. E por terem desobedecido e comido a fruta da árvore do conhecimento... não conseguiram comer a segunda fruta da árvore, foram apanhados. Após comerem a fruta do conhecimento, deslocaram-se aceleradamente em direção à árvore da vida, mas foram logo impedidos. É natural: a primeira coisa a ser feita por qualquer pessoa que tenha percepção e consciência, que são as qualidades da sabedoria, é ir mais fundo na vida, para saboreá-la o máximo possível, para se conectar com o cerne da vida, para ser embebida pelo mistério da vida.

A história não diz isso, mas a história não está completa. Eu digo que Adão e Eva estavam correndo com pressa, porque é absolutamente lógico: após comerem a fruta do conhecimento, correram em direção à árvore da vida. E é por isso que foi tão fácil para Deus agarrá-los, pois, do contrário, como havia árvores em abundância no Jardim do Éden, onde é que Ele os encontraria? A busca teria levado uma eternidade e, consequentemente, em vez de o homem estar em busca de Deus, Deus estaria ainda em busca do homem, de onde o homem está. Mas eu sei como as coisas teriam acontecido, e que não são ditas na história. Deus, ao saber que Adão e Eva tinham comido a fruta do conhecimento, deve ter corrido imediatamente para a árvore da vida e esperado lá, sabendo que deveriam estar chegando. Trata-se de uma lógica tão simples que não há a necessidade de consultar nenhum Aristóteles. E, com certeza, foram pegos lá. Ambos corriam nus e alegres, porque, pela primeira vez, seus olhos estavam abertos. Pela primeira vez, foram seres humanos. Antes disso, eram apenas animais, entre outros animais... e Deus os expulsou do Jardim do Éden. Desde então, o homem tem anseio pela vida, por mais vida.

Entretanto, os sacerdotes que representam o Deus que expulsou o homem do Jardim do Éden – os papas, os imãs, os shankaracharyas, os rabinos –, todos eles representam o mesmo sujeito.

Estranhamente, ninguém diz que esse sujeito foi o primeiro inimigo do homem. Pelo contrário, dizem que foi a pobre serpente que convenceu Eva: "Você é tola de não comer da árvore do conhecimento. Deus é ciumento, e tem medo que você, ao comer da árvore do conhecimento, se torne sábia. Além disso, tem medo que você, ao comer da árvore da vida, venha a ser exatamente igual a Ele. Daí, então, quem é que vai cultuá-lo? Ele é ciumento, receoso, e é por isso que a tem impedido." Essa serpente foi a primeira amiga da humanidade, mas está condenada. O amigo é chamado de diabo, e o inimigo, de Deus. Estranhos os caminhos da mente humana! O homem deveria *agradecer* à serpente. Somente por causa da serpente é que o ser humano se tornou o que é. Foi devido à desobediência a Deus que o homem alcançou alguma dignidade, o orgulho de ser humano, uma certa integridade, uma certa individualidade.

Portanto, em vez de agradecer a Deus, mude a frase. Em vez de dizer: "Graças a Deus!", diga: "Graças à serpente!" Apenas devido à sua cortesia é que... Caso contrário, por que a serpente haveria de ter se incomodado com o homem? Ela deve ter sido uma figura cheia de compaixão.

A desobediência é o alicerce do homem religioso de verdade, seja desobediência a todos os sacerdotes, a todos os políticos ou a todos os interesses institucionais em geral. Só assim é possível se livrar do condicionamento. E a partir do momento em que o homem não estiver mais condicionado, não haverá a necessidade de perguntar qual é o objetivo da vida. Todos os questionamentos vão passar por uma revolução. Haverá perguntas do tipo: "Como posso viver de forma mais completa? Como posso mergulhar mais fundo na vida?", pois, dado que a vida é o objetivo de tudo, então não pode haver nenhum objetivo para a vida. Mas o ser humano está faminto e, com exceção da morte, parece não haver nada; a vida escorrega pelas mãos e a morte chega mais perto a cada momento. A vida não é nada além de uma morte lenta.

E quem fez isso com o homem? Todos os "benfeitores", os bons samaritanos, os profetas, os messias, as encarnações de Deus. Essas são as pessoas que transformaram a vida do homem em uma morte lenta, e foram muito inteligentes ao fazê-lo. Foi usada uma estratégia muito simples: dizem que a vida do ser humano é um castigo.

Os cristãos dizem que o homem nasceu do pecado original. Agora, como é que o homem pode ter vida? Afinal, ele é um mero pecador. A única maneira de se chegar a uma vida real é abandonar esta vida que nada mais é do que pecado. Quem são os santos do homem? As pessoas que vivem um mínimo, elas são os seus santos. Quanto menos vivem, mais grandiosas são. Todos os sábios estão vivendo em pesadelos e estão pregando para que o homem os siga. Todo o esforço deles é cortar a vida do homem ao máximo. A vida é condenada, o sexo é condenado, o desejo de viver confortavelmente é condenado. Desfrutar de qualquer coisa, seja comida, sejam artigos de vestuário, é condenado. Isso reduz a vida. De pedaço em pedaço, a vida é tirada do ser humano. Ao observar a história dos monastérios cristãos, jainistas, budistas, hindus, qualquer um há de ficar surpreso: é inacreditável como os seres humanos foram tratados de forma tão desumana, em nome da religião! Todos os tipos de estupidez...

É de grande ajuda ao político que o indivíduo seja menos vivo, pois, desta forma, é menos rebelde, mais obediente, mais convencional, mais tradicional e, portanto, não é perigoso. Também é de ajuda ao sacerdote que o indivíduo seja menos vivo pelas mesmas razões. Se estiver de fato vivo, o indivíduo passa a ser um perigo para todo mundo, em especial todos que tentam explorá-lo, todos que agem como parasita. O homem vai lutar com unhas e dentes. Vai preferir morrer a viver como um escravo, porque até mesmo a morte para uma pessoa completamente viva não é morte, e sim o ápice da vida. Mesmo morto, o homem vai continuar vivendo de forma intensa e plena. Ele não tem medo da morte, ele não tem medo de nada. Isso é que faz com que todos os interesses institucionais temam a pessoa que vive em sua plenitude. Eles encontraram uma estratégia muito sutil, que é dar ao homem um objetivo para sua vida, que é se tornar alguém.

Você já é aquilo que a existência queria que você fosse. E não há de se transformar em ninguém.

Entretanto, continuam a dizer que a pessoa tem que se tornar Jesus Cristo. Por quê? Se não era para Jesus Cristo se transformar em mim, por que eu deveria me transformar em Jesus Cristo? Jesus Cristo tem que ser Jesus Cristo, eu tenho que ser eu mesmo. No entanto, o que todos os cristãos estão fazendo? Tentando imitar Jesus Cristo, tentando, de alguma forma, se transformar em Jesus Cristo. Os hindus estão tentando se transformar em Krishna, assim como os budistas estão tentando se tornar Buda. Esquisito! Ninguém está preocupado consigo mesmo. Todo mundo está tentando se transformar em alguma outra coisa. Isso reduz completamente sua vida. Por isso eu afirmo: a vida não tem objetivo, porque a própria vida é um objetivo em si.

Abandone todos os objetivos Largue a própria ideia de futuro.

Esqueça totalmente que vai haver o amanhã. Resguarde-se de todas as dimensões e direções. Esteja concentrado aqui e agora, e, nesse momento único, será capaz de conhecer a vida em sua eternidade.

# O Filho

Todos os pais têm expectativas e, por meio delas, acabam por destruir seus filhos. É preciso se livrar dos pais, assim como o filho tem que sair do útero da mãe um dia, pois, do contrário, o útero vai se tornar a morte. Após nove meses, o filho tem que sair do útero, deixar a mãe. Por mais doloroso e por mais que a mãe possa se sentir vazia, o filho tem que vir para fora. Depois, em um outro dia em sua vida, a criança precisa sair das expectativas dos pais. Somente depois é que, pela primeira vez, a criança se torna um ser em seu próprio direito, por conta própria. Em seguida, anda pelos próprios pés. Daí, então, se torna realmente livre. E, se os pais se tornarem alertas e mais compreensíveis, vão ajudar o filho a se tornar o mais livre possível e no mais curto espaço de tempo. Não vão condicionar os filhos a serem apenas úteis. Pelo contrário, vão ajudar os filhos a serem amantes.

Está para nascer um mundo totalmente diferente, onde as pessoas vão trabalhar... O carpinteiro vai trabalhar porque ama a madeira. O professor vai ensinar na escola porque ama lecionar. O sapateiro vai continuar fabricando sapatos porque ama fazer sapatos. Exatamente agora algo muito confuso está acontecendo. O sapateiro se tornou cirurgião, e o cirurgião, por sua vez, tornou-se sapateiro. Ambos estão irritados. O carpinteiro se tornou político, e o político, por sua vez, tornou-se carpinteiro. Ambos estão furiosos. A vida como um todo parece estar em profunda fúria. É só olhar para as pessoas para ver que parecem estar com raiva. Todos parecem estar em algum lugar diferente daquele em que haviam pretendido estar. Todos parecem ser desajustados. Todos parecem estar insatisfeitos por causa desse conceito de utilidade, que continua a assombrá-los.

Eis aqui uma história interessante:

A Sra. Ginsberg, ao chegar ao céu, dirigiu-se ao anjo dos registros de forma acanhada.

– Diga-me – disse ela –, seria possível ter uma entrevista com alguém que está aqui no céu?

O anjo dos registros respondeu:

– Certamente, pressupondo-se que a pessoa que tem em mente esteja aqui no céu.

– Oh, ela está. Tenho certeza disso – disse a Sra. Ginsberg.

– Na verdade, quero ver a Virgem Maria.

O anjo dos registros pigarreou.

– Ah, sim. Acontece que ela está em uma seção diferente, mas, se a senhora insiste, vou encaminhar a solicitação. Ela é uma senhora atenciosa e pode desejar visitar a antiga vizinhança.

A solicitação foi devidamente encaminhada e a Virgem foi atenciosa de fato. Não demorou muito para que a Sra. Ginsberg fosse favorecida com a presença da Virgem. A Sra. Ginsberg olhou longamente para a figura radiante diante dela e finalmente disse:

– Por favor, perdoe-me a curiosidade, mas sempre quis lhe perguntar. Diga-me, qual é a sensação de ter um filho que é tão maravilhoso que desde então centenas de milhões de pessoas o adoram como a um deus?

A Virgem respondeu:

– Francamente, Sra. Ginsberg, esperávamos que ele se tornasse um médico.

Os pais têm sempre expectativas, e estas se tornam venenosas. Isto é o que eu lhe digo: ame seus filhos, mas nunca gere expectativas sobre eles. E ame seus filhos o máximo que puder, além de lhes ensinar a sentir que são amados por si próprios e não por algum outro uso. Ame seus filhos tremendamente e lhes ensine a sentir que são aceitos como são. Eles não existem para cumprir exigências. Se eles fazem isso ou aquilo, não vai fazer nenhuma diferença para o amor que lhes foi dado. O amor é incondicional. E, então, pode-se criar um mundo totalmente novo. Depois, as pessoas vão se mover naturalmente para as coisas que gostam. As pessoas vão se mover naturalmente para onde instintivamente se sentem fluir. A menos que esteja satisfeito, a menos que tenha encontrado algo que não seja apenas uma profissão, mas uma vocação, um chamado, você nunca será feliz em relação aos seus pais, por eles serem a causa de você estar neste mundo infeliz. O indivíduo não pode se sentir grato, pois não há nada a que ser grato. Uma vez realizado, aí sim ele se sentirá imensamente agradecido. E sua realização é possível apenas se não se tornar uma coisa. Seu destino é se tornar uma pessoa. Seu destino é se tornar um valor intrínseco. Seu destino é se tornar um fim em si mesmo.

Não deveríamos amar o máximo que pudermos? O pai insiste: "Você deve me amar, pois sou seu pai!", e a criança tem que fingir que o ama. Não há sequer qualquer necessidade de a criança amar a mãe. Trata-se de uma das leis da natureza que a mãe tenha um instinto natural de amor pelo filho, mas não vice-versa. O filho não tem o instinto natural de amar a mãe. Ele *precisa* da mãe, isso é um fato, ele usa a mãe, isso é outro fato, mas não existe nenhuma lei da natureza que atribua a ele o dever de amar a mãe. O filho gosta da mãe porque ela é muito atenciosa e útil, e sem ela ele não consegue subsistir. Portanto, ele é grato, respeitoso, esse tipo de sentimento é normal, porém, o amor propriamente é um fenômeno totalmente diferente.

O amor flui da mãe para o filho, e não o contrário. E é muito simples, porque o amor do filho vai fluir em direção ao seu próprio filho, ou seja, não se volta para trás, da mesma forma que o rio Ganges segue fluindo em direção ao oceano, e não em direção à nascente. A mãe é a origem, e o amor flui para a frente, em direção à nova geração. Fazê-lo retornar é um ato forçado, e que não se caracteriza como uma ação natural, biológica.

Mas a criança tem que fingir, porque a mãe lhe diz: "Sou sua mãe. Você tem que me amar!" E o que a criança pode fazer? Pode apenas fingir e, com isso, torna-se política. Toda criança se torna um político desde o berço. Começa a sorrir quando a mãe entra no quarto, um sorriso Jimmy Carter! Não sente nenhuma alegria, mas precisa sorrir. Tem que abrir a boca e fazer algum exercício com os lábios, o que o ajuda. Trata-se de medida de sobrevivência. Mas o amor está se tornando falso. E, uma vez aprendido o tipo mais barato de amor, o tipo de plástico, fica muito difícil descobrir o original, o real, o autêntico. Depois, ele tem que amar as irmãs e os irmãos e, na verdade, não há razão para isso. Quem é que de fato ama a própria irmã, e para quê? Estas são, todas, ideias implantadas para manter a família unida. Mas todo esse processo de falsificação leva o ser humano a um ponto tal que, mesmo quando se apaixona e ama alguém, esse amor pode se revelar falso também.

O indivíduo, a essa altura, esqueceu o que é o amor verdadeiro. Apaixona-se pela cor do cabelo... E o que isso tem a ver com amor? Depois de dois dias, não vai olhar nem para a cor do cabelo. Ou se apaixona pelo formato do nariz, ou um determinado tipo de olho, porém, depois da lua de mel, essas coisas são simplesmente enfadonhas! E, então, é preciso continuar administrando de alguma forma, seja fingindo, seja enganando. Sua espontaneidade foi corrompida e envenenada, pois, do contrário, não teria se apaixonado por partes. Mas o ser humano só se apaixona por partes. Ao ser feita a pergunta: "Por que você ama essa mulher, ou esse homem?", a resposta será: "Porque ela é muito bonita" ou "Por causa do nariz, dos olhos, do formato do corpo, isso e aquilo", e tudo isso é uma bobagem! Isso significa que esse amor não pode ser muito profundo nem de valor algum. Essa relação não pode gerar intimidade, não pode ter um fluxo ao longo da vida, e logo vai se esgotar, pois é superficial. Não nasceu do coração. Trata-se de um fenômeno gerado pela mente. Talvez ela se pareça com uma atriz, e este é o motivo para ter se encantado, mas encanto não é amor. Amor é um tipo totalmente diferente de fenômeno, amor é indefinível e misterioso, e é tão misterioso que Jesus diz: "Deus é amor." Ele transforma Deus e amor em sinônimos e, portanto, indefiníveis. Entretanto, esse amor natural está perdido. No que diz respeito à pergunta "Não deveríamos amar o máximo que pudermos?" será que é uma questão de se fazer algo no seu grau máximo de capacidade? Não é uma questão de fazer. É um fenômeno do coração. É uma espécie de transcendência da mente e do corpo. Não é prosa, é poesia. Não é matemática, é música. O homem não pode fazer, pode apenas *ser*. O amor não é algo que o homem faz, amor é algo que o homem é. Mas estes "deve ser isso, deve ser aquilo" são pesados na espontaneidade do homem. Amor nunca é um dever, não pode ser resultado de comandos. Ninguém pode se forçar a amar o máximo que pode. Isso é o que as pessoas estão fazendo, e é por isso que o amor está em falta no mundo.

Como amar a minha mãe?

Uma mãe deve ser amada de uma maneira totalmente diferente. Ela não é "a amada" do filho, e não pode ser. Se o filho se apega demais à mãe, não será capaz de encontrar uma parceira a quem ame. E então, lá no fundo, vai ficar com raiva da mãe, porque é por causa dela que não consegue transferir esse sentimento para outra mulher. Portanto, faz parte do desenvolvimento do ser humano ter que se afastar dos pais. É exatamente como estar no útero da mãe e, depois, ter que sair dele. É deixar a mãe, de certo modo... e, de certo modo, traí-la. No entanto, se dentro do útero a criança tem a percepção de que isso será uma traição, "como posso deixar minha mãe, que foi quem me deu a luz?", então ele vai se matar e matar a mãe também. Ele *tem* que sair do útero.

Primeiro a criança se encontra unida à mãe completamente, para depois o cordão que os une ter que ser cortado. A criança começa a respirar por conta própria, que é o início do crescimento. Torna-se um indivíduo, e corpo e mente passam a funcionar separados da mãe. Entretanto, por muitos anos ela ainda vai permanecer dependente. Para leite, alimento, abrigo, amor, vai depender da mãe, pois é impotente. Porém, à medida que se torna mais forte, começa a se afastar cada vez mais. Depois, embora pare de mamar, ainda depende de algum outro tipo de alimento. Nesse momento, está se afastando ainda mais.

Então, um dia, ela tem que ir para a escola, fazer amigos. E quando se torna jovem adulto, apaixona-se por uma mulher e esquece completamente da mãe, de certa forma, pois essa nova mulher o subjuga, o domina. Se isso não acontecer, tem algo errado. Se a mãe tenta se agarrar ao filho, não está cumprindo seu dever como mãe. Trata-se de um dever muito delicado. A mãe tem que ajudá-lo a ir embora, que é o que torna o dever delicado. Trata-se de amor. Assim, ela estará cumprindo seu dever. Se o filho se agarrar à mãe, também nesse caso há algo errado. É contra a natureza. É como se um rio começasse a correr para cima... E, então, tudo vai ficar às avessas.

A mãe é a origem do homem. Se ele começar a flutuar em direção à mãe, vai correr contra o fluxo. Ele tem que ir embora. O rio tem que ir para longe da nascente, em direção ao oceano. Mas isso não significa que ele não tenha amor por sua mãe.

Portanto, lembre-se que o amor pela mãe tem que ser mais como respeito, menos como amor. O amor para com a mãe deve se basear mais na qualidade de gratidão, respeito, profundo respeito. Ela deu à luz o filho, trouxe-o ao mundo. O amor do filho deve ser muito, muito devotado a ela. Por isso, deve fazer tudo o que puder para servi-la. Mas não deve permitir que seu amor por ela seja igual ao amor por uma mulher amada. Caso contrário, o filho vai confundir a mãe com a amada. E quando os objetivos são confundidos, o *homem* vai ficar confuso. Portanto, deve lembrar-se bem que o seu destino é encontrar uma mulher a quem venha a amar, e não sua mãe. Só então, pela primeira vez, vai se tornar perfeitamente maduro, pois encontrar outra mulher significa que agora ele está completamente afastado da mãe, ou seja, o cordão final, enfim, foi cortado.

É por isso que há um antagonismo sutil entre a mãe e a esposa do filho, um antagonismo muito sutil em todo o mundo. Tem que ser assim, porque a mãe sente, de alguma forma, que essa mulher tomou o filho dela. E é natural, de certa forma. Natural, mas ignorante. A mãe deveria ficar feliz com o fato de o filho ter encontrado outra mulher. Agora, seu filho não é mais uma criança e, pelo contrário, tornou-se uma pessoa adulta e madura. Ela deveria ficar feliz, não é?

Portanto, o homem pode ser maduro apenas de uma maneira, ou seja, afastando-se da mãe. E é assim que deve ser, em muitos níveis da existência. O filho algum dia tem que se revoltar contra o pai, mas não com falta de respeito, e sim com profundo respeito. Mas é preciso se revoltar. É aqui que é necessário usar de delicadeza: a revolução está lá, a rebelião está lá, mas com profundo respeito. Se não houver respeito, a revolução se torna feia, a rebelião deixa de ser bela. Então, o filho está falhando em algo. Pode ser rebelde, e livre, mas seja respeitoso, pois seu pai e sua mãe são a origem.

Portanto, é preciso ir para longe dos pais. Não apenas longe, mas às vezes, em muitos aspectos, é preciso ficar contra eles. Entretanto, não deve se transformar em raiva. Não deve ser uma atitude feia, deve permanecer como uma atitude bonita, respeitosa. Se o filho pretende ir embora, deve ir, mas deve tocar os pés da sua mãe e do seu pai (prática indiana para demonstrar amor e respeito aos mais velhos). Deve lhes dizer que precisa ir embora... deve chorar. E dizer que se sente impotente e que *tem* que ir. E que o desafio o chama, que precisa ir. Todo mundo chora ao partir de casa. Todo mundo continua olhando para trás com frequência, com os olhos saudosos, com nostalgia. Os dias que se passaram foram maravilhosos. Mas o que fazer?

Aquele que se apega ao lar vai ficar prejudicado, vai continuar adolescente, e nunca vai se tornar um homem com direito próprio. É por isso que deve ir embora com respeito. E, sempre que seus pais precisarem, sirva-os, esteja à disposição. Mas nunca deve confundir sua mãe com sua amada, pois ela é sua mãe.

# O Robô

Por que os sufistas (praticantes do sufismo, movimento místico islâmico) dizem que o homem é uma máquina?

O homem *é* uma máquina, é por isso. O homem, como ele é, é totalmente inconsciente. Ele nada mais é do que seus hábitos, a soma total de seus hábitos. O homem é um robô. O homem não é um homem ainda. A menos que a consciência faça parte de seu ser, o homem vai continuar a ser uma máquina. É por isso que os sufistas dizem que o homem é uma máquina. Foi através dos sufistas que (George) Gurdjieff introduziu a ideia no Ocidente de que o homem é uma máquina... Quando Gurdjieff disse, pela primeira vez, que o homem é uma máquina, foi um choque para muitas pessoas. Mas ele estava dizendo a verdade.

É muito raro o homem estar consciente. Em toda uma vida de 70 anos, se o indivíduo viver uma vida denominada comum, não vai reconhecer sequer sete momentos de consciência em toda ela. E mesmo que reconheça os sete momentos, ou menos, esses serão apenas acidentais. Por exemplo, ele pode distinguir um momento de consciência caso alguém apareça de repente e coloque um revólver em sua cabeça. Nesse momento, seu pensamento, seu raciocínio habitual, estanca. Por um momento se torna consciente, uma vez que se trata de algo tão perigoso que ele não pode permanecer adormecido como de hábito.

Em algumas situações perigosas, as pessoas se tornam conscientes. Caso contrário, permanecem profundamente adormecidas. São perfeitamente hábeis em fazer suas coisas mecanicamente.

Basta ficar à beira da estrada e observar as pessoas, para ser capaz de ver que todas estão andando enquanto dormem. São todos sonâmbulos. Assim como você.

Dois vagabundos foram presos e acusados de um assassinato cometido no bairro. O júri os considerou culpados e o juiz os condenou a ter seus pescoços pendurados até a morte e até que Deus tivesse piedade de suas almas. Os dois se deram muito bem até a chegada da manhã do dia marcado para a execução. Enquanto estavam sendo preparados para a forca, um se virou para o outro e disse:

— Droga, não sei onde ando com a cabeça. Não consigo colocar meus pensamentos em ordem. Ora, não sei nem que dia da semana é hoje.

— Hoje é segunda-feira – disse o outro vagabundo.

— Segunda? Meu Deus! Que maneira mais podre de se começar a semana!

Basta que o homem observe a si mesmo. Mesmo à beira da morte, as pessoas continuam a repetir antigos padrões habituais. Agora não vai mais haver nenhuma semana, pois foi chegada a manhã em que eles devem ser enforcados. Mas basta o velho hábito de alguém dizer que é segunda-feira e o outro então comenta: "Segunda? Meu Deus! Que maneira mais podre de se começar a semana!"

O homem reage. É por isso que os sufistas dizem que o homem é uma máquina. A menos que ele comece a responder, a menos que se torne responsável... A reação é gerada do passado, as respostas são produzidas no momento presente. A resposta é espontânea, enquanto a reação é apenas um velho hábito.

Basta o homem observar a si mesmo. Sua mulher lhe diz algo: então, seja lá o que você tiver dito, deve observar e ponderar sobre isso. É apenas uma reação? E ficará surpreso: 99% dos seus atos não são atos, pois não são respostas, e sim reações meramente mecânicas. Apenas mecânicas.

Isso acontece constantemente: o homem diz a mesma coisa e sua mulher reage da mesma forma e, depois, ele reage, e isso termina na mesma coisa novamente. Ele sabe disso, ela sabe disso. Tudo é previsível.

Eis um exemplo:

– Papai – disse o menino –, como as guerras começam?

– Bem, filho – começou o pai –, digamos que os Estados Unidos tenham se desentendido com a Inglaterra...

– Os Estados Unidos não se desentenderam com a Inglaterra – interrompeu a mãe.

– Quem disse que eles se desentenderam? – disse o pai, visivelmente irritado.

– Eu estava apenas dando um exemplo hipotético ao garoto.

– Ridículo! – exprimiu a mãe, bufando. – Você vai colocar todo tipo de ideia errada na cabeça dele.

– Ridículo, nada! – contra-atacou o pai. – Se ele lhe der ouvidos, nunca vai ter ideia nenhuma na cabeça dele.

Assim que o estágio de lançar pratos se aproximou, o filho se pronunciou mais uma vez:

– Obrigado, mãe. Obrigado, pai. Nunca mais vou precisar perguntar sobre como as guerras começam novamente.

O homem deve apenas observar a si mesmo. As coisas que está fazendo, ele já as fez muitas vezes. As maneiras como ele reage são as mesmas de sempre. Na mesma situação, ele faz sempre a mesma coisa. Se está se sentindo nervoso, pega um cigarro e começa a fumar. É uma reação, pois sempre que se sente nervoso faz exatamente isso.

O homem é uma máquina. É apenas um programa embutido nele: ele se sente nervoso, as mãos vão para dentro do bolso, o pacote vem para fora. É quase como uma máquina de fazer coisas. Ele tira o cigarro, coloca o cigarro na boca, acende-o, e isso tudo ocorre mecanicamente. Isso acontece milhões de vezes, e ele está refazendo isso novamente.

E cada vez que a ação é repetida, ela se fortalece, e a máquina fica mais mecânica e se torna mais hábil. Quanto mais o indivíduo faz isso, menos consciência é preciso para realizá-la.

É essa a razão por que os sufistas afirmam que o homem funciona como uma máquina. A menos que ele comece a destruir esses hábitos mecânicos... Por exemplo, seria interessante que as pessoas fizessem algo exatamente ao contrário do que costumam fazer sempre.

Faça uma experiência com o exemplo a seguir. O homem chega em casa, está com medo, afinal está atrasado como sempre, e sua esposa estará lá pronta para brigar. Ele, por sua vez, está planejando como responder, o que dizer, coisas do tipo: havia muito trabalho no escritório, e por aí vai. E ela sabe tudo o que ele está planejando, e ele sabe o que vai dizer se ela perguntar por que chegou tarde. E ele sabe que, se disser que está atrasado porque havia muito trabalho, ela não vai acreditar. Nunca acreditou. Ela pode já ter verificado, ou seja, pode ter ligado para o escritório, pode já ter investigado onde ele estava. Mas, mesmo assim, esse é apenas um padrão.

Hoje, ele vai para casa e se comporta de forma totalmente diferente. Quando a esposa lhe pergunta: "Onde você estava?", ele diz: "Eu estava com uma mulher, fazendo amor." Depois, veja o que acontece. Ela vai ficar chocada! Não vai saber o que dizer, nem mesmo conseguirá encontrar palavras para se expressar. Por um momento, ficará completamente perdida, porque nenhuma reação e nenhum padrão antigo se aplicam a essa nova atitude. Ou, talvez, ela tenha se transformado tanto em uma máquina que talvez diga: "Não acredito em você!", assim como nunca acreditou. "Você deve estar brincando!" Todo dia ele vem para casa...

Outro exemplo: um psicólogo dizia para seu paciente: "Hoje, quando for para casa...", pois o paciente estava reclamando sem parar, coisas do tipo: "Sempre tenho medo de ir para casa. Minha esposa parece tão infeliz, tão triste, sempre em desespero, que meu coração começa a afundar. Quero fugir de casa."

O psicólogo disse:

– Talvez você seja a causa disso. Faça algo: hoje, leve flores, sorvete e doces para sua mulher e, quando ela abrir a porta, dê-lhe um abraço e um bom beijo. Depois, comece a ajudá-la imediatamente: limpe a mesa, as panelas e o chão. Faça algo absolutamente novo que nunca tenha feito antes.

A ideia era atraente, e o homem fez a experiência. Foi para casa. No momento em que a mulher abriu a porta e viu as flores, o sorvete e os doces, e o homem radiante que nunca foi de sorrir, abraçá-la, não pôde acreditar no que estava acontecendo! Entrou em um choque total! E teve que olhar de novo.

E quando a beijou e logo começou a limpar a mesa, e foi para a pia e começou a lavar a louça, a mulher começou a chorar. Quando saiu da cozinha, perguntou a ela:

– Por que está chorando?

Ela respondeu:

– Você ficou louco? Sempre suspeitei que mais cedo ou mais tarde você enlouqueceria. Agora aconteceu. Por que não vai a um psiquiatra?

Os sufistas adotam esses artifícios. Eles dizem: "Aja de forma totalmente diferente, não apenas os outros hão de ficar surpresos, mas *você* também vai se surpreender. E apenas nas pequenas coisas. Por exemplo, você costuma andar depressa quando está nervoso. Então, não ande depressa, vá bem devagar, e observe. Vai se surpreender com o quanto isso é estranho, e sua mente totalmente mecânica logo vai dizer: 'O que está fazendo? Você nunca fez isso!' E ao andar devagar, você vai ficar surpreso com o fato de o nervosismo desaparecer, pois você introduziu algo novo." Esses são os métodos *vipassana* e *zazen* (técnicas de meditação budista). Ao se aprofundar neles, vai perceber que os fundamentos são os mesmos. Para fazer o caminhar *vipassana* é preciso caminhar mais devagar do que nunca antes, tão devagar de um jeito absolutamente novo. O sentimento como um todo é novo, e a mente reativa não pode funcionar. Não pode funcionar porque não tem nenhum programa para isso, simplesmente para de funcionar.

É por isso que em *vipassana* a pessoa sente um profundo silêncio ao observar a respiração. Todo mundo sempre respira, mas nunca observa a respiração. Isso é algo novo. Quando a pessoa se senta em silêncio e apenas observa a respiração, entrando, saindo, entrando, saindo, a mente fica confusa: o que está fazendo? Isso se deve ao fato de nunca ter feito isso. É tão novo que a mente não pode fornecer uma reação imediata para tal. Então, cai no silêncio. O fundamento é o mesmo. Se é sufista, budista, hindu ou muçulmano, não importa. O importante é ir fundo nos fundamentos da meditação, pois a essência é uma só: desautomatizar o ser humano.

Gurdjieff costumava fazer coisas um tanto bizarras a seus discípulos. Ao surgir alguém que fosse vegetariano, ele diria: "Coma carne." Agora, o fundamento é o mesmo, só que esse homem é um pouco demais de si mesmo, um pouco excêntrico. Ele diria: "Coma carne." Pois bem, observe um vegetariano comendo carne. O corpo quer jogar a carne fora e ele quer vomitar, e a mente está confusa e perturbada, e ele começa a transpirar, pois a mente não tem como lidar com isso. É o que Gurdjieff queria ver, a maneira como o indivíduo reagiria a uma nova situação. Para o homem que nunca tomara nenhuma bebida alcoólica, Gurdjieff diria: "Beba. Beba o máximo que puder."

E para o homem que andava bebendo álcool, Gurdjieff diria: "Pare por um mês. Pare completamente."

Ele quis criar alguma situação tão nova para a mente que ela simplesmente se calasse, não tivesse resposta para isso, nenhuma resposta pronta. A mente funciona como um papagaio.

É por isso que os mestres zen batem nos discípulos às vezes. Trata-se do mesmo fundamento. Agora, quando a pessoa vai até um mestre não espera que um Buda vá bater nela, ou espera? Quando se vai até o Buda, vai-se com a expectativa de que ele vai ser piedoso e amoroso, vai despejar amor e colocar a mão sobre sua cabeça. No entanto, esse Buda lhe bate, pega o cajado e lhe bate forte na cabeça. Agora, não é chocante um Buda bater no discípulo? Por um momento a mente para, não tem ideia de como proceder, não funciona. E a reação de não funcionamento é o começo. Às vezes, uma pessoa se torna iluminada, apenas em função de o mestre ter feito algo absurdo.

As pessoas têm expectativas, vivem por meio de expectativas. Não sabem que os mestres não se enquadram em nenhum tipo de expectativa. A Índia foi acostumada a Krishna e Rama, e pessoas como essas. Depois, veio Mahavira, que ficava nu. Não se pode imaginar Krishna despido, pois sempre usou roupas bonitas, tão bonitas quanto possível. Foi uma das pessoas mais belas de todos os tempos, e costumava usar ornamentos feitos de ouro e diamantes.

E então, de repente, surge Mahavira. O que Mahavira pretendia ao se apresentar nu? Chocou o país inteiro, e ajudou muitas pessoas devido a esse choque.

Cada mestre tem de decidir como causar choque.

Ora, fazia séculos que não conheciam um homem como eu na Índia. Portanto, qualquer coisa que eu faça e qualquer coisa que eu diga é um choque. O país inteiro entra em choque, um grande arrepio percorre a espinha de todo o país. E eu realmente aprecio isso, pois as pessoas não podem pensar...

Eu não estou aqui para satisfazer as suas expectativas. Se eu as satisfazer, nunca serei capaz de transformá-lo. Estou aqui para destruir todas as suas expectativas, estou aqui para provocar choque. E nessas experiências que chocam sua mente vai parar. E você não vai ter a capacidade de entender do que se trata, e é nesse momento que algo novo entra em sua mente. É por isso que, de vez em quando, eu digo algo que as pessoas acham que não deve ser dito. Mas quem são elas para decidir o que alguém deve ou não deve dizer? E é natural que, quando algo vai contra as suas expectativas, elas reajam de imediato de acordo com seus antigos condicionamentos.

Aqueles que reagem de acordo com seus antigos condicionamentos deixam de compreender o ensinamento. Aqueles que não reagem de acordo com os antigos condicionamentos ficam em silêncio, entram em um novo espaço. Ao falar com meus discípulos, estou tentando bater neles, de uma forma ou de outra. É tudo intencional. Quando critico Morarji Desai (político indiano), não se trata tanto de Morarji Desai. É muito mais sobre o Morarji nas pessoas, pois elas têm o político dentro se si. Ao bater em Morarji Desai, bato no Morarji Desai que existe nas pessoas, o político dentro delas.

Todo mundo tem o político dentro de si. O político significa o desejo de dominar, o desejo de ser o número 1. O político significa ambição, a ambição da mente. Quando eu atinjo Morarji Desai, as pessoas se sentem atingidas, e começam a pensar: "Esse homem não pode ser uma pessoa realmente iluminada, pois, se o fosse, por que deveria bater em Morarji Desai de forma tão rude?" Elas estão simplesmente tornando o ato racional. Elas não têm nada a ver com Morarji Desai: estão salvando seu próprio Morarji Desai interior, estão tentando proteger seu próprio político.

Eu não tenho nada a ver com o pobre Morarji Desai. O que eu posso ter a ver com ele? Entretanto, tenho tudo a ver com o político que existe dentro de você.

Os sufistas dizem que o homem é uma máquina, porque o homem apenas reage de acordo com os programas com os quais foi alimentado. Basta o indivíduo começar a se comportar de forma receptiva e pronto para dar respostas para que, então, não seja uma máquina. E quando o indivíduo não é uma máquina, é um homem. Daí, então, nasce o homem. Olhe, fique alerta, observe, e continue a deixar para trás todos os padrões reativos dentro de si. A cada momento, tente responder à realidade, não de acordo com a ideia pronta dentro de si, e sim de acordo com a realidade como ela é lá fora. Responda à realidade! Responda com consciência total, mas não com a mente.

E então, quando você responde de forma espontânea, e não através da reação, nasce a ação. A ação é bela, a reação é feia. Apenas um homem que tem consciência é que age, pois o homem com falta de consciência só *reage*. A ação liberta, enquanto que a reação continua a criar as mesmas correntes e a fazê-las mais grossas, mais duras e mais fortes.

Viva uma vida de resposta e não de reação.

# O Animal

"**A**mo meu marido, mas odeio sexo, e isso gera um conflito. O sexo não é animalesco?"

É. Mas o homem é um animal; tanto quanto qualquer outro. No entanto, quando se diz que o homem é um animal, não quer dizer que o fato de o homem ser um animal seja um fim em si mesmo, pois ele pode ser mais do que o animal, da mesma forma que pode ser menos também. Essa é a glória do homem: a liberdade e o perigo, a agonia e o êxtase. O homem pode ser bem inferior aos animais, assim como pode ser muito superior aos deuses. O homem tem uma potencialidade infinita.

Um cachorro é um cachorro: ele continua a ser um cachorro. Nasce cachorro e vai morrer cachorro. Um homem pode se tornar um Buda, assim como pode vir a ser um Adolf Hitler. Ou seja, o homem é bastante aberto de ambos os extremos, podendo, inclusive, retroceder.

É possível encontrar algum animal mais perigoso ou mais louco do que o homem? Apenas pense na seguinte cena: 50 mil macacos sentados em um estádio matando crianças pequenas, jogando-as ao fogo. O que pensar sobre eles? Milhares de crianças estão sendo jogadas ao fogo... Um fogo enorme está queimando no meio do estádio, e 50 mil macacos se divertem, alegres, dançando, e crianças estão sendo arremessadas, seus próprios filhos. O que pensar sobre esses macacos? Será que ficaram loucos? Mas isso aconteceu na humanidade. Isso aconteceu em Cartago (cidade da Antiguidade, localizada no Norte da África), onde 50 mil homens queimaram crianças. Queimaram trezentas crianças de uma só vez, como oferenda ao seu deus. Seus próprios filhos!

Mas esqueça Cartago, pois é um passado distante. O que Adolf Hitler fez no século passado? É claro que, como se tratava de um século bastante avançado, Adolf Hitler foi capaz de fazer coisas maiores do que Cartago. Ele matou milhões de judeus, milhares de uma vez teriam sido forçados a entrar em câmaras de gás. E centenas de pessoas teriam olhado do lado de fora... observando através de espelhos falsos. O que há de se pensar sobre essas pessoas? Que tipo de homem...? Pessoas sendo intoxicadas com gás, queimadas, evaporadas, e outras observando? É possível pensar em animais fazendo uma coisa dessas?

Durante 3 mil anos, o homem passou por 5 mil guerras, e matou e matou e matou. E como é que alguém diz que sexo é animalesco? Os animais nunca fizeram nada mais "animalesco" do que o homem. E alguém ainda acha que o homem não é um animal?

O homem *é* um animal. E a ideia de que o homem não é um animal é um dos obstáculos para seu crescimento. Portanto, aquele que acredita que o homem não é um animal não vai poder crescer. O primeiro reconhecimento deve ser o seguinte: "Sou um animal, tenho que estar alerta e ir além disso."

Foi o que aconteceu neste caso:

Um homem escreveu para um hotel de campo na Irlanda para perguntar se era permitido cachorro. Recebeu a seguinte resposta:

Prezado senhor,

Estou no ramo hoteleiro há mais de trinta anos. Nunca tive que chamar a polícia para expulsar um cão desordeiro nas primeiras horas da manhã. Nenhum cachorro jamais tentou passar cheque sem fundo. Jamais um cão colocou fogo em roupa de cama por fumar. Nunca encontrei toalha do hotel em mala de cão. Seu cão é bem-vindo.

P.S.: Se ele puder dar testemunho a seu favor, o senhor pode vir também!

Os animais são belos, quaisquer que sejam, pois são simplesmente inocentes. O homem é muito ardiloso, muito calculista, muito feio. O homem pode descer a um nível inferior ao dos animais porque pode subir mais alto do que o homem superior aos deuses. O homem tem um potencial infinito: ele pode ser o inferior e pode ser o superior. Ele tem a escada completa em seu ser, do primeiro ao último degrau. Portanto, a primeira coisa que eu gostaria de dizer a você é: não se deve dizer que sexo é simplesmente animalesco. É possível, mas não precisa ser. Pode ser superior a isso, pode se transformar em amor, pode se tornar uma oração. Depende de cada um.

O sexo em si não é nada como uma entidade fixa, e sim apenas uma possibilidade. Você pode fazê-lo como gostar, como quiser. Essa é a mensagem completa do Tantra: que o sexo pode se tornar *samadhi* (consciência cósmica). Essa é a visão do Tantra: que o sexo se torna *samadhi*, que é por meio do sexo que o êxtase supremo pode entrar no indivíduo. O sexo pode se tornar uma ponte entre o indivíduo e o supremo.

Há quem diga: *"Amo meu marido, mas odeio sexo, e isso gera um conflito."* Como é possível amar o marido e, no entanto, odiar sexo? Isso mais parece um trocadilho. Como pode alguém amar o marido e odiar sexo?

Tente apenas entender a questão. Quando a mulher ama um homem, deseja segurar sua mão também. Quando a mulher ama um homem, às vezes também deseja abraçá-lo. Quando a mulher ama um homem, não apenas deseja ouvir sua voz, mas também ver seu rosto. Quando a mulher apenas ouve a voz do seu amado, e o amado está longe, a voz não é suficiente. Entretanto, se a mulher pode vê-lo também, fica mais satisfeita. Quando a mulher o toca, certamente fica ainda mais satisfeita. Quando a mulher sente o gosto do homem, certamente fica muito mais satisfeita. O que é sexo? É apenas um encontro de duas energias profundas.

Muitas pessoas possivelmente carregam alguns tabus em sua mente, além de inibições. O que é sexo? Apenas o encontro de duas pessoas no auge, ou seja, não apenas com as mãos dadas, não apenas abraçando o corpo um do outro, mas penetrando no campo de energia um do outro. Por que alguém haveria de odiar sexo? A mente dessas pessoas deve ter sido condicionada pelos *mahatmas*, as chamadas pessoas "religiosas" que envenenam a humanidade como um todo, que envenenam a própria fonte de crescimento do ser humano. Por que alguém haveria de odiar? Se a mulher ama seu homem, ela deseja compartilhar a plenitude de seu ser com ele: não há necessidade de odiar. E se odeia sexo, o que está querendo dizer? Está simplesmente dizendo que quer o homem para cuidar dela financeiramente, para cuidar da casa, para lhe dar um carro e um casaco de pele. Assim, o que a mulher quer é usar o homem... E chama

·isso de amor? E não quer compartilhar nada com ele. Quando se ama, compartilha-se tudo. Quando se ama, não se tem nenhum segredo. Quando alguém ama, mantém o coração completamente aberto, e está disponível. Quando alguém ama, está sempre pronto para ir com o amado para o inferno, se ele estiver se dirigindo para lá.

Mas isso acontece. As mulheres são muito boas com as palavras: não querem dizer que não amam, e é por isso que fazem com que pareça que amam o homem, mas que odeiam sexo. O sexo não é tudo no amor, é verdade, e o amor é mais do que sexo, é verdade, mas o sexo é a base do amor. Sim, um dia o sexo desaparece, mas odiá-lo não é a maneira de fazê-lo desaparecer. Odiar é a maneira de reprimi-lo. E tudo o que é reprimido virá à tona de um modo ou de outro.

Por favor, não tente se tornar monge ou freira...

Lembre-se: sexo é natural. Pode-se ir mais além, mas não por meio da repressão. E, caso o sexo seja reprimido, mais cedo ou mais tarde o indivíduo vai encontrar algum outro modo de expressá-lo, ficando sujeito à entrada de algum tipo de perversão, uma vez que precisará encontrar algum substituto. E substitutos *não* são de nenhuma ajuda, *não* ajudam, *não* podem ajudar. E uma vez que um problema natural tenha se transformado de tal forma que a pessoa se esqueça disso, e que tenha surgido em algum outro lugar como um substituto, pode ser que a pessoa continue lutando com o substituto, mas não vai resolver o problema. Os substitutos nunca são a solução, apenas criam perversões, obsessões. É preciso ser natural se quiser um dia ir além da natureza. Seja natural: esse é o primeiro requisito. Isso não significa que não há nada além da natureza, pois existe uma natureza superior, que é a mensagem do Tantra. Mas o homem deve ser bastante mundano se realmente quiser subir alto no céu.

Não vê as árvores? Elas são enraizadas na terra e, quanto mais suas raízes se aprofundarem, mais alto elas subirão. Quanto mais alto quiserem ir, mais profundo terão que entrar na terra. Se uma árvore quiser tocar as estrelas, precisará ir e tocar o próprio inferno – esse é o único caminho.

Se enraíze no próprio corpo, se quiser transcender. É preciso estar enraizado no próprio sexo, se quiser de fato se tornar um amante. Sim, quanto mais energia for convertida em amor, menor a necessidade de o sexo estar lá, mas isso não significa que o indivíduo deve odiar o sexo. O ódio não é uma relação correta, com qualquer coisa que seja. O ódio simplesmente mostra que o indivíduo está com medo. O ódio apenas mostra que há um grande medo interior. O ódio apenas evidencia que, no fundo, o indivíduo ainda sente atração. Se o indivíduo odeia sexo é porque sua energia vai começar a se deslocar para algum outro lugar. A energia tem de se deslocar.

Se Deus dá ao homem energia sexual, ela se torna sagrada. Qualquer coisa de Deus é sagrada, e tudo vem de Deus. E por "Deus" não quero dizer uma determinada pessoa e sim a existência como um todo.

Já pensou qual é o objetivo do cuco quando ele começa a cantar? É para atrair um parceiro sexual. Mas ninguém condena a ação do cuco de obscena. Quando as flores abrem e exalam sua fragrância, o que acha que estão fazendo? Estão anunciando: "Vim para florescer, então borboletas e abelhas estão convidadas e são bem-vindas." Mas por quê? Porque a flor tem pequenas sementes que as borboletas e as abelhas carregam consigo. Porque a mesma divisão existe em toda a existência: há plantas que são machos e há plantas que são fêmeas. A planta macho tem que enviar suas sementes para a planta fêmea, sua amada. Já viu a dança do pavão? Acha que ele dança para se exibir para o público? E repare a bela cauda com as cores do arco-íris e o fato de o pavão dançarino ser macho. Ele quer atrair alguma fêmea. É só na humanidade insana que a fêmea deve atrair o macho.

Na natureza como um todo é o macho que atrai a fêmea. E é por essa razão que, em toda a natureza, o macho é mais bonito: a fêmea não precisa ter beleza alguma, ser do sexo feminino já é suficiente. Mas é estranho que o homem venha contrariando a ideia continuamente. É o macho que deve ser mais bonito, para que uma fêmea se sinta atraída por ele.

Entretanto, as religiões fizeram uma bagunça. A tal ponto que, ao se ver um homem rico andando com sua esposa, a percepção é a de que ele parece um empregado e a esposa parece nada mais do que uma propaganda das riquezas dele. Todos os diamantes, todas as esmeraldas, todos os rubis, todo o ouro, tudo é uma propaganda para o homem. Ele é apenas um homem de negócios. Ter uma esposa bela é uma estratégia empresarial, pois assim o homem vai poder convidar seus clientes para jantar em casa e a esposa vai hipnotizá-los com sua beleza, quando então ele poderá faturar em cima deles! Mas o homem se tornou apenas um serviçal, um homem de negócios. Suas riquezas são conhecidas através da esposa – as riquezas pessoais dele, a beleza dele, a genialidade dele têm que ser mantidas escondidas.

Toda vez que perturbar a natureza e começar a produzir suas próprias regras, lembre-se de que é um crime, um crime imperdoável.

O homem, a menos que medite, vai ficar louco, louco atrás de mulheres. E o homem acha a meditação mais difícil do que a mulher. Mães experientes que já tiveram dois ou três filhos são capazes de saber se é menina ou menino que carregam no ventre, uma vez que a menina se mantém em silêncio e o menino começa a jogar futebol, chutando aqui e ali.

As meninas são capazes de entrar mais profundamente na meditação. Por um lado, podem ir mais fundo na meditação, por outro, sua sexualidade é negativa, não é compulsória. Eu fiquei maravilhado com a experiência de conviver entre todos os tipos de monges e freiras, pois nenhum monge é celibatário de fato, mas as freiras são, todas, celibatárias. Eles conseguem ser celibatários; não são homens de sexo descontrolado. Além disso, a natureza providenciou para que, a cada mês, sua energia sexual saia do corpo automaticamente, para que eles fiquem limpos novamente por um mês.

Mas o homem tem uma dificuldade. Sua energia sexual pode ser dominada apenas por uma meditação mais profunda. Para daí, então, ele não ficar louco. A menos que medite profundamente, o homem não será capaz de transcender sua loucura sexual.

A passeata de estudantes se transformara em um tumulto. De repente, um homem cambaleou para fora da multidão carregando uma menina desfalecida nos braços.

– Aqui – gritou um policial correndo até o homem –, passe ela para mim. Vou tirá-la daqui.

– Vai para o inferno – respondeu o homem –, vai procurar uma de sua preferência!

Mesmo em um tumulto, quando as pessoas estão sendo mortas, atingidas por tiros, a mente do homem permanece pensando em sexo constantemente. Sexo é a maior escravidão do homem.

É preciso fazer todo o esforço para meditar, de forma que toda a energia sexual, em vez de se deslocar para baixo, comece a se deslocar para cima. Em vez de encontrar uma bela mulher, o homem deve começar a criar um belo homem dentro dele próprio. Em vez de encontrar uma mulher graciosa, sua energia pode tornar ele próprio gracioso. Mas o homem é mais estúpido do que a mulher. Toda a história é feita pelo homem, e é aí que se pode ver a loucura: é uma história não da humanidade, mas da loucura, de guerras, de estupros, de pessoas queimadas vivas, de destruição.

Um casal levou seu filho pequeno ao circo. Durante a apresentação do gorila o marido teve que ir ao banheiro, e enquanto esteve fora, o menino cutucou a mãe e perguntou:

– O que é aquela coisa longa pendurada entre as pernas do gorila?

A mãe se sentiu constrangida e respondeu rapidamente:

– Ah, aquilo não é nada, querido.

Quando o marido voltou, a esposa saiu para comprar pipoca e, enquanto ela estava fora, o menino cutucou o pai e perguntou:

– Papai, o que é aquela coisa grande pendurada entre as pernas do gorila?

O pai sorriu e respondeu:

– Aquilo, filho, é o pênis dele.

O menino pareceu confuso por um momento e, em seguida, comentou:

– Então, por que a mamãe acabou de dizer que não era nada?

– Filho – disse o pai com orgulho –, eu acostumei mal sua mãe.

# O Maníaco Sexual

O sexo é um assunto sutil, delicado. Séculos de exploração, de corrupção, de ideias pervertidas e de condicionamento estão associados à palavra "sexo". A palavra é muito carregada. É uma das palavras mais carregadas que existe. Dizer "Deus" soa vazio. Dizer "sexo" soa bastante carregado. Mil e uma coisas surgem na mente: medo, perversão, atração, um desejo tremendo e também um tremendo antidesejo. Todos surgem juntos. A própria palavra sexo provoca confusão, caos. É como se alguém jogasse uma pedra em uma piscina de águas tranquilas e ocorressem milhões de ondulações. Apenas a palavra "sexo"! A humanidade tem vivido sob ideias muito erradas.

Já observou que, em determinada idade, o sexo se torna importante? Não que o indivíduo o torne importante. Não se trata de algo que se faça acontecer, ele simplesmente acontece. Por volta dos 14 anos, de repente, a energia é inundada por sexo. Como se as comportas tivessem sido abertas no jovem. Fontes sutis de energia que ainda não estavam em ação se abrem, e toda a energia se torna sexual, colorida com sexo. O jovem pensa sexo, canta sexo, anda sexo, e tudo se torna sexual. Cada ato é colorido. Isso acontece, ninguém faz nada para isso acontecer. É natural. A transcendência também é natural. Se o sexo é vivido em sua totalidade, sem condenação, sem nenhuma ideia de se livrar dele, daí, então, assim como aos 14 anos as comportas se abrem e toda a energia se torna sexual, por volta dos 42 anos essas comportas se fecham novamente. E isso também é tão natural quanto o fato de o sexo se tornar ativo. É o momento em que começa a desaparecer. O sexo não é transcendido por qualquer esforço por parte do indivíduo. Se ele fizer qualquer esforço, este será repressivo, pois não tem nada a ver com o indivíduo. O sexo é inerente ao corpo, à biologia. O homem nasceu como ser sexual, não há nada de errado nisso. Essa é a única forma de nascer. Ser humano é ser sexual. Quando qualquer um é concebido, a mãe e o pai não estão rezando. Eles não ficam ouvindo algum sermão do padre. Nem estão na igreja. Eles estão fazendo amor. Até mesmo pensar que a própria mãe e o próprio pai estavam fazendo amor quando foi concebido parece ser difícil para qualquer um. Eles estavam fazendo amor, suas energias sexuais estavam se reunindo e se fundindo, uma com a outra. E então, em um ato sexual profundo, o indivíduo foi concebido. A primeira célula era uma célula sexual e, em seguida, a partir daquela célula, outras células surgiram. No entanto, cada célula permanece sexual, basicamente. O corpo do homem como um todo é sexual, feito de células sexuais. Agora elas são milhões. Lembre-se: você existe como um ser sexual. Uma vez que aceite isso, o conflito que foi criado ao longo dos séculos se dissolverá. Uma vez que aceite isso de forma profunda, sem ideias no meio, quando o sexo é visto como algo simplesmente natural, você será capaz de vivê-lo. Ninguém me pergunta como se transcende o comer, nem como se transcende o respirar, porque nenhuma religião ensina o homem a transcender a respiração, é por isso. Caso contrário, alguém poderia perguntar: "Como transcender o respirar?" O homem respira! O homem é um animal que respira, além de ser um animal sexual. Mas há uma diferença. Catorze anos de sua vida, no início, são praticamente não sexuais ou, no máximo, brincadeiras sexuais rudimentares que não são realmente sexuais, e sim apenas preparativos, ensaios, só isso. Aos 14, de repente, a energia amadurece.

Observe... uma criança nasce. De imediato, dentro de três segundos, a criança tem que respirar, do contrário, ela morre. Então, a respiração deve permanecer durante toda a vida desse ser, pois faz parte da primeira etapa da vida. Não pode ser transcendida. Talvez antes de morrer, apenas três segundos antes, a respiração pare, mas não antes disso. Lembre-se sempre: ambos os extremos da vida, o princípio e o fim, são exatamente similares, simétricos. A criança nasce e começa a respirar em três segundos. Quando fica velha e está para morrer, no momento em que para de respirar, em três segundos estará morta.

O sexo entra em uma fase muito tardia: durante 14 anos a criança vive sem sexo. E se a sociedade não é muito reprimida e, portanto, obcecada por sexo, uma criança pode viver completamente alheia ao fato de que o sexo, ou algo como o sexo, existe. A criança pode permanecer absolutamente inocente. No entanto, essa inocência também não é possível quando as pessoas são muito reprimidas. Quando há repressão, também há obsessão; ambas convivem lado a lado. E, assim, os sacerdotes prosseguem reprimindo, e há também os antissacerdotes, Hefners (Hugh Hefner foi fundador da revista *Playboy*) e outros, que continuam criando cada vez mais pornografia. Portanto, de um lado, há os sacerdotes, que prosseguem reprimindo, e, de outro, há os antissacerdotes, que prosseguem tornando a sexualidade cada vez mais glamourosa. Ambos coexistem, pois constituem elementos da mesma moeda. Apenas quando as Igrejas desaparecem é que as revistas *Playboy* desaparecem, não antes. São parceiros nos negócios. Eles parecem inimigos, mas não se deixem enganar por isso. Discursam uns contra os outros, mas é assim que as coisas funcionam.

Eu ouvi falar sobre dois homens que estavam quebrados, tinham ido à falência e que, portanto, haviam decidido abrir um negócio, um negócio muito simples. Deram início a uma jornada, viajando de uma cidade para outra. Primeiro, um deles chegava e, durante a noite, jogava piche nas portas e janelas das pessoas. Após dois ou três dias, o outro vinha para realizar a limpeza. Anunciava que poderia limpar qualquer tipo de piche, ou qualquer coisa que desse errado, e limpava as janelas. Enquanto isso, o outro estava fazendo metade do negócio em outra cidade. Dessa forma, começaram a ganhar muito dinheiro.

Isso é o que acontece entre a Igreja e os "Hugh Hefners" e pessoas que criam pornografia continuamente.

Veja este exemplo:

A bela Srta. Keneen se sentou no confessionário.

– Padre – disse ela –, quero confessar que deixei meu namorado me beijar.

– Isso foi tudo o que vocês fizeram? – perguntou o padre, muito interessado.

– Bem, não. Deixei que ele colocasse a mão na minha perna também.

– E depois, o que mais?

– E depois deixei que ele puxasse para baixo minha calcinha.

– E depois, e depois...?

– E depois minha mãe entrou no quarto.

– Ah, droga! – suspirou o padre.

Atuam juntos, são parceiros em uma conspiração. Sempre que o indivíduo é muito reprimido, começa a encontrar um interesse pervertido. Um interesse pervertido é o problema, não o sexo. Ora, esse padre é neurótico. O sexo não é o problema, mas esse homem está com problemas.

As freiras Margaret Alice e Francis Catherine estavam caminhando por uma rua secundária. De repente, foram agarradas por dois homens, arrastadas para um beco escuro e estupradas.

– Pai, perdoa-lhes – disse a irmã Margaret Alice –, pois eles não sabem o que fazem.

– Cale-se! – gritou a irmã Catherine – Este sabe.

Isso está destinado a ser assim. Portanto, o indivíduo nunca deve transmitir à sua mente uma única ideia que seja contra o sexo, pois, do contrário, nunca será capaz de transcendê-lo. As pessoas que transcendem o sexo são pessoas que o aceitam naturalmente. É difícil, pois o ser humano nasce em uma sociedade neurótica em relação ao sexo. Seja de um modo seja de outro, é neurótico do mesmo jeito. Embora seja muito difícil sair dessa neurose, se ficar um pouco alerta, qualquer um pode sair dela. Portanto, a questão não é como transcender o sexo, mas como transcender essa ideologia pervertida da sociedade: esse medo do sexo, essa repressão do sexo, essa obsessão com o sexo. O sexo é belo. O sexo, em si, é um fenômeno rítmico natural. Acontece quando a criança está pronta para ser concebida, e é bom que isso aconteça, caso contrário, a vida não existiria. A vida existe por meio do sexo, a vida é o seu meio. Aquele que entende a vida, aquele que ama a vida, sabe que o sexo é sagrado, santo. Consequentemente, vive o sexo, tem prazer com ele e, com a mesma naturalidade com que veio, se vai, por sua própria vontade. Aos 42 anos, ou por volta disso, o sexo começa a desaparecer, tão naturalmente quanto como surgiu. Mas isso não acontece dessa forma. Você deve ter ficado surpreso quando eu disse cerca de 42 anos. Todo mundo conhece pessoas que têm 70, 80 anos e que ainda não foram além. Todo mundo conhece "velhos tarados". Eles são vítimas da sociedade. Não lhes foi permitido serem naturais, é um sintoma, pois reprimiram quando deveriam ter desfrutado e se deliciado. Naqueles momentos de prazer, eles não estavam totalmente presentes. Eles não eram orgásticos, eram indiferentes. Por isso, sempre que o indivíduo for indiferente a qualquer coisa, esta persiste por mais tempo.

Este é meu pensamento: as pessoas que viveram de forma justa, com amor, de forma natural, por volta dos 42 anos começam a transcender o sexo. Para aquelas que não viveram de forma natural e estiveram lutando contra o sexo, a faixa dos 42 anos vem a ser o momento mais perigoso, porque, quando chegam a essa idade, suas energias estão em declínio. Quando se é jovem, não se caracteriza como problema reprimir algo, uma vez que o jovem é muito enérgico. Eis a ironia do fato: um jovem pode reprimir a sexualidade com muita facilidade, porque tem energia para tal. Ele pode simplesmente rebaixá-la e sentar em cima dela. Quando as energias estão se esvaindo e entram em declínio, o sexo vai se afirmar e o indivíduo não vai ser capaz de controlá-lo.

Vejam a anedota a seguir:

Stein, de 65 anos, visitou o escritório do filho, o Dr. Stein, e pediu algo que aumentasse sua potência sexual. O médico deu uma injeção no pai e, depois, recusou-se a aceitar que ele pagasse. No entanto, Stein insistiu em dar ao filho 10 dólares.

Uma semana depois, Stein estava de volta para tomar outra injeção e, dessa vez, deu ao filho 20 dólares.

– Mas, pai, as injeções custam apenas 10 dólares.

– Pegue! – insistiu Stein. – Os 10 extras são da sua mãe.

E isso continua... portanto, antes que se torne o pai e a mãe da anedota, por favor, acabe com isso a tempo. Não espere ficar velho, porque depois as coisas ficam feias. Depois tudo sai da estação.

Por que as pessoas são tão fascinadas pela pornografia?

Deve ser a educação religiosa, a escola dominical (nos Estados Unidos). Caso contrário, não haveria necessidade de se estar interessado em pornografia. Quando o indivíduo está contra o real, começa a fazer uso da imaginação. O dia em que a educação religiosa desaparecer da face da Terra, a pornografia vai morrer. Não pode morrer antes. Isso parece muito paradoxal. Revistas como *Playboy* existem apenas em função do apoio do Vaticano. Sem o papa não haverá revista *Playboy*, não pode existir. Não haverá qualquer razão para sua existência. O padre está por trás disso.

Por que é que alguém deveria estar interessado em pornografia quando pessoas ao vivo e em cores estão presentes? E é tão bonito ver pessoas de carne e osso. Quem é que se interessa pela foto de uma árvore nua? Afinal, todas as árvores estão nuas! Basta fazer uma coisa: cobrir todas as árvores para que mais cedo ou mais tarde seja possível encontrar revistas circulando clandestinamente, revistas com árvores nuas! E as pessoas vão lê-las, colocá-las dentro de suas Bíblias, olhar suas páginas e apreciá-las. Experimente e verá. A pornografia só poderá desaparecer quando as pessoas aceitarem sua nudez naturalmente. Ninguém quer ver gatos, e cachorros, e leões e tigres pelados em fotos, mas eles *estão* pelados! Na verdade, quando um cachorro passa por alguém, essa pessoa nem sequer raciocina sobre a situação, ou seja, o fato de o cachorro estar nu. Ouve-se dizer que há algumas senhoras na Inglaterra que cobrem seus cães com roupas. Elas têm medo de que a nudez possa incomodar alguma alma religiosa e casta. Bertrand Russell escreveu em sua autobiografia que, em sua infância, na era vitoriana, até as pernas das cadeiras eram cobertas, porque eram *pernas*.

Basta deixar que o homem seja natural que a pornografia desaparece. Deixem as pessoas ficarem nuas... não que tenham que se sentar peladas nos escritórios, não há necessidade de ir tão longe. Porém, nas praias, nos rios, ou quando as pessoas estão à vontade, relaxando em suas casas, descansando sob o sol em seus jardins, elas devem ficar nuas! Deixem que as crianças brinquem nuas, em volta de pai e mãe nus. A pornografia vai desaparecer! Quem vai olhar para a revista *Playboy*? E para quê? Algo está sendo privado, alguma curiosidade natural está sendo privada, daí a pornografia. Livre-se do sacerdote que existe dentro de você, diga adeus. E, depois, de repente vai perceber que a pornografia desaparecerá. É preciso aniquilar o sacerdote em seu inconsciente para que perceba uma grande mudança em seu ser. Os homens vão ficar mais unidos.

Um vendedor em viagem a trabalho se encontrava em um hotel para passar a noite quando encontrou uma Bíblia na cabeceira da cama. Na primeira página estava a inscrição: "Se estiver doente, leia a página 42. Se estiver preocupado com sua família, leia a página 68. Se está solitário, leia a página 92."

Estava solitário e, portanto, abriu na página 92 e leu o que estava escrito. Quando terminou, reparou que na parte inferior da página havia palavras escritas à mão: "Se ainda estiver solitário, ligue para 62485 e peça para chamar a Gloria."

Se o estado de iluminação e o êxtase parecem estar tão perto, e o estado de Buda a apenas um passo de distância, então, por que é que os homens se comportam como gorilas mal-humorados quando estão com suas namoradas?

Ao estar com a namorada, todos os homens se comportam como um gorila. De outro modo, as namoradas ficariam muito frustradas. Quanto mais o homem se comporta como um gorila, mais elas ficam satisfeitas. Basta observar: o comportamento do homem como um gorila representa tanto prazer que nenhuma namorada vai se desviar. Se o homem se comporta de modo muito cavalheiresco, a namorada vai ficar muito frustrada.

Porém, o estado de iluminação ainda está a um passo de distância do gorila. Não faz diferença onde o homem esteja, pois a iluminação está sempre a uma distância constante de um passo. É preciso apenas sair do gorila para atingi-la. Às vezes, é mais fácil sair do gorila. Afinal, quem quer ser um gorila? É mais difícil quando se trata do ex-presidente Ronald Reagan ou de um primeiro-ministro ou do homem mais rico do mundo. É mais difícil sair desses papéis, pois todos esses são desempenhados no palco do teatro da vida.

O estado de iluminação se torna mais fácil quando o indivíduo está desempenhando um papel que não gosta. Odeia com todas as forças, mas, por causa da namorada, é obrigado a desempenhar o papel. A namorada também está tentando desempenhar seu papel, mas vai ser muito difícil conter dois gorilas em uma cama. E é por isso que o homem fez com que a mulher agisse como uma dama, de olhos fechados, deitada praticamente desfalecida, de modo que ele pudesse pular como um gorila por toda a cama.

Mas ninguém gosta do papel. Seria bom para o homem ter uma câmera fixa para filmar a si próprio no momento em que estiver se comportando como um gorila. Depois, ao ver a gravação, iria se sentir bastante envergonhado: "O que estou fazendo? Que tipo de idiota eu sou?" É bom que as pessoas apaguem a luz. E toda a sociedade no passado era contra as pessoas fazerem amor ao ar livre, na praia ou no parque. Toda sociedade no passado era muito contra pela simples razão de que qualquer um que se comportasse como um gorila na praia faria com que cada homem se lembrasse, na praia, de que "Isso é o que estou fazendo também, a única diferença é que faço na escuridão da noite".

Mas a distância entre ser um gorila e o estado de iluminação é de apenas um único passo, em que o indivíduo se torna consciente da ação e escapa dela exatamente da maneira como uma cobra desliza de sua pele velha. Pule para fora da cama e torne-se um Buda. Hoje à noite, experimente! Exatamente no meio de ser um gorila, pule imediatamente para fora da cama, sente-se em posição de lótus e torne-se um Buda! E eu prometo a você, sua namorada vai ter mais prazer e ficar mais feliz: "Finalmente você entendeu alguma coisa."

E muitas pessoas vão achar que é um fato surpreendente a distância ser tão pequena. O indivíduo pode se tornar um gorila em seu sono, pode se tornar um presidente em seu sono, pode se tornar o homem mais rico em seu sonho, mas todos esses são sonhos. Na verdade, quando alguém se torna um gorila durante o sono, este se torna um pesadelo. Todos os casos de amor se transformam em pesadelos. E sair do pesadelo também parece ser muito difícil, mas as pessoas apenas tentam acordar quando os sonhos começam a se transformar em pesadelos. Se o sonho continua doce, belo, quem é que vai querer acordar?

É bom que todos tenham reconhecido uma coisa: que o homem se comporta como um gorila. Isto é de grande compreensão. Assim sendo, hoje à noite, dê o primeiro passo para entrar no estado de êxtase, e amanhã de manhã todos vão perceber que esse homem que costumava ser um gorila adquiriu o estado de iluminação. Milagres ainda acontecem.

Qual é a diferença entre sexo normal e sexo tântrico?

O ato sexual normal e o ato sexual tântrico são basicamente diferentes. O ato sexual normal é para aliviar, é como dar um bom espirro. A energia é jogada para fora e a pessoa se sente aliviada. É destrutivo, não é criativo. É bom, é terapêutico. Ajuda a ficar relaxado, nada mais.

O sexo tântrico é, basicamente, diametralmente oposto e diferente. Não é para aliviar, não é para jogar energia fora. É para permanecer no ato sem ejaculação, sem jogar energia para fora, é para permanecer no ato, de forma integrada, apenas na parte inicial do ato, e não na parte final. Isso altera a qualidade, que passa a ser completa e, portanto, diferente.

É bom entender duas coisas. Há dois tipos de clímax, dois tipos de orgasmo. Um tipo de orgasmo é conhecido. Chega-se a um pico de excitação e, depois, não se pode ir mais além: o fim chegou. A excitação chega a um ponto em que se torna involuntário. A energia pula para dentro do indivíduo e sai. Ele fica livre da energia e se sente aliviado. A carga foi jogada, e o indivíduo pode, então, relaxar e dormir.

O orgasmo está sendo usado como um tranquilizante. É um tranquilizante natural: em seguida vem uma boa noite de sono, caso a mente da pessoa não esteja oprimida pela religião. Caso contrário, até mesmo o tranquilizante é destruído. Se a mente não estiver oprimida pela religião, apenas então é que o sexo pode ser algo tranquilizador. Aquele que se sente culpado terá até seu sono perturbado. Vai se sentir deprimido, vai começar a se condenar, além de fazer juramentos de que agora não vai mais se entregar e desfrutar do sexo. Mais tarde o seu sono vai se transformar em um pesadelo. O sexo só pode ser usado como tranquilizante para aquele indivíduo que é um ser natural sem muita opressão da religião e da moralidade.

Esse é um tipo de orgasmo, o que chega a um pico de excitação. O tantra é centrado em outro tipo de orgasmo. Se o primeiro tipo de orgasmo foi denominado orgasmo de pico, pode-se denominar o orgasmo tântrico de orgasmo do vale. Nele não se chega ao pico da excitação, mas ao vale mais profundo de relaxamento. A excitação tem que ser usada por ambos, no início. É por isso que eu digo que, no início, eles são a mesma coisa, mas que o final é totalmente diferente.

A excitação precisa ser usada para ambos: tanto para ir em direção ao pico da excitação quanto para o vale do relaxamento. Para o primeiro, a excitação tem que ser intensa, cada vez mais intensa. O indivíduo tem que crescer nela e ajudá-la a crescer em direção ao pico. No segundo, a excitação é apenas um começo. E, uma vez que o homem a tenha alcançado, tanto o amante quanto o amado podem relaxar. Não é necessário nenhum movimento. O casal pode relaxar envolto em um abraço amoroso. Apenas quando o homem sente, ou a mulher, que a ereção está para diminuir é que há a necessidade de um pequeno movimento e de excitação. Mas, depois, relaxa-se novamente. Pode-se prolongar esse abraço profundo por horas, sem ejaculação, e, depois, ambos podem cair em sono profundo juntos. Isso é um orgasmo do vale. Ambos estão relaxados e se encontram como dois seres relaxados. No orgasmo sexual comum, o casal se encontra como dois seres excitados, ou seja, tensos, cheios de entusiasmo, tentando se descarregar. O orgasmo sexual comum parece uma loucura, enquanto o orgasmo tântrico é uma profunda meditação relaxante.

Alguns podem não estar cientes disso, mas este é um fato da biologia, ou melhor, da bioenergia: o homem e a mulher são forças opostas. Essas forças, denominadas negativa-positiva, *yin-yang* ou qualquer outra denominação que se queira, são desafiantes entre si. E quando ambas se encontram em um relaxamento profundo, ambas se revitalizam entre si. Revitalizam-se entre si, tornam-se geradores, sentem-se mais vivas, tornam-se radiantes com nova energia, e nada é perdido. Basta uma união com o polo oposto para que a energia seja renovada.

O ato do amor tântrico pode ser feito quantas vezes se quiser. O ato do sexo comum não pode ser feito o quanto se deseja, por causa da perda de energia que provoca no corpo que, consequentemente, precisará de algum tempo para recuperá-la. E quando o corpo recupera a energia, acaba por perdê-la novamente. Parece absurdo. A vida inteira é gasta em ganhar e perder, recuperar e perder: é como uma obsessão.

O segundo aspecto a ser lembrado: algumas pessoas podem já ter observado que os animais nunca conseguem apreciar o ato do sexo. Na relação sexual dos animais, eles não têm prazer. Olhe para babuínos, macacos, cães ou qualquer espécie de animal. No ato sexual deles não é possível perceber que estejam sentindo prazer ou que estejam desfrutando do ato. É simplesmente impossível! Parece ser um ato meramente mecânico, uma força natural que os empurra em direção a ele. Se alguém já viu sexo entre macacos, deve ter reparado que ao término eles se separam. E ao olhar para suas feições não se vê êxtase nelas. É como se nada tivesse acontecido. Quando a energia força a si própria, quando a energia se encontra em excesso, os animais a expulsam.

O ato sexual comum é exatamente assim, mas os moralistas dizem o contrário: "Não se envolvam, não 'curtam'", "É como os animais fazem". Está errado! Os animais nunca desfrutam, só o homem pode desfrutar. E quanto mais fundo o homem puder desfrutar, mais elevada é a espécie de humanidade que nasce. E se o sexo se tornar meditativo, enlevado, será possível tocar o nível mais elevado. Mas lembre-se do Tantra: é um orgasmo do vale, não uma experiência de pico. É uma experiência de vale!

No Ocidente, Abraham Maslow tornou esse termo *experiência de pico* muito famoso. O indivíduo entra em um processo de excitação que caminha em direção ao pico e, depois, cai. É por isso que, após cada ato sexual, há uma sensação de queda. E isso é natural: cai-se de um pico. Nunca será possível ter a mesma sensação após uma experiência de sexo tântrico. Nesta não se tem a sensação de queda. Não se pode cair mais, porque o indivíduo se encontra no vale. Em vez disso, ele está é subindo. Quando do retorno, após o ato do sexo tântrico, constata-se que o indivíduo subiu, não caiu. O casal se sente repleto de energia, com mais vitalidade, mais vivacidade, mais radiante. E esse êxtase vai durar horas e horas, e até mesmo dias e dias. Depende do grau de profundidade que cada um conseguiu atingir. Ao se movimentar, mais cedo ou mais tarde, o homem vai perceber que a ejaculação é um desperdício de energia. Não há necessidade disso, a menos que o casal precise de filhos. E com uma experiência de sexo tântrico é possível sentir um profundo relaxamento o dia todo. Basta uma única experiência tântrica para que se possa sentir relaxado até mesmo por vários dias – à vontade, em casa, não violento, sem irritação, sem depressão. E esse tipo de pessoa nunca é um perigo para os outros. Se puder, vai ajudar os outros a serem felizes. Se não puder, pelo menos não vai fazer ninguém infeliz.

[Apenas] o Tantra pode criar um novo homem, e esse homem, que pode vir a conhecer a atemporalidade, a ausência de egocentrismo e uma profunda não dualidade com a existência, crescerá.

# O Monge

Todas as religiões ensinam o homem a renunciar à esposa, aos seus filhos, ao mundo, aos confortos e a tudo o que torna a vida um prazer. Só assim ele pode ser salvo. Estão lhe ensinando o suicídio, e isso não é religião. No entanto, as religiões transformaram milhões de pessoas em um bando de pessoas suicidas. No momento em que o amor do homem morre, muitas outras coisas também morrem dentro dele. Um homem cujo amor está morto é incapaz de ver beleza em uma pintura. Se não consegue ver beleza em um rosto humano, se não consegue ver beleza na expressão máxima da existência, o que é que pode ver em uma tela? Apenas algumas cores. Não consegue ver beleza nisso.

Aquele cujo amor está morto não pode compor poesia, pois sem amor sua poesia será simplesmente árida. Não haverá vida nela. Será um simples exercício de palavras, sem qualquer espírito por trás. Será uma poesia de corpo sem alma, mas não poesia propriamente. Um homem que não consegue amar, não consegue ser criativo de nenhum modo.

Os chamados santos e monges celibatários não contribuíram em nada para a sabedoria humana, para a inteligência humana, para a beleza, para a riqueza, para a música, para a dança. Não, os monges e freiras celibatários não contribuíram em medida alguma para tal. Eles são um fardo para a Terra.

A única coisa com a qual contribuíram foi com a Aids. O que vem a ser uma consequência muito natural.

A vida decorre do sexo, a vida consiste em sexo. Pode-se elevar o sexo a tal refinamento a ponto de se tornar amor, compaixão. Entretanto, se o indivíduo bloqueia a própria energia do sexo por meio do celibato, ele destrói todas as possibilidades de seu desenvolvimento natural. Está, então, a caminhando em direção à morte. Se o sexo é vida, consequentemente, o celibato é a morte. Esta é uma lógica simples. Esses celibatários trouxeram a Aids para os homens, porque o celibato não é natural, é contra a biologia, é contra a fisiologia, é contra os hormônios humanos.

E é bom lembrar que o corpo humano é autônomo. Não trabalha sob as ordens do homem, uma vez que tem seu próprio programa e funciona de acordo com ele. O homem come alimentos. Cabe a ele decidir o que quer comer. Entretanto, ao passar pela garganta, o homem deixa de ter a capacidade de interferir em qualquer coisa relacionada ao alimento. Agora está em poder de seu corpo digeri-lo, separá-lo em elementos diferentes, que serão enviados para diferentes partes do corpo: o que é necessário para o cérebro vai ser carregado para o cérebro, o que é necessário para a genitália será carregado para a genitália.

Além disso, o corpo não sabe se o indivíduo é um monge cristão, nem que é celibatário, e continua a produzir espermatozoides. O que ele vai fazer com esses espermatozoides? Não pode continuar a contê-los dentro de si, devido ao pouco espaço, e, uma vez cheio, precisa liberá-los. Os espermatozoides têm pressa para serem liberados, porque também querem sair para o mundo e ver o que está acontecendo do lado de fora. E assim que você vem ao mundo, é assim que todos vêm ao mundo. É bom que o pai do Buda Gautama não tenha sido um monge. Se apenas algumas pessoas, tais como o pai do Buda Gautama, o pai de Lao Tzu, o pai de Chuang Tzu, o pai de Moisés, tivessem sido monges, não teria existido religião, exceto o cristianismo... pois o pobre pai de Jesus não teve nada a ver com o nascimento de Jesus, ele era um monge!

Mas quem já não pensou sobre isso, que o Deus cristão é uma trindade, e que uma parte da trindade cristã é o Espírito Santo? Ele não é um celibatário, ele é um estuprador. Um grande ato divino! Ele estupra a esposa virgem de um pobre carpinteiro, e as pessoas ainda continuam a chamar esse monstro de Espírito Santo. Então, o que acham que é um espírito profano? E ele é parte essencial de Deus. Isso torna Deus um não celibatário também. Mas os monges, as freiras e todas as religiões têm forçado morte e destruição sobre a humanidade. E o resultado final é a Aids. E a Aids está se espalhando rápido, como um incêndio. Pode destruir a humanidade. Por que as religiões desaprovavam a vida no passado?

Em nome da religião, o homem tem sido explorado – explorado tanto pelo padre como pelo político. E o padre e o político têm estado em profunda conspiração contra o homem. A única forma de explorar o homem é fazer com que ele tenha medo. Uma vez amedrontado, o homem está pronto para se submeter. Uma vez que trema por dentro, o homem perde a confiança em si mesmo. Em seguida, está pronto para acreditar em qualquer bobagem estúpida. Não se pode fazer um homem acreditar em bobagens se ele tiver autoconfiança. Lembre-se, é assim que o homem tem sido explorado ao longo dos séculos. Este é o próprio segredo de negócio das chamadas religiões: faça com que o homem tenha medo, faça com que o homem se sinta desprezível, faça com que o homem se sinta culpado, faça com que o homem sinta que está prestes a ir para o inferno. Como fazer com que o homem tenha bastante medo? A única forma é a seguinte: condenar a vida, condenar tudo o que é natural. Condenar o sexo em função de ser o primeiro fundamento da vida, condenar o alimento porque é o segundo fundamento da vida, condenar o relacionamento, a família, a amizade, porque é o terceiro fundamento da vida, e continuar condenando.

Condene tudo o que é natural para o homem, é só dizer que está errado: "Se fizer isso, vai sofrer por isso. Se não fizer isso, vai ser recompensado. O inferno vai baixar sobre você, se continuar a viver naturalmente", essa é a mensagem de todo o passado, "e o céu lhe será dado, se você for contra a vida."

Isso significa que apenas no caso de o indivíduo ser suicida é que Deus vai aceitá-lo. Se cometer suicídio lentamente nos sentidos, no corpo, na mente, no coração, e continuar a se destruir, quanto mais conseguir destruir a si mesmo, mais querido se tornará a Deus. Esse era todo o ensinamento das religiões no passado. Isso contaminou a existência do homem, o envenenou. Esses envenenadores exploraram o homem tremendamente com isso. As religiões do passado eram orientadas para a morte, não para a vida. O que proclamo é uma visão orientada para a vida: amar a vida em sua multidimensionalidade, porque é a única maneira de chegar cada vez mais perto da verdade suprema. A verdade suprema não está longe, está escondida no imediato. O imediato é o supremo, o inerente é o transcendente. Deus não está lá, está aqui. Deus não é aquele, é este. E o homem não é indigno, não é um pecador.

Eu estou aqui para ajudar a aliviar todos os sentimentos de culpa dos homens. Estou aqui para ajudá-lo a começar a confiar em si mesmo novamente. Ao começar a confiar em seu próprio ser, nenhum político e nenhum sacerdote hão de conseguir explorá-lo. O homem é sempre explorado por meio do medo.

Eis um exemplo:

Uma vez o mulla Nasruddin se perdeu em uma selva. Tentou encontrar uma maneira de sair o dia todo, mas não conseguiu em função do cansaço, da fome, da exaustão, dos machucados, além das roupas esfarrapadas devido à mata fechada e aos espinhos na selva. E estava ficando mais escuro, o sol se pondo e a noite prestes a cair.

Ele é ateu, um ateu convicto que nunca tinha rezado antes. No entanto, com a situação, ou seja, o medo da noite e dos animais selvagens, pela primeira vez na vida ele pensou em Deus. Esqueceu todos os argumentos que costumava apresentar contra Deus. Ajoelhou-se no chão e disse: "Prezado Senhor...", embora olhasse em volta, um pouco embaraçado, sabendo perfeitamente bem que não havia ninguém, mas ainda envergonhado... a filosofia do ateísmo de uma vida inteira! Mas, quando o medo bate à porta e quando a morte está tão perto, quem se incomoda com lógica, filosofias e outras coisas? Quem se importa com razão, argumentos?

– Prezado Senhor – disse ele –, por favor, me ajude a sair desta mata e vou adorá-lo para sempre. Vou, inclusive, passar a frequentar a mesquita. Vou seguir todos os rituais do Islã. Eu prometo! Salve-me. Perdoe-me. Peço desculpas por todas as coisas que tenho dito contra você. Fui um tolo, um idiota total. Agora sei quem você é.

Justamente naquele momento, um pássaro passou por cima de sua cabeça e deixou cair algo exatamente em suas mãos.

– Por favor, Senhor, não me venha com essa merda. Estou realmente perdido!

Quando um homem está com medo, mesmo que tenha sido ateu a vida toda, ele começa a se transformar em um teísta.

Os sacerdotes tiveram conhecimento desse fato e usaram desse artifício por séculos. Todo o passado da humanidade foi baseado na opressão pelo medo.

E a melhor maneira de provocar o medo é fazer com que o homem se sinta culpado sobre coisas naturais. Como *não pode* largá-las, mas também não pode desfrutá-las, devido ao medo do inferno, ele vive em dilema. E esse dilema é a base da exploração do homem. Não se pode simplesmente ignorar sua sexualidade porque algum sacerdote estúpido diz que isso é errado. Não tem nada a ver com a ideia de certo e errado. Trata-se de algo natural, algo que faz parte do próprio ser. O ser humano é proveniente do sexo, cada uma de suas células é uma célula sexual. O homem simplesmente não pode deixar a sexualidade de lado. Sim, o indivíduo pode começar a reprimi-la e, com isso, pode vir a acumulá-la com constância no inconsciente e, consequentemente, transformá-la em uma ferida. E quanto mais reprimir, mais obcecado ficará. E quanto mais obcecado, mais culpado se sentirá. É um círculo vicioso. Nesse momento, o homem fica preso na armadilha do sacerdote. E o próprio sacerdote nunca acreditou nisso, nem o político jamais acreditou nisso também. Essas coisas eram para o povo, para as massas. As massas é que têm sido iludidas.

A história conta que os reis costumavam ter várias esposas, e esse foi o caso dos clérigos também. E é um milagre: as pessoas continuam a acreditar nesses charlatões. O padre e o político fazem tudo o que dizem às pessoas para não fazer, às vezes abertamente, às vezes pela porta dos fundos. Os padres prejudicam muito o coração humano, a consciência humana. Colocam essa ideia venenosa de que a vida é uma coisa feia na cabeça do homem. Ensinam às pessoas como se livrar da vida.

Eu ensino ao meu povo como se aprofundar na vida, enquanto os padres ensinam como se livrar dela. Eu ensino ao homem como tornar sua vida livre, enquanto os padres ensinam como acabar com essa vida. E eu ensino como trilhar a vida em direção à eternidade, de forma contínua, e como viver a vida em abundância. Daí a controvérsia: está destinada a existir. A minha visão é exatamente o oposto do que tem sido ensinado em nome da religião. Eu trago uma nova visão da religião ao mundo.

Esta é a tentativa mais ousada já feita: aceitar a vida em sua multidimensionalidade, apreciá-la, celebrá-la, regozijar-se com ela. O meu caminho não é a renúncia, é a satisfação. Também não é seu caminho o jejum, e sim a festa. E ser festivo é ser religioso. Eu defino religião como o espaço festivo.

Nenhum outro animal pode ser festivo, nenhum outro animal sabe sobre festivais. Golfinhos podem brincar, chimpanzés podem se divertir, mas apenas o homem celebra. Celebração é o nível mais elevado do desenvolvimento da consciência. Eu ensino o homem a celebrar. Celebração é a minha chave.

# O Homossexual

No grupo de terapia primal que acabara de concluir eu estava lidando com a minha homossexualidade. O terapeuta disse que, emocionalmente, eu era como um menino. O que você me diz? Em primeiro lugar, não se deve fazer disso um problema. Aquele que realmente quer resolvê-lo, não deve transformá-lo em um problema. Uma vez transformado em um problema, não haverá nenhuma solução. Pode parecer paradoxal, mas o que eu digo é o seguinte: aceite a homossexualidade, não há nada de errado nisso. É só uma ideia social de que algo está errado nisso, mas não há nada de errado. O bom é que pelo menos o indivíduo se sente atraído por *alguém*. Portanto, a primeira coisa é aceitar, e não rejeitar, pois, do contrário, nunca vai ser capaz de resolver isso. Por meio da aceitação há uma possibilidade de seu desaparecimento. Quanto mais rejeitar a homossexualidade, maior a possibilidade de ficar atraído por garotos, uma vez que tudo o que é rejeitado gera atração. É preciso viver a homossexualidade para que ela desapareça. A homossexualidade é uma fase necessária no desenvolvimento de um homem ou de uma mulher.

O terapeuta primal parece estar certo: se o individuo ficou preso na segunda fase, não há nada de errado nisso. Pode ir além dessa fase, mas apenas se for por meio dela. Portanto, esqueça qualquer atitude em relação à homossexualidade, pois isso não é nada mais do que propaganda dos tempos. Não há nada de errado com isso, não é pecado. E se você conseguir aceitá-la, em seguida vai superá-la naturalmente, e começará a ter interesse por mulheres. No entanto, é preciso passar por isso.

É possível que a mãe de alguns homens tenha sido mais dominante, como as mães costumam ser. É muito raro encontrar um homem que não seja um marido dominado pela mulher, muito raro realmente. Na verdade, não acontece e, se algumas vezes aparece um que não seja dominado, significa que a exceção confirma a regra, nada mais. Há razões, razões psicológicas para isso.

O homem luta continuamente no mundo e, com isso, sua energia masculina se esgota. No momento em que chega em casa, ele quer se tornar feminino. Quer descansar de sua agressividade masculina. No escritório, na fábrica, no mercado, na política, em todo lugar seu dia a dia é uma luta. Em casa não quer lutar, quer é descansar, porque no dia seguinte o mundo vai começar outra vez. Portanto, quando entra em casa, torna-se feminino. Durante o dia inteiro a mulher foi feminina e não teve que lutar em absoluto, uma vez que não houve ninguém com quem brigar. Ela está cansada de ser uma mulher... e da cozinha e tudo mais, e das crianças. Quer desfrutar um pouco da agressão e brigar e atormentar, e o pobre marido está disponível. Desta forma, ela se torna masculina e o marido feminino, e esse é o fundamento completo do domínio do homem pela mulher. Mas as crianças entram em apuros: veem que a mãe é quem domina e sentem pena do pai. E, apesar da compaixão pelo pai, querem amá-lo, mas não conseguem. E não conseguem porque vão ficar contra a mãe. Se nem mesmo o pai consegue ir contra a mãe, como eles iriam conseguir? No fundo, eles resistem à mãe, uma vez que a mãe dominadora se torna repulsiva, e esta é a primeira experiência deles sobre a feminilidade. Mais tarde, sempre que estiverem na presença de uma mulher, vão ter medo, pois ela vai se revelar como uma mãe outra vez. Ela vai dominar, atormentar, e vai ser poderosa.

Este é o medo do filho, que ainda é solidário ao pai. O pobre homem nunca tinha nada para dizer. Em função da compaixão para com o pai, o filho se sente mais atraído por garotos. Mas não é nada para achar que se trata de um problema. O indivíduo pode passar por isso. É preciso começar a desfrutar dessa situação e não se sentir culpado em relação a isso. Logo vai ficar surpreso, pois logo vai surgir um grande desejo por mulheres. Ser atraído por um homem é uma coisa, porém, sentir-se realizado estando com um homem é impossível. Para se atingir a realização completa o oposto é necessário, pois os opostos se complementam. O homem pode até se sentir bem com outro homem, no entanto, sentir-se bem é uma coisa, compartilhar um amor profundo e íntimo é outra. Ele pode se sentir feliz, mas se sentir feliz é uma coisa e estar em êxtase é totalmente diferente.

O êxtase é possível apenas quando as energias masculinas e femininas se encontram, mas sempre trazem nelas sua sombra e agonia. Esse é o medo: já ter visto muita agonia e, portanto, estar com medo. Mas o êxtase é tão bonito que vale a pena toda a agonia proveniente da luta, do conflito. Os homens são melhores amigos, enquanto homem e mulher nunca são amigos. Os amantes são inimigos, mas nunca amigos, na verdade, amantes e inimigos, nunca amigos. Os homens são muito bons amigos, enquanto que as mulheres não sabem como ser amigáveis. É muito difícil para as mulheres amar outras mulheres, embora se conheçam muito bem, aliás, sabem muita coisa umas das outras. Mas os homens são muito amigáveis e os homossexuais são pessoas realmente alegres, pois não há agonia... mas também não há êxtase. É preciso arriscar para ver.

Minha sugestão: aceite a homossexualidade e em breve vai passar para além dela. Depois, vai começar a explorar a polaridade oposta: a mulher. Tem que ser explorada, faz parte do crescimento. O homem tem que explorar a mulher e a mulher tem que explorar o homem. E quanto mais fundo for nessa exploração, maior o êxtase e maior a possibilidade de a agonia estar lá também. Êxtase e agonia andam juntos, elas se equilibram.

O relacionamento entre dois homens é mais confortável, conveniente, e há maior compreensão. Um relacionamento entre homem e mulher é sempre tumultuoso e há menos compreensão, porque vivem em mundos separados. Como um pode entender o outro? Nenhum homem entende a mulher, assim como nenhuma mulher entende o homem, e essa é a beleza de estar junto. Isso cria mistério... [e] mal-entendidos também. Mas é preciso, primeiro, aceitar. Pare de resistir e em breve será capaz de ir além.

Sempre que dois tipos semelhantes de corpo e mente tentam se encaixar é caracterizado como perversão. Portanto, eu digo que a homossexualidade é uma perversão. No Ocidente, esse tipo de relação predomina cada vez mais. Agora os homossexuais acham que estão progredindo: eles têm seus próprios clubes, festas, instituições, revistas, propaganda, tudo. E estão aumentando em número: em alguns países chegam próximo aos 40%. Mais cedo ou mais tarde a homossexualidade vai se tornar um padrão por toda parte, um padrão normal. Agora, até mesmo alguns estados dos Estados Unidos estão permitindo casamento homossexual. Se as pessoas insistem, é necessário que se permita, pois o governo existe para servir ao povo.

Se dois homens querem viver juntos em comunhão, através do casamento, não cabe a ninguém criar obstáculos. Não tem problema. Se duas mulheres querem viver juntas, casadas, ninguém tem que se intrometer. Isso é assunto delas. Entretanto, isso é basicamente anticientífico. É assunto delas, mas é anticientífico. É assunto delas e ninguém precisa interferir, mas suas mentes não têm instrução sobre o padrão básico da energia humana e de seu movimento.

Os homossexuais não podem desenvolver a espiritualidade. É muito difícil. Todo o padrão do movimento de energia deles é confuso. Todo o mecanismo é pervertido e gera abalos. E se a homossexualidade crescer demais no mundo, deverão ser desenvolvidas técnicas muito diferentes, desconhecidas até o momento, para ajudá-los a ir em direção à meditação.

Após dez anos no Exército, os homens são obrigados a fazer um exame médico. Os soldados tiram a roupa e entram no consultório do médico, um de cada vez.

O médico coloca o estetoscópio no peito do primeiro homem.

– Sophia Loren – diz o médico.

O coração do homem bate com rapidez. Boom! Boom! Boom!

– Raquel Welch – diz o médico. Boom! Boom! Boom!

– Sua esposa – diz o médico. Boom.

– Perfeitamente normal – anuncia o médico. – Vá e espere ali.

O próximo homem é examinado do mesmo modo:

– Marilyn Monroe – diz o médico. Boom! Boom! Boom!

– Sua esposa – silêncio completo. – Bom – diz o médico –, vá e espere com os outros homens.

O próximo homem entra para o exame.

– Sophia Loren – diz o médico. Boom... boom... boom...

– Brigitte Bardot – tenta o médico. Boom... boom... boom...

– Sua esposa – diz o médico. Boom...

– Esquisito – diz o médico –, mas ainda assim você é um tanto normal. De qualquer forma, vá e espere lá com os outros homens. Boom! Boom! Boom! Boom!

# O Zorba

Quem ainda não leu *Zorba, o grego,* deve ler. Zorba diz para seu chefe: "Há alguma coisa que falta em você, chefe. Um toque de loucura! A menos que corte o cordão, nunca vai viver de verdade."

Um pouco de loucura no ser humano lhe dá outras dimensões, além de poesia e coragem suficientes para ser feliz neste mundo infeliz.

Zorba tem beleza própria. Kazantzakis, o autor do romance *Zorba, o grego,* é um dos maiores escritores gregos do século passado, e sofreu tremendamente nas mãos da Igreja. Zorba é um nome fictício, o personagem não é uma pessoa histórica. Quando escreveu *Zorba, o grego,* Kazantzakis foi expulso da Igreja. Ao escrever *Zorba,* foi forçado a tirar de circulação seu livro, senão seria expulso. Como não o retirou de circulação, foi expulso do cristianismo e condenado ao inferno. Zorba, na verdade, é a própria individualidade de Kazantzakis reprimida pelo cristianismo; ele não poderia vivê-la, mas queria. Kazantzakis expressou toda aquela parte não vivida de sua vida no papel de Zorba. Zorba é um belo homem, que não teme o inferno, não cobiça ir para o céu, vive cada momento, desfruta das pequenas coisas... alimento, bebida, mulheres. Depois de um dia inteiro de trabalho, ele pega seu instrumento e fica na praia dançando por horas. E a outra parte de Kazantzakis, que foi reproduzida em *Zorba, o grego*... Zorba é o empregado, e a outra parte é o mestre que empregou Zorba. O patrão está sempre triste e sentado em seu escritório, fazendo seus arquivos. Ele nunca dá risada, nunca se diverte, nunca sai e, no fundo, tem sempre inveja de Zorba, pois este, embora não ganhe muito, bem pouco na verdade, vive como um imperador, não pensa no amanhã, no que pode acontecer. Zorba come bem, bebe bem, canta bem, dança bem. Diferente de seu mestre que, apesar de muito rico, só fica sentado ali, triste, tenso, na angústia, na miséria, sofrendo.

Zorba é a parte não vivida de cada pessoa dita religiosa.

E por que a Igreja foi tão contra quando *Zorba* foi publicado? Era só um romance, não havia nada com o que a Igreja pudesse vir a se preocupar. Mas era tão claro que se tratava da vida que todo cristão gostaria de viver, que esse romance poderia ser um livro perigoso. E *é* um livro perigoso.

No entanto, Zorba é tremendamente belo. Kazantzakis o manda comprar algumas coisas na cidade e ele esquece de tudo. Bebe e sai com as prostitutas, se diverte e, de vez em quando, lembra de terem se passado muitos dias, mas também que ainda está com o dinheiro. A menos que todo o dinheiro termine, por que ele haveria de voltar? O mestre vai ficar muito bravo, mas nada poderia ser feito em relação a isso, o problema é *dele*. Apesar de que o previsto era ficar apenas três dias, ele volta depois de três semanas, e não traz nada do que foi pedido, motivo de sua viagem. E vem com todas as histórias: "Que grande viagem! Você deveria ter estado lá. Conheci tão belas Bubulinas... e tão bom vinho!"

– Mas e as coisas? – diz o mestre. – Durante três semanas fiquei aqui fervendo.

– Quando há tantas coisas belas disponíveis, quem é que se importa com essas pequenas coisas? – argumenta Zorba. – Pode cortar meu salário cada uma das semanas, pouco a pouco, e ter seu dinheiro de volta. Lamento não ter podido voltar mais cedo. E você deveria estar feliz por eu ter voltado. Como o dinheiro acabou, fui *obrigado* a vir. Mas, da próxima vez que eu for, vou trazer todas as coisas.

– Você nunca mais vai novamente – retruca o mestre –, vou mandar outra pessoa.

A vida de Zorba como um todo é uma vida de prazer físico simples, mas sem qualquer ansiedade, sem qualquer culpa, sem qualquer aborrecimento no que diz respeito a pecado e virtude.

Nikos Kazantzakis representa todo e qualquer ser humano. Ele era um homem raro, mas vítima de todo um passado. Era um homem muito sensível, por isso que a divisão ficou muito clara. Era um homem muito inteligente, que percebia que estava dividido. Isso foi fonte de uma grande tortura interior.

Estar dividido contra si mesmo é o inferno, e lutar consigo mesmo é uma tortura contínua. A pessoa quer fazer alguma coisa, esta é uma parte dela, e a segunda parte diz: "Não, você não pode fazer isso. É pecado." Como se pode estar em paz consigo mesmo? E aquele que não está em paz consigo mesmo não pode estar em paz com a sociedade, com a cultura e, por fim, com a existência. O indivíduo é o verdadeiro tijolo de toda a existência. Eu gostaria que esse homem Zorba estivesse vivo em cada indivíduo, pois é a herança natural de cada um. Mas não se deve parar e permanecer em Zorba. Zorba é apenas o começo.

Gostaria que você fosse Zorba o Grego e Gautama o Buda, juntos, simultaneamente. Menos do que isso não será suficiente. Zorba representa a terra com todas as suas flores, vegetação, montanhas, rios e oceanos. Buda representa o céu com todas as suas estrelas e nuvens, e os arcos-íris. O céu sem a Terra ficará vazio. O céu não pode rir sem a Terra. A Terra sem o céu estará morta. Com os dois juntos, uma dança passa a existir. A Terra e o céu dançando juntos... e há risadas, há alegria, há celebração.

Se um homem puder ser de forma autêntica um Zorba, não está longe de ser um Buda. Já percorreu quase metade do caminho. E a primeira metade é a mais difícil, porque todas as religiões são contra. Todas as religiões arrastam o homem para outro lugar, longe da primeira metade, e uma vez arrastado em alguma outra direção, nunca vai poder ser um Buda. Afinal, esse é o único caminho que leva a Buda.

Zorba é o caminho para Buda.

"Desde que encontrei você comecei a ousar a amar, a rir e a dançar novamente. Você abriu meus olhos para a beleza, para a poesia da vida. Sinto-me mais jovem, quase infantil, maravilhado pela beleza que permeia tudo. Sinto-me um jovem pagão errante com prazer, bebendo o suco, desfrutando cada gota disso. Isso é profundamente imoral?"

Não, é imensamente moral. É a única moralidade que existe: ser pagão e espremer cada gota do suco de cada momento da vida, ser criança, com sua inocência, correndo de novo atrás de borboletas, colecionar conchas da praia, pedras coloridas... ver a beleza da existência que o cerca, permitir-se amar e ser amado. O amor é o princípio da religião. E também o fim da religião.

E uma pessoa religiosa é sempre jovem. Mesmo quando está morrendo, é jovem. Mesmo em sua morte, é cheia de alegria, cheia de dança, cheia de música.

Eu ensino o indivíduo a ser pagão e a ter a inocência das crianças. Ensino a conhecer as maravilhas e os mistérios da existência, não para analisá-los, mas para curtir; não para criar uma teoria, mas para praticar uma dança.

Todos os seres da Terra dançam, menos o homem. Tornaram-se um grande cemitério. Eu convoco todos a saírem de suas sepulturas.

Não, não é imoral. Todas as religiões vão dizer que é, mas todas essas religiões estão erradas. Qualquer um que diga que isso é imoral está simplesmente contra a humanidade, contra a existência, contra a alegria, contra a felicidade, contra tudo que conduz à piedade. Estou inteiramente de acordo.

# PARTE

# 2

*O homem ou a mulher*
*Ainda estão sozinhos,*
*Mas um amante ganha forma*
*Quando as almas se juntam.*

THE BAUL MYSTICS

# Eva

"Alguns dias me sinto como um homem e, em outros, como uma mulher. Posso ser os dois? Ou vou virar esquizofrênica?"

Todo indivíduo é os dois, e tem consciência disso. Isso é muito bom, trata-se de uma grande percepção de sua própria existência. Todo mundo é ambos, mas até agora o indivíduo tem sido condicionado e ensinado de tal forma que homem é homem e mulher é mulher. Trata-se de um arranjo muito falso e infiel à natureza. Se um homem começa a chorar e a derramar lágrimas, as pessoas começam a lhe dizer: "Não derrame lágrimas como uma mulher, não chore como uma mulher. Não seja mariquinha." Isso é um absurdo, pois o homem tem tantas glândulas lacrimais quanto a mulher. Se a natureza não pretendesse que o homem chorasse e derramasse lágrimas, então, ele não haveria de ter nenhuma glândula lacrimal.

Ora, isso é muito repressivo. Se uma garota começa a se comportar como um homem, como, por exemplo, ser ambiciosa e agressiva, as pessoas começam a pensar que há algo de errado: algo hormonal está errado. Chamam-na de moleque e dizem que não é uma menina. Isso é um absurdo! Essa divisão não é natural, trata-se de uma divisão política, social. As mulheres são forçadas a desempenhar o papel das mulheres 24 horas por dia e os homens são forçados a desempenhar o papel dos homens 24 horas por dia, o que é completamente contra a natureza e, com certeza, cria muito sofrimento no mundo. Há momentos em que um homem é delicado e deve ser feminino. Há momentos em que o marido deve ser a esposa e a esposa deve ser o marido, e isso deve ser muito natural. E, assim, haverá mais ritmo e mais harmonia. Se o homem não tiver que desempenhar o papel de homem 24 horas por dia, vai ficar mais relaxado. E se uma mulher não tiver que desempenhar o papel de mulher 24 horas por dia, será muito mais natural e espontânea.

Sim, às vezes, em um ataque de fúria, uma mulher se torna mais perigosa do que um homem e, às vezes, em momentos calmos, um homem é mais amoroso do que qualquer mulher. E esses momentos mudam continuamente. Ambas as condições pertencem a cada um dos indivíduos e, portanto, ninguém precisa achar que está ficando esquizofrênico ou algo semelhante. Essa dualidade faz parte da natureza.

Esse é um instante de grande percepção da sua parte. Não pode perdê-lo e não deve ter a preocupação de que esteja em vias de ficar esquizofrênico. É uma mudança: durante algumas horas você é homem e, durante outras, é mulher. Se observar isso de perto, é possível saber exatamente durante quantos minutos você é homem e durante quantos minutos é mulher. A mudança ocorre periodicamente. Na yoga, trabalham-se profundamente esses segredos interiores. Voltar a atenção para a respiração permite que a pessoa "se dê um tempo". Quando a narina esquerda respira, o indivíduo é feminino, enquanto que, quando a narina direita respira, o indivíduo é masculino. E após cerca de 48 minutos há uma troca. Essa troca acontece dia e noite, continuamente. Quando se respira pela narina esquerda, é o hemisfério direito do cérebro que funciona, o direito é o lado feminino. Quando se respira pela narina direita, é o hemisfério esquerdo do cérebro que funciona, que é o lado masculino. E, às vezes, é possível brincar com isso.

Quando estiver com muita raiva, faça o seguinte: feche a narina direita e comece a respirar pela narina esquerda. Em poucos segundos você vai perceber que a raiva vai desaparecer. Isso acontece porque para ter raiva é necessário estar na parte masculina do próprio ser. Experimente e ficará surpreso. Apenas com a mudança na respiração, de uma narina para outra, é possível alterar algumas coisas de muita importância. Ao se sentir frio e indiferente em relação ao mundo, basta respirar pela narina esquerda e deixar que a imaginação e a fantasia fluam com ardor, para que de repente seja possível se sentir cheio de vivacidade.

E há determinadas ações que podem ser desempenhadas de modo mais fácil quando o indivíduo está na condição masculina. Quando estiver fazendo algo extenuante fisicamente, como carregar uma pedra, empurrar uma pedra, verifique o que acontece com a narina. Se não estiver na condição masculina, não vai ser bom. Pode ser perigoso para o corpo, pois o indivíduo está muito brando. Quando estiver brincando com uma criança, ou simplesmente sentado com seu cachorro, sinta que está na condição feminina, sob a influência de maior afinidade. Quando está escrevendo um poema, ou pintando ou compondo música, deve-se estar na condição feminina... a não ser que tenha a intenção de criar uma música de guerra! Aí, então, tudo bem! Deve estar na condição masculina, agressiva. Fique atento, e vai ter cada vez mais consciência dessas duas polaridades. E é bom que essas duas polaridades existam: é como a natureza se organiza para o descanso. Quando a parte masculina fica cansada, a parte feminina assume, e a parte masculina descansa. Quando a parte feminina está cansada e vai descansar, o indivíduo se torna masculino. E essa é uma economia interior, pois a mudança é contínua. Entretanto, a sociedade ensina coisas erradas: que um homem é um homem, e que *tem* que ser um homem 24 horas por dia. Trata-se de uma carga muito pesada. E uma mulher *tem* que ser uma mulher 24 horas por dia: delicada, amorosa, bondosa. A imposição é absurda. Às vezes, ela também quer brigar, ficar brava, jogar coisas... e isso é bom, se compreender o jogo interior.

Essas duas polaridades constituem um bom jogo interior, o jogo da consciência. Foi assim que Deus se tornou dividido no ser humano, para ter um jogo de esconde-esconde com ele mesmo. Quando acaba o jogo, quando se aprende aquilo que era para ser aprendido com o jogo, quando a lição é compreendida, daí então você vai além.

O estágio final não é nem masculino nem feminino, é neutro.

O homem, no fundo, tem consciência de que a mulher tem alguma coisa que ele não tem. Em primeiro lugar, a mulher é atraente para ele, ela é bonita. Ele se apaixona pela mulher, e a mulher se torna praticamente um vício para ele, e é aí que o problema surge.

O sentimento de dependência em relação às mulheres, que todo homem tem, faz com que ele reaja de tal maneira, que passa a tratar a mulher como uma escrava. Além disso, ele também tem medo por ela ser bela. Ela é bela não só para ele, é bela para quem quer que a veja, para quem quer que entre em contato com ela. Com isso, um grande ciúme surge na mente do machista egoísta. O homem faz com a mulher o que Maquiavel sugere aos políticos: casamento é política também.

Maquiavel sugere que a melhor forma de defesa é o ataque, e o homem tem usado a ideia durante séculos, antes mesmo de Maquiavel tê-la reconhecido como um fato básico em todas as esferas políticas. Onde quer que haja algum tipo de dominação, o ataque é certamente a melhor forma de defesa. Na defesa, o indivíduo já está perdendo terreno, pois já aceitou a si mesmo como o lado derrotado. Está apenas se protegendo. Na Índia existem escrituras religiosas como o *manusmriti* (o Código de Manu, parte de uma coleção de livros bramânicos), escrito há 5 mil anos, onde é aconselhado que, para aquele que deseja ter paz em sua casa, é absolutamente necessário dar uma boa surra na mulher de vez em quando. Ela deve ser mantida praticamente aprisionada. E é assim que ela viveu em diferentes culturas, em diferentes países; e seu aprisionamento foi basicamente o mesmo. E em função do desejo do homem de provar a si mesmo que é superior... Lembre-se, sempre que alguém quiser provar algo, significa que essa pessoa não é o que diz ser. A verdadeira superioridade não precisa de nenhuma prova, nenhuma evidência, nenhuma testemunha, nenhum argumento. A verdadeira superioridade é imediatamente reconhecida por quem tem até mesmo uma pequena quantidade de inteligência. A verdadeira superioridade tem sua própria força magnética.

Como os homens condenaram a mulher, e tiveram que condenar para mantê-la sob controle, reduziram-na a uma categoria sub-humana. Que medo deve ter levado o homem a fazer isso? Pura paranoia. O homem se compara continuamente à mulher e acha que ela é superior. Por exemplo, ao fazer amor com uma mulher, o homem é muito inferior, porque pode ter apenas um orgasmo por vez, enquanto a mulher pode ter pelo menos meia dúzia, uma cadeia, ou seja, orgasmo múltiplo. O homem simplesmente se sente totalmente impotente.

Ele não pode dar esses orgasmos para a mulher. E isso criou uma das coisas mais infelizes do mundo: como não pode ter um orgasmo múltiplo, o homem tenta não dar à mulher nem mesmo o primeiro orgasmo. O gosto pelo orgasmo pode vir a ser um perigo para ele.

Se a mulher souber o que é orgasmo, vai, obrigatoriamente, ter consciência de que um orgasmo não é satisfatório e, pelo contrário, vai ficar mais sedenta. Mas o homem fica exausto e, portanto, para ludibriá-la, ele não deixa que a mulher saiba que qualquer coisa parecida com orgasmo existe no mundo. E o fato de a mulher não conhecer o orgasmo não significa que o homem esteja em uma posição melhor. Ao impedir o orgasmo da mulher, o homem tem que perder o próprio orgasmo também.

Algo importante precisa ser entendido: a sexualidade do homem é local, limita-se aos genitais e a um centro de sexo no cérebro. No entanto, com a mulher, é diferente: sua sexualidade abrange todo o corpo. Todo o corpo da mulher é sensível, é erótico. O fato de a sexualidade do homem ser local, a área sensível é muito pequena. A sexualidade da mulher, ao contrário, tem uma área sensível bem grande. O homem chega ao orgasmo em poucos segundos, enquanto a mulher nem sequer passou da fase de aquecimento. O homem tem pressa, como se estivesse cumprindo uma obrigação para a qual é pago, e quer terminá-la rapidamente. Fazer amor é a mesma coisa. Eu me pergunto: por que, afinal, o homem se dá o trabalho de fazer amor? Ora, apenas dois ou três segundos e está acabado! A mulher estava se aquecendo e o homem já tinha concluído. Não que ele tenha atingido o orgasmo, pois a ejaculação não é orgasmo. O homem vira para o lado e vai dormir. E a mulher, por seu lado, não uma mulher, mas bilhões de mulheres estão derramando lágrimas depois que os homens fizeram amor com elas, porque foram deixadas em um limbo. Os homens as encorajam e, antes que as mulheres possam chegar a uma conclusão, o homem está fora do jogo.

Mas o fato de o homem terminar rapidamente tem por trás uma história muito significante, e é para ela que estou conduzindo o leitor. Ao não permitir à mulher o primeiro orgasmo, o homem tem que aprender a terminar o mais rápido possível. Com isso, a mulher perde algo extremamente belo, algo sagrado na face da Terra, e o homem também.

O orgasmo não é a única coisa em que a mulher é poderosa. Em qualquer lugar no mundo a mulher vive cinco anos a mais do que o homem, ou seja, a idade média dela é de cinco anos a mais. Isso significa que ela é mais resistente e tem mais energia. As mulheres ficam menos doentes do que os homens. As mulheres, mesmo que estejam doentes, curam-se mais rápido do que os homens. Estes são fatos científicos. Enquanto nascem 115 meninos, nascem cem meninas. Há de se perguntar: por que cem e 115? Mas a natureza é sábia. Quando chegam à idade de se casar, 15 meninos estarão perdidos! Vão restar apenas cem meninos e cem meninas. Meninas não morrem facilmente. As mulheres não cometem suicídio tanto quanto os homens. A taxa de suicídio dos homens é o dobro das mulheres. Embora as mulheres falem sobre suicídio mais do que os homens, o homem normalmente nunca fala sobre isso... As mulheres fazem muito barulho sobre suicídio, mas sempre escolhem sobreviver, pois não usam nenhum método drástico para se matar. Escolhem o que há de mais confortável, mais científico e mais contemporâneo: pílulas para dormir. E, por incrível que pareça, nenhuma mulher toma tantas pílulas, de modo que se torne impossível ser ressuscitada. Assim, seu suicídio não é suicídio, mas uma espécie de protesto, uma ameaça, uma chantagem para fazer com que o marido compreenda que este é um alerta para o futuro. Todo mundo o condena: os médicos, os vizinhos, os parentes, os policiais. Ele se torna um criminoso e a solidariedade de todos vai para a mulher, embora ela tenha tentado cometer suicídio.

Quando é assassinato que está em questão, a diferença é enorme. O homem comete assassinato quase vinte vezes mais, enquanto a mulher, muito raramente. As mulheres enlouquecem menos do que os homens. Mais uma vez, a proporção é a mesma: os homens enlouquecem duas vezes mais frequentemente do que as mulheres.

E, apesar disso, após todos esses fatos estabelecidos pela ciência, a superstição de que o homem é mais forte permanece. Em apenas uma coisa ele é mais forte: o fato de ter um corpo musculoso. É um bom trabalhador braçal. Fora isso, em todos os aspectos sente, e tem sentido por séculos, um profundo complexo de inferioridade. Para evitar esse complexo, o único meio é forçar a mulher a ficar em uma posição inferior. E essa é a única coisa que se pode considerar de mais poderosa no homem: ele pode forçar a mulher. É mais cruel, mais violento, e força a mulher a aceitar uma ideia absolutamente falsa: que ela é fraca. E, para provar que a mulher é fraca, o homem precisa condenar todas as qualidades femininas. Tem que dizer que todas são fracas, e que todas aquelas qualidades juntas fazem com que a mulher seja frágil.

Na verdade, a mulher tem todas as grandes qualidades. E, sempre que um homem é estimulado, é capaz de alcançar as mesmas qualidades que condena nas mulheres. As qualidades supostamente consideradas fracas são todas as qualidades femininas. E é estranho que todas as grandes qualidades entrem nessa categoria. O que sobra são apenas qualidades brutais, qualidades animais. A mulher é mais amorosa. O homem não demonstra um amor maior do que a mulher. Na Índia, milhões de mulheres morreram ao saltarem vivas na pira funerária com seus amados, porque não podiam conceber uma vida sem o marido ou amigo. Não é um pouco esquisito que em 10 mil anos um único homem nem sequer tenha ousado saltar em uma pira funerária com a esposa? Tempo suficiente, bastante oportunidade... e olha que o homem é mais forte. A mulher que é delicada e frágil salta na pira funerária, e o mais forte Mohammed Ali continua fazendo suas flexões. E ainda dizem que ele é mais forte! A força tem muitas dimensões. O amor tem sua própria força. Por exemplo, para carregar uma criança no ventre por nove meses é necessário ter força, energia e amor. Nenhum homem poderia lidar com isso. Um ventre artificial poderia ser colocado no homem, uma vez que a tecnologia científica chegou ao ponto em que o homem poderia ter um ventre plástico implantado, mas é difícil acreditar que ele pudesse sobreviver nove meses! Ambos vão pular no oceano.

É difícil dar vida a outra alma, dar um corpo a outra alma, dar um cérebro e mente a outra alma. A mulher compartilha todo o coração com a criança, dando-lhe tudo o que pode. E mesmo depois que a criança nasce não é fácil educar os filhos. Para mim, parece ser a coisa mais difícil do mundo. Astronautas e Edmund Hillary... essas pessoas deveriam primeiro tentar criar os filhos. Somente depois seria possível aceitar que eles fizessem algo como subir o Everest. Caso contrário, não faria sentido. Mesmo que se atingisse a lua e se caminhasse sobre ela, não importa. Isso não quer dizer que o indivíduo é mais forte. Uma criança com vida é tão instável e tem tanta energia transbordando que vai provocar o cansaço do pai em questão de horas. Nove meses no ventre e, depois de alguns anos...

Apenas experimente dormir uma noite com uma criança pequena em sua cama. Durante a noite, em sua casa, alguma coisa vai acontecer. Ou você será morto pela criança, ou você vai matá-la. O mais provável é que mate a criança, porque crianças são os seres mais desagradáveis do mundo. Enquanto as crianças são novas no mundo e querem fazer muitas coisas, o adulto, por sua vez, está morto de cansaço. Você quer dormir, e a criança está completamente desperta, quer fazer todos os tipos de coisa e quer o seu conselho, e faz perguntas... e, se nada dá certo, então que ir ao banheiro! E tem sede, e tem fome no meio da noite... A criança dorme o dia inteiro. No ventre da mãe, ela dorme 24 horas por dia, depois, lentamente, 23, 22, vinte, mas está quase sempre adormecida. E durante a noite, acorda. O dia todo estará dormindo e, no meio da noite, vai acordar e torturar o adulto.

Eu não acredito que exista algum homem que consiga ter uma gravidez ou que possa criar os filhos. Esta é uma tarefa que depende da força da mulher. Mas é uma força diferente. Existe a força que é destrutiva e existe outra força, que é criativa. Existe uma força que é de ódio e existe outra força, que é de amor.

Amor, confiança, beleza, sinceridade, veracidade, autenticidade são todas qualidades femininas e são muito melhores do que qualquer qualidade que o homem tenha. No entanto, todo o passado foi dominado pelo homem e por suas qualidades.

É natural que em tempos de guerra o amor não tenha utilidade, a verdade seja inútil, a beleza não sirva para nada, a sensibilidade estética seja imprestável. Na guerra, é necessário um coração que seja mais duro do que as pedras. Na guerra, é preciso simplesmente ter ódio, raiva e loucura para destruir. Durante 3 mil anos o homem lutou 5 mil guerras. Sim, isso também é força, mas não é digno dos seres humanos. Essa é a força derivada da herança animal do homem. Pertence ao passado, que se foi, e as qualidades femininas pertencem ao futuro, que está por vir. O que o homem precisa ganhar, a natureza deu à mulher como uma dádiva. O homem tem que aprender a amar. O homem tem que aprender a deixar o coração ser o mestre e a mente ser apenas um servidor obediente. O homem tem que aprender essas virtudes. A mulher as carrega com ela, e os homens condenam todas essas qualidades caracterizando-as como fraquezas. Mulheres são mulheres e homens são homens, não há dúvida em termos de comparação. Igualdade está fora de questão. Não são desiguais nem tampouco podem ser iguais. São únicos.

O homem não está em uma posição melhor do que a mulher, no que diz respeito à experiência religiosa. Porém, ele tem uma qualidade: é a do guerreiro. Depois de obtido um desafio, o homem é capaz de desenvolver qualquer tipo de qualidade. Até mesmo as femininas ele é capaz de desenvolver melhor do que qualquer mulher. Seu espírito de luta equilibra as coisas. As mulheres nascem com essas qualidades. O homem precisa apenas ser estimulado, ser desafiado, pois essas qualidades não lhe foram dadas e, portanto, ele tem que adquiri-las. E se homens e mulheres puderem ambos se nutrir dessas qualidades, não está longe o dia em que serão capazes de transformar esse mundo em um paraíso.

Eu gostaria que o mundo inteiro se enchesse de qualidades femininas. As guerras desapareceriam. O casamento e as nações desapareceriam. E apenas assim teríamos um mundo: um mundo de amor, de paz, de sossego e repleto de beleza.

No entanto, quando digo que o homem tem que desenvolver as qualidades femininas, não quero dizer que ele tem que imitar as mulheres.

# O Macho

"Uma amiga minha muitas vezes emprega as palavras 'ego masculino' em relação a mim, o que não acho que seja verdade em relação à minha pessoa. Desde o início fui aberto e vulnerável à energia feminina. Além disso, senti que quando ela usava essa expressão havia uma espécie de ódio em relação aos homens. Alguém é capaz de explicar o que é 'ego masculino'? E o que significa quando uma mulher usa essa expressão em relação ao homem?"

O ego é simplesmente o ego, não é nem masculino nem feminino. Porém, o homem tem sido muito desumano para com as mulheres, continuamente, durante séculos. E o estranho é que o homem tem sido assim, tão cruel e desumano, devido a um profundo complexo de inferioridade que sente em comparação a elas. O maior problema é que a mulher é capaz de se tornar mãe, é capaz de dar a luz, e o homem, não. Esse foi o início do sentimento de inferioridade – a natureza depende da mulher, não do homem.

Além disso, ele descobriu que ela é, em muitos aspectos, mais forte. As mulheres são mais pacientes, mais tolerantes do que os homens. Os homens são muito impacientes e muito intolerantes. As mulheres são menos violentas. Elas não cometem assassinatos. Sãos os homens que cometem os assassinatos, que empreendem Cruzadas, que estão sempre prontos para a guerra, que inventam todas as espécies de armas mortais, tais como bombas atômicas e armas nucleares. A mulher fica completamente fora de todo esse jogo da morte. Portanto, não se trata de coincidência o fato de o homem ter começado a se sentir de alguma maneira inferior. Como ninguém quer ser inferior, o único meio encontrado pelo homem foi forçar a mulher, de forma artificial, a se tornar inferior. Por exemplo, não permitir sua formação educacional, não permitir sua liberdade econômica, não deixá-la sair de casa e confiná-la a uma situação de aprisionamento. Parece inacreditável o que o homem fez à mulher apenas para se ver livre de seu complexo de inferioridade. Ele tornou a mulher inferior de forma artificial.

Não se trata apenas de uma pergunta para o homem. Quando a esposa diz ao marido que ele tem um ego masculino, está simplesmente representando o universo das mulheres, e o marido nada mais é do que um representante do universo dos homens. Os ancestrais masculinos fizeram tanto mal que não há meio de se chegar a um equilíbrio. Portanto, quando a esposa diz ao homem que ele é o ego masculino, é preciso tentar compreender. O mais provável é que ela esteja certa, pois o homem se colocou como superior faz tanto tempo que não sente esse ego como sendo seu. É a mulher que sente. O homem não deve negar os sentimentos da esposa. Deve, sim, é lhe ser grato e perguntar onde ela sente o ego, para que ele possa abandoná-lo. Deve deixar que ela o ajude.

O homem está simplesmente negando a existência do ego masculino, pois não percebe que o possui. Mas é uma herança tradicional. Todo menino pequeno tem um ego masculino. Se um menino começa a chorar, o adulto imediatamente lhe diz: "Por que está chorando como uma menina? A menina tem permissão para chorar porque é sub-humana. Você vai ser um grande machista, e é por isso que não deve chorar ou derramar lágrimas." E é a partir daí que os meninos, ainda pequenos, começam a parar de verter suas lágrimas. É muito difícil encontrar homens que estão preparados para chorar e que se permitem derramar lágrimas como as mulheres.O homem deve escutar o que a mulher tem a dizer. Ele a sufocou e oprimiu tanto que agora é o momento em que ela deve ser ouvida e a história deve ser corrigida. Pelo menos em sua vida pessoal o homem deve fazer o possível para permitir que a mulher tenha a maior liberdade possível, e que essa liberdade seja a mesma que o homem se permite. Ajude a mulher a se levantar para que ela possa florescer novamente.

O mundo será mais bonito se todas as mulheres, que são a metade do mundo, puderem desenvolver seus talentos e suas genialidades. Não é uma questão de todo... ninguém é superior, ninguém é inferior. Mulheres são mulheres, homens são homens, e embora tenham diferenças, as diferenças não tornam ninguém superior ou inferior. Suas diferenças geram atração entre si. Já pensou em um mundo em que existam apenas homens? Vai ser tão feio! A vida é rica porque existem diferenças, atitudes diferentes, opiniões diferentes. Ninguém é superior, ninguém é inferior. As pessoas são simplesmente diferentes.

O homem tem que aceitar isso e ajudar sua mulher a se libertar dos 10 mil anos de repressão. Precisa ser um amigo para ela. Muito dano foi causado e ela foi tão machucada que, se o homem puder promover alguma cura com seu amor, vai contribuir para o mundo como um todo, e para a consciência em nível mundial.

Não há por que se sentir mal quando a esposa diz: "Este é o ego masculino." Realmente é, mas de forma sutil, irreconhecível, afinal, está lá por tanto tempo que se esqueceu de que isso é ego. É preciso deixar que ela o ajude, de modo que ele possa reconhecer o ego masculino e destruí-lo.

"Por que os homens têm pelos no peito?"

Bem, eles não podem ter tudo!

"Sempre ouço você dizer coisas agradáveis sobre as mulheres. Não poderia defender os homens de vez em quando?"

É uma questão muito difícil. Não consegui dormir a noite inteira. Tento e tento arduamente encontrar algo agradável sobre os homens, mas acabo por ter que admitir que não há nada que possa ser dito. Os homens podem ver por si mesmos.

Uma entrevistadora de uma revista feminina questiona um general britânico famoso sobre sua vida sexual.

– Com licença, senhor – começa ela –, mas pode se lembrar de qual foi a última vez que teve relações com sua esposa?

Seu lábio superior se contrai por um momento e, em seguida, ele diz:

– Sim, claro que posso. Dezenove e 45.

Após um momento de silêncio, a mulher comentou:

– Mil novecentos e quarenta e cinco? Mas isso foi há muito tempo.

O general olha de relance para o relógio e diz:

– Não faz tanto tempo realmente. Vinte e uma e quarenta e cinco.

Homem é uma coisa engraçada. Se alguém encontrar qualquer coisa agradável sobre homens, eu gostaria de ser informado. Ele próprio aceita completamente o seu fracasso.

O mundo sofre muito com conflitos por causa da energia masculina e do domínio por parte dela. É necessário que exista equilíbrio. Não que a energia masculina não seja absolutamente necessária. Pelo contrário, é necessária, mas proporcionalmente. Exatamente neste momento 99% da energia é masculina, e a mulher existe apenas à margem. Ela não é a principal corrente da vida, por isso é que há discórdias, lutas, brigas, guerras. Essa energia tem trazido a humanidade para a beira do suicídio completo. Pode ocorrer a qualquer dia, a não ser que a energia feminina seja liberada para que haja equilíbrio. Essa é a única esperança.

A Terceira Guerra Mundial pode ser evitada apenas se a energia feminina for liberada ao mundo para equilibrar a energia masculina. Caso contrário, não haverá outra maneira. Não pode ser evitada através de marchas pela paz ou protesto contra a guerra, uma vez que isso também é energia masculina! Quem já não observou manifestantes? Eles são muito violentos, e toda marcha pela paz se transforma em motim. Mais cedo ou mais tarde, começam a queimar ônibus e a jogar pedras contra a polícia. Estavam lá clamando pela paz, mas sua própria mensagem remete à guerra. A energia masculina pode falar sobre paz, mas é apenas um preparo para a guerra. Continua a dizer que os homens têm que lutar para proteger a paz. Ora, veja o absurdo: é preciso ir para a guerra senão não haverá paz no mundo. Para alcançar a paz é necessário que se vá para a guerra. É por isso que os homens entram em guerra há séculos e a paz nunca vem. Em 3 mil anos o homem lutou 5 mil guerras. Não se passa um dia sequer sem que haja uma guerra em algum lugar ou outro. Às vezes é o Vietnã, às vezes é Israel, outras vezes é Kashmir e, outras ainda, em algum outro lugar, mas a guerra continua. E não é só uma questão de mudar a ideologia política do mundo. Isso não vai ajudar, pois todas as ideologias são masculinas. A energia feminina tem que ser liberada. Isso pode trazer equilíbrio. A lua foi muito negligenciada, o sol se tornou por demais importante. A lua tem que ser trazida de volta para a vida. E, com a lua, não apenas a mulher, mas também toda a poesia, toda a estética, todo o amor e tudo o que pertence ao coração vem da lua. Tudo o que é intuitivo se alimenta da lua. É bom recordar isso. Em cada ser, homem ou mulher, ambas as energias coexistem, ou seja, o sol e a lua. Deve-se dar ênfase à lua. O ser humano tem uma inclinação muito grande em direção ao sol, e isso o está destruindo. Apenas para manter o equilíbrio, deve inclinar-se na direção oposta e, lentamente, é preciso estar exatamente no meio, tendo a lua de um lado e o sol do outro, mas equidistantes. Eu declaro homem e mulher como iguais, não por causa de alguma decisão política. Mas por questão existencial. Eles têm que ser iguais, senão a vida será destruída.

Portanto, o homem tem que encontrar a mulher dentro dele. Precisa alimentá-la, nutri-la e ajudá-la a crescer. Não tenha vergonha e não pense: "Sou um homem." Ninguém é apenas um homem, assim como ninguém é apenas uma mulher, ambos são ambos. Tem que ser assim: metade da existência do indivíduo é proveniente da contribuição do pai e metade da mãe. Ele é o resultado da união dessas duas energias. Não pode ser nem apenas homem nem apenas mulher.

É preciso absorver a mulher, além de melhorar e ajudá-la. O homem tem que se tornar mais suave, receptivo, passivo e amoroso. A meditação vem fácil quando se é passivo. Não é uma abordagem ativa perante a vida. É apenas uma espera pela abertura. A meditação vem, não pode ser trazida, não pode ser conquistada. É preciso se render a ela. Este é o significado da energia feminina...

"Em um grupo de terapia do qual fiz parte recentemente, descobri muita violência em mim mesmo, e medo das mulheres. Minha sensação é de que meu medo das mulheres está relacionado ao meu nascimento, o qual revivi no grupo e que foi muito doloroso para mim."

São todos interdependentes e conectados. O medo das mulheres é, basicamente, o medo da mãe. E todo mundo tem que chegar a uma reconciliação com a mãe. A menos que se reconcilie com a mãe, o indivíduo nunca se harmonizará com nenhuma mulher, uma vez que toda mulher sempre faz com que ele se lembre da mãe. Às vezes, pode não ser conscientemente, mas inconscientemente vai atingi-lo.

E todo nascimento é doloroso agora. A civilização destruiu completamente o nascimento natural. Nenhuma criança nasce mais de forma natural. A mãe fica tão tensa que não ajuda no processo do nascimento. Na verdade, começa por obstruí-lo. Não permite que a criança saia. Começa a fechar o ventre.

Isso está em sintonia com a vida totalmente tensa que se vive nos dias de hoje. A ideia moderna, a ideia básica sobre a qual toda a ansiedade está fundada, é que o indivíduo tem que lutar com a vida e com a natureza. Até aí não há nada de especial. Toda criança sofreu no parto, umas mais, outras menos. Portanto, o único meio é revivê-lo, para torná-lo completamente consciente novamente. Depois que for possível viver o parto de forma consciente, o indivíduo terá condições de compreender e perdoar sua mãe, porque essa pobre mulher estava sofrendo. Não é que ela tenha feito alguma coisa para o filho, ela própria foi uma vítima. Ninguém tem culpa, uma vez que a situação como um todo é falha. Ela estava sobrecarregada com as lembranças do próprio nascimento e desempenhou novamente esse papel com o filho. Essa era a única maneira que ela conhecia para trazer o filho à vida. Portanto, quando o indivíduo se tornar alerta, consciente e atento, vai conseguir perdoar. Não só isso, vai ser capaz de sentir compaixão por ela. Quando surge a compaixão pela mãe, é porque ocorreu a reconciliação. Depois, então, o indivíduo não vai mais carregar nenhum ressentimento, e até mesmo o fato de deixar de lado esse ressentimento de repente vai ajudá-lo em relação a outras mulheres. E não vai ter medo, vai ser amoroso.

A mulher é um dos mais belos fenômenos do mundo e não pode ser comparada com qualquer outra coisa. A mulher é a obra-prima de Deus. Então, aquele que tem medo da mulher, vai ter medo de Deus, vai ter medo do amor, medo da oração. Vai ter medo de tudo o que é belo, porque a mulher personifica a beleza e a graça. E depois que isso acontece, ou seja, depois que o homem começa a fluir em direção à energia feminina ao seu redor, então sua violência vai desaparecer. A violência não é nada além da energia que tem que se transformar em amor e não está se transformando em amor. A violência não é nada além do amor não vivido. A pessoa violenta é aquela que tem energia de amor em demasia e não sabe como liberá-la.

O amor é criativo, enquanto que a violência é destrutiva, e a energia criativa passa a ser destrutiva se não for usada. O grupo tornou o indivíduo ciente de algumas coisas muito belas e significativas.

Muitas pessoas que me procuram me dizem que têm medo das mulheres, muito medo. E devido a esse medo não conseguem ter um relacionamento significativo, não conseguem se relacionar, o medo está sempre presente. Quando se tem medo, o relacionamento tende a ser contaminado pelo medo. O indivíduo com medo não vai ser capaz de se relacionar de forma plena. Vai se relacionar sem entusiasmo e sempre com medo: o medo de ser rejeitado, o medo de a mulher dizer não.

E há outros medos. Se um homem repetir continuamente "não tenho medo das mulheres e a cada dia fico melhor", além de tentar outros métodos, pode suprimir o medo temporariamente, mas este estará presente e voltará de novo. O homem que tem medo das mulheres indica que deve ter tido alguma experiência com a mãe que tenha provocado medo, visto que a mãe é a primeira mulher. Durante toda a sua vida o homem pode estar relacionado a mulheres, como a esposa, a amante, a filha, a amiga, mas a imagem da mãe vai persistir. Esta é a sua primeira experiência. Toda a sua estrutura de relacionamento com as mulheres será baseada nesse fundamento, e esse fundamento é o seu relacionamento com a mãe. Portanto, se um homem tem medo das mulheres, ele tem que ser conduzido a voltar, a dar um passo para trás na memória, e encontrar a fonte primordial, onde teve início o medo. Pode ser que seja um incidente comum, bem pequeno, que ele pode ter esquecido completamente. No entanto, se retornar, vai encontrar a ferida em algum lugar. Você quis ser amado pela mãe, assim como toda criança, mas a mãe não estava interessada. Era uma mulher ocupada, tinha que participar de várias associações, clubes, isso e aquilo. Não estava disposta a dar o peito para você, porque queria ficar com um corpo mais proporcional. Queria que seus seios ficassem intactos e não destruídos por você. Queria que seus seios fossem sempre jovens e, então, negou-lhe o peito. Ou pode ter havido outros problemas na mente dela, como, por exemplo, ela não aceitar o próprio bebê. Para começar, você veio ao mundo como um fardo, que ela nunca quis. A pílula não funcionou e o bebê nasceu. Ou, então, ela odiava o marido e o filho nasceu com a cara do marido, o que resultou em um ódio profundo, ou uma coisa ou outra. Mas você tem que retornar e se tornar uma criança novamente.

É importante lembrar que nenhum estágio da vida jamais é perdido. O adulto ainda conserva a criança dentro de si. E não é que essa criança se torne jovem. Não. A criança permanece no interior, o jovem é imposto sobre a criança e o adulto é sobreposto sobre o jovem, camada por camada. A criança nunca se transforma no jovem. A criança permanece ali, uma camada representada pelo jovem vem sobre ela. O jovem nunca se transforma no adulto. Outra camada, a da idade avançada, vem por cima do jovem. O homem vira uma espécie de cebola, por ter muitas camadas, e se tentar penetrá-las, todas as camadas ainda estarão lá, intactas.

A terapia primal ajuda as pessoas a retrocederem e se tornarem crianças novamente. Elas chutam, choram, derramam lágrimas, gritam, e o grito já não está mais no presente. O grito não pertence ao homem no momento presente, e sim à criança que está escondida por trás. Quando vem o grito, o grito primal, muitas coisas são imediatamente transformadas. Essa é uma parte do método de *prati-prasav*. Patanjali há quase 5 mil anos ensinou um sistema em que todo efeito tinha que ser levado para a causa. Somente a causa pode ser resolvida. É possível cortar as raízes para que a árvore então morra. Entretanto, não se pode cortar os galhos e esperar que a árvore morra. A fruta vai crescer ainda mais.

*Prati-prasav* é uma bela palavra, e *prasav* significa nascimento. Quando uma criança nasce, isso é *prasav. Prati-prasav* quer dizer que o indivíduo nasce novamente na memória, volta de novo para o próprio nascimento, para o trauma de quando nasceu, e revive esse momento. Lembrando que o indivíduo não se lembra disso, e sim o revive, vive isso novamente. Lembrar é diferente. No processo de lembrança, o indivíduo pode se sentar em silêncio, mas permanece o homem que é no presente: é possível lembrar de quando era criança e que a mãe batia nele com força. Essa ferida está lá, mas é uma lembrança. Lembra-se de um incidente como se ele acontecesse com alguma outra pessoa. Reviver é *prati-prasav*. Reviver significa que o indivíduo volta a ser criança novamente. Não que o indivíduo lembre de quando era criança, ele *se torna* criança de novo, vive o momento novamente. A mãe está batendo de novo nele, não em sua memória, mas no momento presente, da mesma forma que a ferida, a raiva, o antagonismo, a atitude de se encolher e recuar, a rejeição e sua reação, como se tudo estivesse acontecendo novamente. Isto é *prati-prasav*.

E esse método não só é aplicado como Terapia Primal, mas também como uma metodologia para todos aqueles que estão em busca de uma vida abundante, da verdade.

# O Mendigo

"Por que sou tão mendigo por atenção? O que posso fazer a respeito?"

Pedir atenção é uma das fraquezas humanas, uma das fragilidades profundamente enraizadas. A razão de se pedir atenção é não se conhecer a si mesmo. Há aquele que só consegue ver o próprio rosto nos olhos dos outros e só pode encontrar sua personalidade na opinião dos outros. O que os outros dizem importa imensamente. Se vierem a negligenciá-lo e ignorá-lo, ele se sentirá perdido. Se, ao passar por um grupo de pessoas, ninguém lhe der atenção, começará a perder o que juntou, sua personalidade. É algo que ele próprio reuniu. E, embora o indivíduo não tenha descoberto, essa personalidade não é natural. É bastante artificial e muito arbitrária. Quase todas as pessoas são mendigas por atenção. E a situação não pode mudar até que o indivíduo descubra seu eu autêntico que, por sua vez, não depende da opinião, da crítica e da indiferença de ninguém, e que não tem nada a ver com quem quer que seja. Como apenas bem poucas pessoas têm a capacidade de descobrir sua realidade, o mundo inteiro está cheio de mendigos. No fundo, todas as pessoas estão tentando obter atenção, pois a atenção é o alimento para a personalidade. Mesmo que a pessoa venha a ser condenada, criticada, ou que fiquem contra ela, isso é aceitável, pois pelo menos estão prestando atenção nela. Se forem amigáveis e respeitosos, é claro que é muito melhor. No entanto, o indivíduo não pode sobreviver como uma personalidade sem algum tipo de atenção. Pode ser negativa, pode ser positiva, não importa. As pessoas têm que dizer algo sobre você, seja respeitoso ou desrespeitoso, não importa, pois vão cumprir o mesmo propósito.

Pense sobre a palavra *respeito*. Não quer dizer honra, como é dito em todos os dicionários, sem exceção. A palavra respeito vem do latim *respicere* que significa simplesmente "olhar para trás" (*re* = de novo e *spicere* = olhar). Quando o indivíduo está passando na estrada e alguém olha para trás, de novo, é porque o indivíduo chamou atenção dessa pessoa e, consequentemente, o indivíduo é alguém. O fato de o termo respeito dar a ideia de que se é alguém especial pode levar alguém a fazer qualquer coisa estúpida apenas para chamar a atenção.

Em todas as idades, as pessoas tentam, de mil e uma formas, chamar a atenção. E não são formas necessariamente racionais. Por exemplo, veja os punks do Ocidente. O que eles realmente pretendem quando cortam o cabelo daquela maneira estranha e esquisita e, depois, o pintam com diferentes cores psicodélicas? O que eles querem? Eles são mendigos. Não se deve ter raiva deles, porque é isso que eles querem. Seus pais não devem criticá-los, porque é isso que eles querem. Não podem sobreviver sem pessoas que prestem atenção neles.

No passado, as pessoas fizeram todo o tipo de coisa que não se pode acreditar. As pessoas permaneciam nuas... Qual era a necessidade de Mahavira ou Diógenes ficarem nus? Já não é mais natural para o homem ficar nu em todas as estações do ano. Ele perdeu essa capacidade há muito tempo. Todos os animais ficam nus, mas eles têm uma imunidade natural. Quando é inverno, seus pelos crescem, quando entra o verão quente, seus pelos caem. A natureza lhes deu uma proteção. A mesma proteção ficou disponível para o homem também, mas, como o homem é inteligente, pôde melhorar a natureza. O homem encontrou maneiras de cobrir o corpo de acordo com as estações. Seu corpo perdeu o crescimento natural dos pelos. Agora, para ficar nu... de repente, o corpo passou a não ter a capacidade de criar o mecanismo de proteção.

Embora eu considere Mahavira ou Diógenes indivíduos únicos, acho que eles estavam um pouco incertos quanto às suas singularidades. Cumpriram essa suspeita, essa lacuna ausente, ficando nus, pois não se pode evitar dar atenção a uma pessoa nua em um mundo em que todos estão usando roupas. A pessoa nua fica distante. Não se pode evitar... é quase irresistível olhar para ela, e perguntar: "Qual é o problema?" Mas sua nudez se tornou algo espiritual, as pessoas começaram a ter respeito exatamente porque eles estavam nus. Ora, a nudez não é uma qualidade e, qualquer qualificação ou qualquer criatividade, afinal, todos os animais, todos os pássaros, todas as árvores estão nus.

Ainda existem monges jainas na Índia, não mais do que vinte. Costumavam existir aos milhares, mas agora encontrar aquele povo muito estúpido é um pouco difícil. Como a cada monge jaina que morre não há outro para repor, seu número continua a cair. Apenas vinte pessoas em toda a Índia ainda permanecem nuas, e eu vi muitas delas. Essas pessoas não revelam qualquer sinal de inteligência, não mostram nenhuma qualidade de silêncio, não demonstram qualquer alegria. Seus rostos são tristes, entediados, sonolentos. Estão sofrendo, torturando a si próprios, pela simples razão que isso capta a atenção das pessoas.

Qualquer coisa é possível ao homem, por mais estúpida que seja, se puder trazer atenção para ele. Na Rússia, antes da revolução, havia uma seita cristã que costumava cortar os órgãos genitais em público, em um determinado dia a cada ano, e teve milhares de seguidores. A única qualificação para ser espiritual era que as pessoas cortassem os órgãos genitais. Quando chegava o dia, os seguidores se reuniam em um pátio da igreja, cortavam os genitais e os empilhavam. E milhares de pessoas vinham para ver essa estupidez. As mulheres não ficavam atrás... é claro que tinham uma certa dificuldade, pois elas não têm os genitais pendurados para fora para cortar, uma vez que os genitais da mulher são para dentro. Começaram então cortando os seios, pois não estavam preparadas para serem deixadas para trás. Embora o acontecimento fosse um tanto confuso e sangrento, as pessoas tocavam os pés dos seguidores mutilados e os veneravam, e tudo o que os seguidores faziam era simplesmente um ato feio contra a natureza e contra si mesmos.

Qual é a importância de um homem permanecer em jejum? Mahatma Gandhi usou essa estratégia a vida toda: nada mais do que chamar a atenção da nação inteira. E, caso fosse jejuar até a morte, chamaria a atenção do mundo todo imediatamente. Caso contrário, não há espiritualidade em se jejuar: milhões morrem de fome. Milhões vão morrer de fome. Ninguém vai lhes prestar homenagem ou lhes demonstrar respeito. Por quê? Porque a fome deles é inevitável. Não estão passando fome porque se voluntariaram, mas porque não têm comida, porque são pobres passando fome.

Mas Mahatma Gandhi tinha tudo à sua disposição, embora vivesse como um homem pobre. Um de seus seguidores íntimos, uma mulher muito inteligente, Sarojini Naidu, tem uma declaração registrada na qual consta que, para manter a pobreza de Mahatma Gandhi, tiveram que gastar tesouros com ele. Não era uma simples pobreza, era um show administrado. Gandhi não tomava o leite de búfala porque era rico em vitamina A e outras vitaminas. Não tomava o leite de vaca porque este também era rico, e as pessoas pobres não podiam adquiri-lo. Podia tomar apenas o leite de cabra, porque este é o animal mais barato e as pessoas pobres podem adquiri-lo. Mas o que é de surpreender é que sua cabra era lavada duas vezes ao dia com sabonete Lux! O alimento da cabra consistia da mais rica capacidade nutricional da qual qualquer homem rico poderia ter inveja. É um mundo um tanto insano! À cabra era dado o leite da vaca para beber. Castanhas de caju, maçãs e outras frutas nutritivas eram o único alimento da cabra, ou seja, não estava vivendo da grama. Sua comida diária custava 10 rúpias por dia, e aquelas 10 rúpias por dia, naquela época, eram o suficiente para um homem viver por um mês inteiro.

Além disso, Gandhi viajava de terceira classe. É natural que ele estivesse atraindo atenção. Um homem importante viajando de terceira classe! Mas ninguém via que o compartimento da terceira classe, que poderia carregar sessenta pessoas pelo menos, estava carregando apenas um único homem, o que vinha a ser muito mais caro do que o compartimento com ar-condicionado. Mas chamava atenção.

Começou a usar roupas tal como os agricultores da Índia, que eram 80% das pessoas que vivem no país. O fato de ele usar roupas de agricultor, com a parte superior do corpo nua e apenas a parte de baixo envolvida com um pequeno pedaço de tecido, fez com que as pessoas pobres desse país passassem a ter enorme respeito por ele e começassem a chamá-lo de *Mahatma*, a grande alma. Eu, no entanto, examinei com cuidado sua vida, o mais profundamente possível, e não encontrei nenhuma grande alma, nem mesmo uma pequena alma. Encontrei apenas pura política em nome da religião. Como sabia perfeitamente bem que na Índia só a religião impressiona, ele fazia canções de devoção todos os dias, pela manhã e à noite, mas era tudo para atrair a atenção.

A atenção fornece ao homem o alimento para o ego.

Os políticos podem fingir ser religiosos, caso a religião seja atraente. A necessidade de atenção por parte dos políticos faz com que toda a sua personalidade seja falsa. Depende de quantas pessoas os estão seguindo, depende do número de pessoas que estão atentas a eles. Trata-se de uma política de números.

O papa católico é contra o controle de natalidade e contra o aborto, não porque é misericordioso. Ele diz: "Isso é uma absoluta crueldade e violência", não porque tem uma posição afirmativa da vida, afinal, toda a atitude católica é de negação à vida, é contra a vida. Então, por que essa insistência de que não deve haver controle de natalidade e aborto? Porque essa é a única maneira de aumentar o número de católicos, e essa é a única maneira de tornar outras pessoas tão pobres que tenham que vir para a igreja do império católico. Agora que há tantos órfãos na Índia, os católicos têm uma boa oportunidade. E é de se perguntar... uma mulher como a Madre Teresa, a quem é atribuído um Prêmio Nobel, muitos doutorados na Índia por universidades indianas, prêmios pelo governo indiano, tudo porque ela está cuidando de órfãos. No entanto, ninguém pensa que esse cuidado simplesmente significa converter aqueles órfãos em católicos. É natural que Madre Teresa não possa ser a favor do controle de natalidade. Onde ela vai conseguir órfãos?

O cristianismo não pode ser a favor de um mundo que seja rico. Os cientistas declaram continuamente que o progresso tecnológico chegou a tal ponto que agora não há necessidade de ninguém ter fome, passar fome ou morrer por causa da escassez de alimentos. Nunca antes tinha sido possível, mas agora os cientistas dizem que é possível alimentar 5 bilhões de pessoas muito facilmente, e é possível alimentar até mais, mas essas vozes são silenciadas. Nenhum político presta qualquer atenção, pois também estão interessados em ter muitos seguidores.

Os chamados líderes religiosos, os chamados líderes políticos, todos precisam de atenção, todos precisam de seus nomes e de suas fotos continuamente publicados nos jornais, porque, se os jornais esquecem o nome de alguém por alguns meses, as pessoas também se esquecem daquele homem. Agora, o que se conhece sobre Richard Nixon? Onde está esse pobre sujeito? Um dia, ele foi o maior, o homem mais poderoso da face da Terra, e, agora, só se vai ouvir falar dele no dia em que morrer e, mesmo assim, será na terceira, quarta página dos jornais, em uma pequena coluna. O que acontece com essas pessoas poderosas? Quando perdem a atenção das pessoas, sua personalidade começa a desaparecer. Eu conheci muitos líderes políticos nos EUA. Talvez nesse país tenha mais ex-ministros, ex-secretários de estados, ex-governadores do que qualquer outro país. Depois que se tornam "ex", estão acabados. Ninguém presta atenção neles, ninguém pede que inaugurem pontes, ferrovias, hospitais, escolas. Nenhum jornal sequer se preocupa em saber onde estão, se estão vivos ou mortos. E houve uma época em que eles estavam nos jornais todos os dias, nas rádios, na televisão. Não se trata apenas do problema de alguns mendigarem por atenção, é uma realidade humana. E a razão é que as pessoas dependem da personalidade falsa criada pela sociedade, e que pode ser descartada pela mesma sociedade. Você não deve depender disso, não é algo que possa controlar. O que está em seu poder é a própria individualidade. É preciso descobri-la! E o nome da ciência para descobri-la é meditação.

Após conhecer a si mesmo, o indivíduo não se preocupa com os outros. Mesmo que o mundo inteiro se esqueça dele, não importa, nem sequer faz a menor diferença para ele. Ou o mundo inteiro pode até saber, e isso também não lhe dá nenhum ego. É sabido que o ego é falso, e depender do que é falso é fazer casas na areia, sem fundação. Sua personalidade é praticamente uma assinatura na água. O indivíduo nem sequer assinou e ela desaparece.

Um grupo de mães judias estava tomando café juntas e se gabando dos filhos. Uma delas tinha um de 4 anos, que já sabia ler. Outra tinha um de 5 anos, que já tinha aparecido na televisão.

Então Becky Goldberg se manifestou e comentou:

– Isso não é nada. Vocês devem ver meu pequeno Hymie. Ele tem só 5 anos, mas outro dia foi ao psiquiatra sozinho!

Uma mulher de meia-idade confessou ao padre que estava se tornando vaidosa.

– Por que acha isso? – perguntou o padre.

– Porque – respondeu a mulher –, toda vez que olho no espelho, me sinto inspirada pela minha beleza.

– Não se preocupe – disse o padre –, isso não é pecado, é apenas um equívoco!


Foi um grande encontro da sociedade médica em honra a um especialista em ouvido que estava se aposentando depois de mais de cinquenta anos de serviço. Como presente, deram-lhe uma orelha de ouro. Ele se levantou para fazer um discurso e, depois que os aplausos cessaram, olhou para o presente e disse: "Graças a Deus que não fui ginecologista!"

Não dependa dos outros! Seja independente em seu ser. Apenas ouça sua voz interna. É possível ouvi-la no momento em que se começa a acalmar e silenciar a mente. Não é difícil. E quando digo que não é difícil, digo com autoridade absoluta: "Não é difícil! Se aconteceu comigo, pode acontecer com você, não há diferença." Todo ser humano é potencialmente capaz de conhecer a si mesmo. E no momento em que conhece a si mesmo, ninguém pode tirar sua individualidade. Mesmo que o matem, podem apenas matar o corpo, mas não o indivíduo. O indivíduo é a única pessoa que pode se livrar desse estado de mendicância. Caso contrário, vai continuar a ser um mendigo a vida inteira. Aquele que deseja se livrar dessa condição de mendigo vai ter que se livrar do ego e da personalidade. Vai ter que aprender que não há nada em termos de respeito, não há nada em termos de reputação, não há nada em termos de respeitabilidade. São todas palavras falsas, sem sentido e sem conteúdo. A realidade pertence ao homem, mas se não descobri-la, terá que depender dos outros.

O homem é imperador, mas deve desvendar isso por si mesmo. E essa descoberta não é difícil: seu reino está dentro dele. Basta aprender a fechar os olhos e olhar para dentro. Além disso, é preciso um pouco de disciplina, um pouco de aprendizado para evitar manter o foco no mundo exterior de forma contínua e se voltar para dentro, pelo menos uma ou duas vezes ao dia, sempre que achar tempo. Aos poucos você começa a se tornar consciente de ser eterno. Depois, a ideia da atenção simplesmente desaparece. E o milagre é o seguinte: no dia em que não precisar da atenção de ninguém, as pessoas vão começar a sentir o seu carisma, pois o carisma é a irradiação de sua individualidade. As pessoas começam a sentir que você é alguém especial, único, embora não possam identificar onde esteja sua singularidade, ou seja, o que as atrai como um ímã.

As pessoas que descobrem a si mesmas encontram milhares de pessoas atraídas por elas, embora não peçam por isso.

# O Namorado

"Minha namorada me disse que sou um pouco chato, não muito interessante, muito dependente, além de vítima. Observei em mim essa energia destrutiva e senti que, de alguma maneira, gostei disso! É possível usar essa energia de alguma forma criativa?"

Essa namorada é muito generosa, pois todo homem acaba se tornando muito chato, e não apenas um pouco chato. Percebe que o que se chama de amor é uma repetição, a mesma rotina estúpida sempre? E que, nesse jogo completamente estúpido, o homem é o perdedor? Ele dissipa sua energia, transpira, bufa, e a namorada mantém os olhos fechados, com o seguinte pensamento: "É uma questão apenas de dois ou três minutos e esse pesadelo estará terminado." As pessoas têm uma capacidade inventiva tão precária que acham que adotar as mesmas ações constantemente significa torná-las mais interessantes. É por isso que a namorada desse rapaz é muito generosa ao dizer para o namorado que ele é um pouco chato. E eu então lhe digo: "Você é totalmente chato."

Quando os missionários cristãos vieram para este país, as pessoas descobriram que eles conheciam apenas uma posição para fazer amor, aquela em que a mulher fica por baixo e aquelas bestas feias por cima da mulher delicada. Na Índia essa postura é chamada de a postura missionária. A Índia é uma terra antiga e o berço de muitas ciências, particularmente a sexologia. Um livro de extrema importância, de Vatsyayana, já existe há 5 mil anos. O nome do livro é *Kamasutras*, dicas para fazer amor. Seu autor é um homem de profunda meditação. Criou 84 posições para fazer amor. Não há dúvida que a posição quando se faz amor deve ser mudada, do contrário, o indivíduo é obrigado a ficar chato. Vatsyayana reconhece que a mesma posição de amor gera tédio, um sentimento de grande estupidez, pois se faz sempre a mesma coisa. Inventou 84 posições para fazer com que a vida amorosa dos casais ficasse um pouco interessante. Ninguém nunca escreveu um livro do calibre do *Kamasutras*. Mas só poderia ter vindo de um homem de muita clareza, e com profunda capacidade meditativa. Como está a sua vida amorosa? Qualquer um que olhe para sua vida amorosa há de achar que ela está completamente chata. E particularmente para a mulher, é mais chato ainda, pois o homem conclui o ato em dois ou três minutos, enquanto que a mulher nem começou ainda. E no mundo inteiro as culturas reforçam na mente das mulheres que elas não devem mesmo desfrutar ou se mobilizar ou se divertir, e que isso é "sujo", uma vez que as prostitutas fazem isso, mas não as mulheres de bem. As mulheres de bem têm que se deitar quase mortas e deixar que o cara faça tudo que ele quiser fazer. Mas isso não é nada novo, não há nada de novo nem mesmo para ver.

Não tome isso como um desrespeito pessoal. Sua namorada está lhe dizendo algo realmente sincero e honesto. Será que tem lhe dado o prazer do orgasmo? Ou será que apenas a tem usado para expulsar sua energia sexual? Será que não a reduziu a uma *commodity*? Ela foi condicionada a aceitar essa situação, porém, nem mesmo essa aceitação pode deixá-la satisfeita.

O homem faz amor na mesma cama onde luta todos os dias. Na verdade, é o prefácio: o casal lança travesseiros, grita um com o outro, discute sobre tudo e, depois, sentindo-se cansados, faz-se necessária alguma negociação. O amor é apenas uma negociação. Se o homem é um indivíduo de sensibilidade estética, seu local de amor deve ser um lugar sagrado, porque é nele que nasce a vida. Deve ter belas flores, incenso, fragrância, e o casal deve adentrá-lo com profundo respeito.

Além disso, o amor não deve ser uma coisa abrupta, do tipo agarrar a mulher. Esse negócio de bater e correr não é amor. O amor deve ter uma preliminar com uma bela música, e o casal dançando junto, meditando junto. Assim como o amor não deve ser uma coisa da mente, de ter que pensar continuamente como fazer as posições e depois ir dormir. O amor deve ser um envolvimento mais profundo do ser como um todo, mas não deve ser projetado pela mente, deve, sim, vir de forma espontânea. Com uma bela música e fragrância, dançando de mãos dadas, é possível que os dois voltem a ser crianças brincando em meio a flores. Se o amor acontecer espontaneamente nessa atmosfera sagrada, virá com uma qualidade diferente. Deve-se compreender que a capacidade da mulher de ter múltiplos orgasmos deriva do fato de ela não perder nenhuma energia. O homem tem capacidade de ter apenas um orgasmo e perde energia, dando a impressão de estar deprimido. Mesmo na manhã seguinte é possível notar sua ressaca, e, à medida que vai ficando mais velho, torna-se cada vez mais difícil. Essa diferença tem de ser compreendida. A mulher está na extremidade receptiva, e isso porque, para se tornar mãe, precisa de mais energia. No entanto, seu orgasmo acontece de uma forma totalmente diferente. A sexualidade do homem é local, como a anestesia local. O corpo da mulher é sexual por inteiro, e a menos que todo o corpo comece a tremer de prazer, e toda célula se torne envolvida, não pode haver uma explosão orgástica. Portanto, não se trata apenas de um caso isolado, este é o caso de quase 99% das mulheres no mundo todo. A situação como um todo precisa ser mudada. A mulher não deve estar embaixo do homem. Em primeiro lugar, é feio, dado que o homem tem um corpo mais forte e a mulher é mais frágil. A mulher deve estar em cima do homem, e não o homem em cima da mulher.

Em segundo lugar, o homem deve permanecer em silêncio, inativo, de modo que seu orgasmo não seja concluído em dois minutos. Ao ficar em silêncio e deixar a mulher ir à loucura em cima de seu peito, vai propiciar a ela um bom exercício e levá-la a uma explosão de energia orgástica. Leva um determinado tempo para que todo o corpo da mulher se aqueça, e se o homem não se mantiver inativo, não vai dar tempo para a mulher atingir o clímax. Embora a relação aconteça, não é um acontecimento imbuído de beleza e de amor, mas apenas de necessidade.

Tente fazer o que eu recomendo. Faça uma experiência com a namorada. Seja o parceiro inativo e deixe que a namorada seja o parceiro ativo. Permita que ela seja desinibida. A mulher não tem que se comportar como uma dama, tem é que se comportar como uma mulher autêntica. A dama é apenas uma criação do homem, enquanto a mulher é uma criação da existência. O homem precisa preencher a lacuna entre os orgasmos da mulher. E essa lacuna só pode ser preenchida de uma maneira: o homem permanecendo inativo, em silêncio e curtindo vê-la enlouquecer. Com isso ela vai ter múltiplos orgasmos. O homem deve finalizar o jogo com o próprio orgasmo, em vez de começar com ele.

Com isso, a mulher não vai dizer ao homem que ele é um pouco chato. O homem vai ser um cara realmente interessante e maravilhoso, que está se comportando como uma dama! Deve manter os olhos fechados para que ela não se sinta inibida. Daí então ela pode fazer qualquer coisa: movimentar as mãos, movimentar o corpo, resmungar, gemer, suspirar, gritar. Até que ela diga: *"Hari Om Tat Sat!"*, o homem não tem permissão para estar vivo, deve simplesmente permanecer em silêncio. Esse deve ser o indício. *"Hari Om Tat Sat"* significa simplesmente: esta explosão do orgasmo, ela é a verdade. Depois ela vai ficar louca atrás de você. Neste exato momento é capaz de o leitor estar se comportando de forma estúpida, como a maioria dos homens do mundo inteiro.

A segunda coisa que consta da pergunta do "namorado": "A minha namorada diz que não sou muito interessante." Então, torne-se um pouco mais interessante! Tornar-se interessante não é muito difícil. Os sucos de todos os tipos de fruta estão disponíveis em todos os lugares. Beba mais suco, e coma menos comida sólida. Ora, a namorada está dando um bom conselho, e o namorado em sua estupidez está pensando que ela o está condenando. Quando ela diz: *"Você é muito dependente, além de vítima"*, sou capaz de perceber, até mesmo pela pergunta feita por ele, que ela está certa. O namorado realmente é uma vítima, assim como todo ser humano, vítima das ideologias estúpidas que criaram estranhos sentimentos de culpa e que não permitem que o ser humano se divirta. Embora faça amor, sabe que está cometendo um pecado e que o inferno não está muito longe.

Becky Goldberg comentou com Goldberg:

– Você é um grande amante!

Goldberg disse:

– Mas você nunca me disse isso antes. Estava esperando que alguém me dissesse que sou um grande amante, mas desisti da ideia porque parece que não sou.

Becky Goldberg se justificou:

– Não, você é um grande amante, e eu quis lhe dizer isso muitas vezes, mas você não estava lá!

Fazendo amor com Becky... e Goldberg não está lá. Ele está contando seu dinheiro, fazendo suas contas e sua mente está fazendo milhares de coisas. Em cada cama onde há dois amantes há pelo menos – quero dizer, no mínimo – quatro pessoas. Se forem pessoas mais inventivas, podem ter uma multidão inteira na cama. A mulher faz sexo com Goldberg e pensa em Muhammad Ali, enquanto Goldberg faz amor como um dever e pensa em muitas atrizes bonitas. Portanto, nem a mente dele nem a dela estão presentes. Suas mentes estão em seus sonhos.

Um homem disse a um amigo:

– Ontem à noite tive um sonho surpreendente. Tenho que te contar. Não via a hora de a manhã chegar para te contar o sonho.

– Que tipo de sonho? – perguntou o amigo.

– Eu tinha ido pescar, no meu sonho, e tinha pegado peixes tão grandes que até mesmo para puxar um único peixe foi um trabalho extenuante para mim. E pesquei tantos peixes! Não sei como eles desaparecem durante o dia – contou o homem.

O amigo disse:

– Pare com essa bobagem, você não sabe o que eu sonhei. Encontrei no meu sonho, de um dos meus lados, Sophia Loren, absolutamente nua. E disse: "Meu Deus, será que cheguei ao céu?" E, do outro lado, estava outra mulher bonita. Era impossível julgar quem era mais bonita.

O homem ficou muito irritado e disse:

– Seu idiota! Você finge ser meu melhor amigo. Por que não me ligou?

– Eu liguei, mas sua esposa disse que você tinha ido pescar – respondeu o amigo.

Ninguém está onde é esperado que esteja. Ninguém está em casa. O homem, enquanto estiver fazendo amor, deve torná-lo um processo meditativo. É preciso estar presente por completo, entregando-se à mulher que ama. A mulher precisa estar presente, oferecendo toda a sua beleza e graça ao amante. Assim o homem não vai ser uma vítima. Do contrário, ele o será. Essas idiotices completas que chamam de religião não aceitam que o amor seja uma experiência natural e prazerosa. Pelo contrário, condenam o amor. Fizeram dele, inclusive, uma condição: a menos que o homem deixe sua mulher, nunca vai alcançar a verdade. E o condicionamento vem acontecendo há tanto tempo que praticamente se tornou uma verdade, embora seja uma absoluta mentira. O homem é uma vítima das tradições e, com certeza, dependente delas.

Da pergunta inicial ainda consta: "Observei em mim essa energia destrutiva e senti que, de alguma maneira, gostei disso." Todo mundo tem energia destrutiva, pois, quando entregue a si mesma, a energia é obrigada a ser destrutiva, a menos que seja usada com consciência e se torne criativa.

No entanto, a coisa mais importante do que foi dito é que, *"de alguma maneira, gostei disso"*. Então, de que forma é possível mudar isso? O indivíduo é obrigado a permanecer no mesmo nível de qualquer coisa que aprecie, ou seja, não pode haver mudança, uma vez que pode vir a não gostar da mudança daquilo que é apreciado. Ele tem energia. Apreciar energia destrutiva é suicida, e apreciar energia destrutiva como destruidor é estar a serviço da morte. Estando ciente disso, é preciso que passe por uma transformação. Basta usar a energia criativa. Talvez isso faça com que o homem (da pergunta) seja menos chato, mais interessante, menos dependente, menos vítima.

E o mais importante é que ele não vai se sentir culpado e deprimido. Nenhum indivíduo criativo se sente deprimido e culpado. Sua participação no universo através de ações criativas o torna completamente satisfeito, além de lhe trazer dignidade. Trata-se do direito natural de todo homem, mas poucas pessoas o reivindicam.

E não há dificuldade. É muito fácil usar a energia nos campos criativos. Pintar, praticar jardinagem, cultivar flores, escrever poesias, aprender música, dançar. Aprenda qualquer coisa que transforme a energia destrutiva em energia criativa. E, consequentemente, em vez de ficar com raiva da existência, ficará grato a ela. Não ficará contra a vida. Como pode uma pessoa criativa ficar contra a vida, contra o amor? É impossível, isso nunca aconteceu. Apenas as pessoas sem criatividade é que são contra tudo. A namorada levantou questões muito importantes para a vida do homem avaliado neste item. O caminho mais fácil seria transformar a namorada, mas eu acredito que ela seja uma amiga e que tudo o que disse é absolutamente sincero e autêntico. O homem deve ser grato a ela e começar a realizar as mudanças. O dia em que a namorada aceitá-lo como um rapaz divertido e interessante, vai ser um grande dia em sua vida. Portanto, não deve ser covarde e trocar de namorada só porque a atual cria problemas em sua mente e você quer encontrar uma diferente. Esse homem tem sorte de ter encontrado uma moça muito generosa. Sua próxima opção vai ser bem difícil, pois sua namorada vai fazer com que se sinta absolutamente culpado e desprezível. Porque, o que fez para ser digno? O que fez para não ser chato? O que fez para declarar sua independência? O que fez para não ser uma vítima? Está na hora de colocar em prática. Vai ser grato à namorada para sempre. Eu gostaria de dizer à namorada do homem em questão: "Continue a bater nesse sujeito até que fique satisfeita por ele não ser chato, mas bem divertido, totalmente interessante, brincalhão e festeiro. Pode perdê-lo em algum lugar no caminho da vida, mas vai tê-lo preparado para alguma outra mulher, caso contrário, a forma como ele se encontra no momento vai torturar muitas mulheres, além de torturar a si próprio."

# O Marido

"Sou um homem casado, com três filhos, e com todos os problemas da vida de um homem casado. Minha esposa está constantemente no meu pescoço. Estamos juntos apenas por causa dos filhos, do contrário cada momento seria um pesadelo. Existe alguma possibilidade de eu escapar do fogo do inferno?"

Vou lhe contar uma história: um homem foi citado na justiça do Arkansas, nos EUA, sob a acusação de obter dinheiro sob falsos pretextos. O juiz olhou para ele, pensativo, e disse:

— O seu nome é Jim Moore?

— Sim, senhor.

— Você está sendo acusado de um crime que está sujeito a um período longo na penitenciária?

— Sim, senhor.

— Você é culpado desse crime?

O homem endireitou os ombros obstinadamente:

— Sou.

— Você me pede clemência?

— Não, senhor.

O juiz sorriu de forma severa:

– Você teve um grande problema nos últimos dois anos?

– Tive.

– Já desejou muitas vezes estar morto?

– Desejei, por favor, meritíssimo.

– Você queria roubar dinheiro o suficiente que o levasse para longe de Arkansas?

– Exatamente, juiz.

– Se um homem tivesse se aproximado e atirado em você quando entrou na loja, você teria dito: "Obrigado, senhor"?

– Claro, sim, teria. Mas, juiz, como diabos você descobriu tanto a meu respeito?

– Há algum tempo – disse o juiz com ar solene –, me divorciei da minha esposa. Pouco depois você se casou com ela. O resultado é conclusivo. Dispenso você. Aqui, toma esta nota de 50 dólares. Você já sofreu o suficiente.

Não precisa se preocupar com o inferno. Já sofre o suficiente, já está nele. Pode ir apenas para o céu, pois nada mais resta. Os celibatários podem ir para o inferno, mas não o marido sofredor. Esse já sofreu bastante. Pode ser que celibatários precisem sentir um pouco o gosto do sofrimento, o que não é o caso do marido.

Na verdade, não existe inferno nem céu em outro lugar. O inferno é aqui, o céu é aqui. Inferno e céu são o modo de ser do homem, são o seu modo de viver. Pode-se viver de uma forma tal que a vida toda seja uma bênção. Mas não se pode querer jogar a responsabilidade apenas na esposa. Em primeiro lugar, é o marido quem escolhe a esposa. Por que, então, escolher uma esposa que fica constantemente em sua garganta? E acha que, se for divorciado, não vai escolher de novo outra mulher do mesmo tipo? Ao perguntar a psicólogos, vão dizer que esse homem vai escolher novamente o mesmo tipo de mulher. Ele precisava disso, foi sua própria escolha. Não pode viver sem sofrimento. Acha que sua esposa está criando sofrimento? É porque ele próprio quis viver no sofrimento. É por isso que ele escolheu essa mulher. E vai escolher novamente. Ele se sentirá atraído apenas pelo mesmo tipo de mulher, a não ser que elimine sua velha mente completamente.

Com exceção da mente, não há outra maneira de mudar ou se transformar. Esse homem pode achar que ao se divorciar da mulher as coisas vão ficar bem. Ele está errado, está totalmente errado. Ele não sabe nada sobre psicologia humana. Vai ficar preso de novo. Vai procurar uma mulher novamente, mas vai sentir muito a falta dessa mulher. Ela vai sentir falta do homem e ele vai sentir falta dela. Ele vai encontrar de novo o mesmo tipo de pessoa, vai ser atraído apenas por esse tipo de pessoa. Esse homem tem que prestar atenção à própria mente. E, depois, a culpa não é só da esposa. Possivelmente, o marido está fazendo algo para ela também. Afinal, aqui só tem a declaração dele. Não se sabe o ponto de vista dela. Será injusto com a pobre mulher se for aceita única e exclusivamente a declaração desse homem sobre a esposa. Ele pode estar 50% certo. Mas o que dizer sobre os outros 50%? Ele deve estar colocando lenha na fogueira. E se a vida de casado era tão ruim, por que teve três filhos? Quem é responsável por isso? Por que trouxe três almas para o mundo ruim de sua família, para o pesadelo que ele está vivendo? Por quê? Não pode ter nenhum amor pelos filhos? As pessoas continuam a reproduzir sem nem pensar a respeito. Se a vida desse homem é como um inferno, pelo menos poderia ter evitado que os filhos caíssem na armadilha de sua infelicidade. Poderia tê-los salvo! Ora, os três filhos estão sendo criados por esse homem e sua esposa. Vão aprender modos e meios desse homem e vão perpetuar esse homem no mundo. Quando ele se for, ainda estará aqui no mundo, criando o inferno. Os filhos vão perpetuar, vão manter a continuidade de seu modo estúpido de vida, modo infeliz de vida.

Agora, o filho vai encontrar uma mulher exatamente como a esposa, e não poderia ser diferente, pois terá conhecido apenas essa mulher. Amará sua mãe, e sempre que se apaixonar por uma mulher vai simplesmente significar que ela o faz lembrar da própria mãe. Assim, o mesmo jogo será reproduzido novamente. Talvez o homem da declaração tenha escolhido a esposa de acordo com a própria mãe, e seu pai e sua mãe estivessem jogando o mesmo jogo que ele está jogando no momento, e seus filhos perpetuem a mesma estrutura e a mesma abordagem gestáltica. É assim que o sofrimento persiste. Pelo menos esse homem poderia ter salvo a vida de suas três crianças, além de ter salvo o futuro da humanidade, pois o efeito cascata que criou vai se perpetuar. Mesmo quando ele se for, o efeito estará lá. O que quer que o indivíduo faça, permanece. Qualquer ondulação criada no oceano da vida pelo homem permanece, mesmo que ele desapareça. É como jogar uma pedra em um lago silencioso: a pedra desce ao fundo no lago, desaparece, vai até o fundo e permanece em repouso, mas as ondulações que foram criadas continuam se espalhando em direção às margens da praia. Como o oceano da vida não conhece praias, as ondas continuam sem parar, e para sempre. Pelo menos esse marido poderia ter sido um pouco mais atento para não gerar filhos. De qualquer forma, nunca é tarde. A vida do marido ainda pode ser mudada, mas não pode esperar que sua esposa deva mudar. Esse é um enfoque errado.

O *marido aqui em questão* deve mudar. Mudar radicalmente. Parar de fazer coisas que sempre fez. Começar a fazer coisas que nunca fez. Mudar radicalmente, tornar-se uma nova pessoa, e ficará surpreso. Quando se tornar uma nova pessoa, a esposa se tornará uma nova pessoa. Ela vai ter que se tornar, para reagir ao marido. No começo ela vai achar difícil, porque será como se vivesse com outro marido, mas lentamente vai ver que, se o marido tem capacidade para mudar, por que ela não teria? Nunca se deve esperar que o cônjuge mude. Em todo relacionamento, a mudança começa de um dos lados. A vida ainda pode se tornar um paraíso, nunca é tarde demais. Mas é preciso grande coragem para mudar. Tudo o que realmente é necessário é um pouco mais de consciência. É preciso desautomatizar o comportamento, e para isso basta o marido observar o que tem feito até o momento. Ele faz a mesma coisa e a esposa reage da mesma maneira. Tornou-se um padrão estabelecido.

Observe qualquer marido e mulher e perceba como são quase totalmente previsíveis. De manhã, o marido vai espalhar o jornal e começar a ler, e a esposa vai dizer a mesma coisa que diz há anos, e o marido vai reagir da mesma maneira. Tornou-se quase totalmente estruturado, programado.

Apenas algumas mudanças, e o marido há de se surpreender. No dia seguinte, não deve sentar em sua cadeira cedo pela manhã e começar a ler o jornal. Deve simplesmente começar a limpar a casa e ver o que acontece. A esposa há de ficar com os olhos arregalados, e não vai ser capaz de acreditar no que aconteceu com você. Deve sorrir quando deparar com a esposa, abraçá-la e esperar para vê-la tomada de surpresa. Ele nunca a abraçou. Anos se passaram, e ele nunca olhou nos olhos da pobre mulher.

Hoje à noite, deve apenas se sentar de frente para ela e a olhar, olhos nos olhos. No início, ela vai achar que o marido ficou louco, tornou-se um Osho doido ou algo do tipo, mas ele não deve se preocupar. Deve segurar a mão dela e sentir-se em êxtase. Se não puder, deve pelo menos fingir. Fique radiante. Às vezes, acontece de, ao se começar a fingir, o fingimento começar a acontecer! Basta começar a sorrir, sem motivo algum, e observar. A pobre esposa vai acabar tendo um ataque cardíaco!

Será que o marido lembra quando pegou na mão da esposa? Alguma vez a levou para uma caminhada matinal? Ou na lua cheia, será que já a levou para um passeio no meio da noite, sob as estrelas? A esposa também é humana, e também precisa de amor. No entanto, particularmente o povo na Índia continua a usar as mulheres como se fossem apenas serviçais. O trabalho das mulheres consiste em cuidar dos filhos, da cozinha e da casa, como se isso fosse a vida delas em sua totalidade. Será que tem respeitado a esposa como um ser humano? Depois, é natural que a raiva surja. Se ela se sente frustrada, em função da vida estar correndo sem que tenha conhecido nenhuma alegria, sem que tenha conhecido nenhuma satisfação, sem que tenha conhecido nada que pudesse dar sentido e importância à sua vida... Será que esse homem se sentou ao lado dela algumas vezes, em silêncio, apenas segurando sua mão, sem dizer uma palavra, apenas a sentindo e deixando que ela o sentisse? Esposa e marido têm somente um tipo de comunicação: brigas. O marido aqui em questão não deve pensar que somente a esposa é responsável. Pode até ser, mas esse não é o caso, uma vez que não foi ela quem fez a pergunta descrita neste item. Foi o marido quem fez a pergunta. Ele é quem deve começar a mudar a própria vida. Deve preocupar-se em dar à pobre mulher um pouco de sentimento de importância, dar à mulherzinha um pouco da sensação de que é necessária. Sabe que a maior necessidade na vida é ser necessário? E, a menos que uma pessoa sinta que é necessária, sua vida permanece sem sentido, como o deserto.

Devem rir juntos, ouvir música juntos, sair de férias. Ele deve acariciar o corpo dela, pois os corpos começam a encolher quando ninguém os acaricia. Os corpos começam a ficar feios quando ninguém os olha e os aprecia. E, depois, o homem há de pensar: "Por que a minha esposa não é bonita?" O marido não está criando o clima em que as belas flores florescem. Quando se ama uma pessoa, essa pessoa se torna imediatamente bonita! O amor é um processo um tanto alquímico. Olhe para uma pessoa com olhos amorosos e, de repente, vai ver a mudança na aura dela, o rosto se tornando radiante, mais sangue avivando o rosto, os olhos mais brilhantes, radiantes, inteligentes, e tudo isso como um milagre.

O amor é um milagre, o amor é mágico. Ainda não é tarde.

**"Quais são os aspectos essenciais para manter a esposa feliz?"**

Não conheço muito sobre esposas. Sou um homem solteiro. Essa pergunta foi feita para a pessoa errada. Mas observo muitas esposas e maridos. Portanto, esta não é minha experiência, apenas minha opinião!

Há duas coisas necessárias para manter a esposa feliz. Primeiro: deixar que ela pense que tem seu próprio caminho. E segundo: deixar que ela tenha seu próprio caminho.

Eunice chegou em casa com um casaco de pele novo.

– Onde você arranjou isso? – perguntou o marido, Bernie.

– Ganhei em um sorteio – respondeu ela.

Na noite seguinte, Eunice entrou em casa com um belo bracelete de diamantes.

– De onde veio isso? – perguntou Bernie.

– Ganhei em um sorteio – respondeu Eunice.

– Vou a um outro sorteio hoje à noite e estou com pressa. Você se importaria de preparar o meu banho?

Bernie preparou conforme as instruções, mas quando Eunice entrou para tomar o banho descobriu que havia apenas um pouco mais de 1 centímetro de água na banheira.

– Bernie – perguntou ela –, por que não encheu a banheira?

– Bem, querida – respondeu ele –, Não quis que você molhasse seu bilhete de sorteio!

# O Pai

A instituição do pai é algo inventado pelo homem. Não é algo natural, é algo que foi instituído. Algum dia pode desaparecer... uma vez que houve um tempo em que não estava lá. Durante milhares de anos a humanidade viveu sem a instituição da paternidade.

É possível que se surpreenda ao saber que a palavra *tio* é mais antiga do que a palavra *pai*. E isso aconteceu porque o matriarcado precedeu o patriarcado. A mãe estava lá e o pai não era conhecido, pois a mãe se encontrava, se misturava, se fundia com muitas pessoas. Alguém tinha que ser o pai, mas não havia meios de se descobrir. Dessa forma, todos eram tios, todos os potenciais pais eram tios. A instituição da paternidade passou a existir com a invenção da propriedade privada. São duas instituições que estão ligadas. O pai representa a propriedade privada, porque, quando esta surgiu, todo mundo queria ter seu próprio filho para poder herdá-la. "Não estarei aqui, mas uma parte de mim deve herdar minha propriedade." A propriedade privada veio primeiro e, em seguida, veio o pai.

E para se ter absoluta certeza de que "O filho é meu", passou a predominar a ideia, em quase todas as sociedades do mundo, de que a mulher tinha que ser absolutamente virgem antes do casamento. Caso contrário, era difícil decidir a quem pertencia o filho. A mulher poderia já estar carregando um filho antes do casamento, poderia já estar grávida e, então, a criança poderia ser de alguma outra pessoa e iria herdar a propriedade. Para que se tivesse certeza de que "É o meu filho que vai herdar minha propriedade" foi imposta a virgindade às mulheres.

Foi a ideia da propriedade privada que criou a figura do pai, que criou a família, que criou a posse da mulher pelo homem. Se houve um tempo em que não havia pai nem propriedade privada, há de chegar o dia em que não haverá propriedade privada, e a figura do pai desaparecerá.

Os hindus dizem que se a mulher não se tornar mãe, não terá cumprido sua missão. O mesmo não vale para os homens. Ninguém há de dizer que, se o homem não vir a ser pai, não terá cumprido sua missão. Ser pai é acidental. Pode ser, pode não ser. Não se trata de uma necessidade básica, e um homem pode permanecer sem ser pai sem perder nada. Mas a mulher vai perder algo, porque toda a sua criatividade e toda a sua funcionalidade surgem apenas quando se torna mãe. Quando seus seios se tornam o centro de seu ser, a mulher se torna completa. E não pode ter os seios como centro se uma criança não estiver lá para clamar por eles. Portanto, os homens se casam com as mulheres para obter esposas, e as mulheres se casam com os homens para se tornarem mães, e não para obter maridos. O único interesse básico das mulheres é ter uma criança para fazer aflorar sua feminilidade. É por isso que, na verdade, os maridos estão sempre com medo, pois, no momento em que uma criança nasce, eles se deslocam para a periferia do interesse da mulher, uma vez que a criança se torna o centro.

Portanto, os pais sempre têm ciúmes, porque as crianças ficam entre eles e as esposas e porque estas têm mais interesse nas crianças do que no pai delas. O pai se torna uma existência periférica, ou seja, necessário para a sobrevivência, mas não essencial.

O cristianismo, segundo o que os meus amigos cristãos dizem, é baseado na família: a família é a pedra da fundação. No entanto, a família também é a pedra de fundação de toda neurose, toda psicose, todos os tipos de doenças mentais, todos os tipos de problemas sociais. Além de ser a base das raças, das nações e das guerras.

A família tem que ser compreendida. Ela não tem futuro, já perdeu sua utilidade, sua necessidade. No entanto, o homem – não apenas os cristãos, mas todo mundo – é condicionado a aceitar que a família é uma grande contribuição para o mundo. A realidade é totalmente diferente. Aqui, eu tenho que ir ponto a ponto, em detalhes, porque o problema da família é um dos mais graves.

O primeiro aspecto... A família é uma prisão que quer manter o controle sobre as crianças e sobre a esposa. É um grupo restrito de pessoas que fazem deste uma prisão sagrada. Mas os resultados são muito desagradáveis. Todo tipo de aprisionamento evita o crescimento espiritual. O que pensar sobre o fato de Buda ter renunciado ao mundo? Por que Mahavira renunciou ao mundo? Na verdade, eles não estavam renunciando ao mundo, estavam simplesmente renunciando à família, e isso ninguém tinham dito antes, pois como alguém pode renunciar ao mundo? Onde quer que esteja, o mundo está lá. Pode-se apenas renunciar à família. Entretanto, todas as escrituras religiosas, incluindo-se as escrituras cristãs, mentem continuamente para o povo: falam de renúncia ao mundo. Isso afasta completamente o homem do fato de que todas essas pessoas estavam renunciando à *família*, pela razão de que a família era tão restrita que não poderiam crescer dentro dela.

A família programa cada criança de acordo com seus preconceitos. Aquele que nasce em uma família cristã, estará continuamente programado para o cristianismo, e nunca vai sequer suspeitar que seu condicionamento pode estar errado, que seu condicionamento pode impedi-lo de ir além. O cristianismo e todas as outras religiões continuam a confundir as mentes das pessoas. Nunca fazem distinção entre acreditar e saber. Um homem cego pode acreditar na luz, mas isso não vai ajudar. É preciso olhos para ver a luz e, aí então, não há necessidade de acreditar. Quando se *sabe* alguma coisa, há alguma necessidade de se acreditar nela? É preciso acreditar na luz? É preciso acreditar na lua? E nas estrelas, é preciso acreditar? As pessoas simplesmente sabem, não é uma questão de crença. A crença surge apenas nas ficções, nas mentiras, mas não em prol da verdade. Cada sistema de crença é um obstáculo à espiritualidade.

A morte, segundo o cristianismo, é um tabu: não se deve falar sobre isso. A morte é um tabu, e a vida é um tabu também: não se deve vivê-la! Não se deve falar sobre a morte, e a vida não deve ser vivida! Não deixam nenhuma alternativa às pessoas: não podem nem viver nem morrer. Costumam manter as pessoas penduradas no meio, meio mortas, meio vivas. Isso cria a esquizofrenia. Não se permite que o indivíduo seja pleno em qualquer coisa: na vida, na morte, no amor. Permite-se, apenas, que ele se envolva parcialmente. Um homem que é parcialmente envolvido está apenas parcialmente vivo. Quanto mais profundo seu envolvimento na existência, mais profunda sua vida. Quando está completamente envolvido na vida, na morte, no amor, na meditação, em qualquer tipo de coisa que queira fazer: pintura, música, poesia, dança... Se não estiver completamente envolvido nisso, nunca conhecerá o prazer máximo ideal, a felicidade extrema.

As pessoas estão vivendo apenas o mínimo, apenas por uma questão de sobrevivência ou, para ser absolutamente sincero, apenas vegetando, ou seja, apenas esperando e esperando e nada acontece em suas vidas. Nenhuma flor desabrocha em suas vidas, nenhum festival acontece em suas vidas. E sua morte é tão desagradável quanto foi sua vida, pois a morte é o ponto culminante da vida.

Se o indivíduo viveu a vida em sua plenitude, a morte não é o fim. A morte é apenas um episódio, um pequeno episódio em uma vida eterna. Embora o homem morra muitas vezes, o fato de nunca viver de forma completa faz com que se torne inconsciente no momento da morte, e o medo o coloca em coma. É por isso que não se lembra das vidas passadas, ou seja, o coma funciona como uma barreira às vidas passadas e à lembrança. E, como não conhece suas vidas passadas, não pode compreender que vai existir vida após a morte, que a vida é eterna. O nascimento e a morte são meros episódios. O indivíduo nasce e morre várias vezes. Entretanto, quando não se permite que ele viva de forma plena, quando em todos os lugares há a interferência da religião...

No primeiro dia de aula na escola, um menino, naturalmente um menino cristão, foi chamado pelo professor:

– Qual é o seu nome?

– Não – disse ele.

– Estranho, nunca ouvi esse nome – comentou o professor.

– Sempre, o que quer que seja que faço, só ouço isso: "Não." Então acho que é o meu nome – disse ele.

Mas o cristianismo como um todo está fazendo isso com todo mundo. É uma religião de negação da vida, que não permite que o ser humano viva com alegria. E a família é sua raiz, porque, obviamente, a programação começa a partir dela. O cristianismo prega que tem como base a família.

E eu sei perfeitamente bem que, a menos que a família desapareça do mundo, essas religiões, essas nações, essas guerras não vão desaparecer, uma vez que se baseiam na família. A família ensina o filho que ele é um hindu e que a religião hindu é a melhor religião de todas, e que as outras são medíocres. O cristianismo continua a programação das crianças: "Você pode ser salvo apenas através de Jesus Cristo. Ninguém mais pode salvá-lo. Todas as outras religiões são apenas princípios morais, muito superficiais, e não vão ajudá-lo." E quando uma criança, juntamente com seu aleitamento materno, é continuamente alimentada com todas as espécies de superstições: Deus, o Espírito Santo e o unigênito filho de Deus, Jesus, céu e inferno. As crianças são muito vulneráveis, porque nascem como uma tábula rasa – não têm nada escrito sobre elas, suas mentes são puras. Pode-se escrever qualquer coisa que se queira sobre a criança. E toda família comete o crime: destroi o indivíduo e cria um escravo. A obediência é uma virtude, enquanto a desobediência é o pecado original. Quando uma criança começa a ser programada, a partir de seu nascimento, quando é muito vulnerável e muito manso, pode-se escrever qualquer coisa. Isso vai ter continuidade no consciente dela. Pode-se dizer a ela que "A nossa nação é a maior nação do mundo", toda nação está dizendo isso. "A nossa religião é a maior religião, a nossa escritura foi escrita pelo próprio Deus", é o que os hindus estão dizendo, é o que os cristãos estão dizendo, é o que os judeus estão dizendo. Todo mundo está cometendo o mesmo crime.

O cristianismo, é claro, está fazendo isso de forma mais eficiente e mais hábil, porque é a maior religião do mundo. Usa técnicas modernas de programação. Envia missionários para aprender psicanálise, para aprender a programar pessoas e a desprogramar pessoas. Se um hindu for se converter ao cristianismo, primeiro tem que ser desprogramado do hinduísmo. A tábula rasa aparece mais uma vez: o que foi escrito é apagado. Agora pode ser escrito: "O cristianismo é a maior religião do mundo, e nunca houve nenhum homem como Jesus Cristo, e nunca haverá novamente, porque ele é o único filho gerado por Deus."Todas as guerras dependem da família. Foi tradição em muitos países, no passado, que a família contribuísse com pelo menos um filho para o Exército, para proteger a nação, para proteger a dignidade e o orgulho da nação. No Tibete, cada família tem de contribuir com o filho mais velho para os monastérios. É uma prática feita há milhares de anos. Como se as crianças fossem apenas *commodities* que servem de contribuição, com se as crianças fossem dinheiro que se pode doar como caridade! Isso dividiu o mundo em diferentes campos, por causa da religião, da política, das nacionalidades, das raças. Todos dependem da família. A família é a principal causa de milhares de feridas da humanidade. A família dá ao indivíduo ambição, desejos, um desejo de ser bem-sucedido, e todas essas coisas criam tensões, ansiedades. Como ser uma celebridade? A família quer que o indivíduo seja uma celebridade. A família quer que ele seja conhecido no mundo inteiro. A família quer que ele seja a pessoa mais rica. A família quer que ele seja o presidente do país. Todas essas ambições são criadas pela família, sem que tenham consciência de que todas essas ambições estão gerando uma mente que vai permanecer sempre angustiada e sofrida. Apenas um homem pode se tornar o presidente do país. E quanto aos outros 900 milhões de pessoas na Índia? Elas são todas passíveis de fracasso. Essa é uma situação repugnante, manter as pessoas com a sensação de que são fracassadas, malsucedidas, inferiores aos outros. A família é a base para toda patologia.

Eu adoraria um mundo em que a família fosse substituída pela comuna. Em termos psicológicos, é mais saudável ter uma comuna, onde as crianças, em vez de pertencerem aos pais biológicos, pertencem à comuna; onde as crianças, em vez de receberem a marca apenas da mãe e do pai, recebem-na dos muitos tios e tias na comuna. Às vezes, dormem com essa família, às vezes, dormem com aquela outra família. Eu quero que a família seja substituída pela comuna, e na comuna não há a necessidade de casamento.

# O Amigo

"**M**eu drama na vida amorosa atualmente reflete um velho ditado de Humphrey Bogart: 'Mulheres: inferno com elas, inferno sem elas.' O que fazer?"

É preciso passar por esse inferno. É preciso experimentar tanto o inferno de viver com uma mulher quanto o de viver sem ela. E não se trata apenas de uma verdade em relação às mulheres, mas também de uma verdade absoluta sobre os homens. Portanto, não seja um porco chauvinista! É aplicável em ambos os sentidos, é uma faca de dois gumes. As mulheres também estão cansadas de viver com homens e também ficam frustradas quando têm que viver sozinhas. É um dos dilemas humanos mais fundamentais, e é preciso compreendê-lo. Não se pode viver sem uma mulher, porque o homem não sabe como viver consigo mesmo. Ele não é meditativo o suficiente.

Meditação é a arte de viver consigo mesmo. Não é nada mais do que isso, simplesmente a arte de estar sozinho com alegria. O meditante pode se sentar sozinho alegremente por meses e até por anos. Ele não deseja ardentemente outra pessoa, porque seu próprio êxtase interior é tão grande, tão avassalador, que não há necessidade de outros. Se outra pessoa entra em sua vida, não é uma necessidade, é um luxo. E eu sou a favor do luxo, uma vez que o luxo significa que é possível desfrutá-lo caso esteja presente, assim como é possível desfrutá-lo caso não esteja. A necessidade é um fenômeno difícil. Por exemplo, pão e manteiga são necessidades, mas as flores no jardim são um luxo. Pode-se viver sem as flores, ninguém vai morrer sem elas, mas é impossível viver sem pão e manteiga.

Para o homem que não consegue viver consigo mesmo, o outro é uma necessidade absoluta, porque, sempre que está sozinho, fica entediado consigo mesmo, tão entediado que deseja alguém para se distrair. Por se tratar de uma necessidade, torna-se uma dependência, ele precisa depender da outra pessoa. E o fato de se tornar uma dependência faz com que o indivíduo odeie, se rebele, resista, uma vez que a dependência é uma escravidão. A dependência é um tipo de escravidão, e ninguém quer ser um escravo.

Um homem encontra uma mulher, ele que não é capaz de viver sozinho. A mulher também não é capaz de viver sozinha, e é por isso que ela se une a esse homem, do contrário, não haveria necessidade. Ambos estão entediados consigo mesmo e acham que o outro vai ajudá-los a se livrar do tédio. Sim, no início parece isso, mas apenas no início. Quando se estabelecem como casal, logo percebem que o tédio não foi destruído, pelo contrário, não foi apenas duplicado, mas multiplicado. Ora, primeiro estavam entediados consigo mesmos, agora estão entediados com o outro também, pois, quanto mais próximo se chega do outro, mais se conhece o outro, e mais o outro se torna praticamente parte de si. É por isso que, ao ver um casal entediado caminhando, pode se ter certeza de que são casados. Caso não estejam entediados, pode se ter certeza de que não são casados. Ele deve estar caminhando com a esposa de alguém, e é por isso que demonstra tanta alegria.

Quando o homem está apaixonado, ou seja, quando ainda não persuadiu a mulher, e a mulher ainda não o persuadiu para ficarem juntos para sempre, ambos fingem grande alegria. E algo disso é verdade também, por causa da esperança de que, "Quem sabe, posso sair do meu tédio, da minha ansiedade, da minha solidão. Essa mulher pode me ajudar". E a mulher também tem a mesma esperança. Entretanto, uma vez juntos, as esperanças logo desaparecem, e o desespero se estabelece mais uma vez. Agora o homem está entediado, e o problema foi multiplicado. E, agora, como se livrar dessa mulher? Porque não atingiu um estágio meditativo, o homem precisa de outras pessoas que o mantenham ocupado. É por esse motivo também que o homem não é capaz de amar, pois o amor é uma alegria que transborda. Se está entediado consigo mesmo, o que há de ter para compartilhar com o outro? E é por esse motivo que estar com o outro também se torna um inferno. Nesse sentido, Jean-Paul Sartre está certo quando diz que "O outro é o inferno". O outro não é o inferno, na verdade, apenas parece ser. O inferno existe dentro do homem, em sua incapacidade de meditar, em sua incapacidade de ficar sozinho e em êxtase. E ambos são incapazes de ficar sozinhos e em êxtase. Agora ambos estão na garganta um do outro, tentando de forma contínua arrancar alguma felicidade um do outro. Ambos estão fazendo a mesma coisa e ambos são mendigos. Eu ouvi dizer que...

Um psicanalista encontrou outro psicanalista na rua. O primeiro disse para o outro:

– Você parece bem. Como eu estou?

Ninguém sabe sobre si mesmo, ninguém está familiarizado consigo mesmo. Todas as pessoas apenas veem os rostos dos outros. Uma mulher é bonita, um homem é bonito, sorridente, todo sorriso. Não se sabe das angústias do homem. Talvez todo aquele sorriso seja apenas uma fachada para enganar os outros e enganar a si mesmo. Talvez por trás daquele sorriso exista muita lágrima. Talvez tenha medo de que, se não sorrir, possa começar a verter lágrimas e chorar. Quando vê o outro, vê apenas a superfície, e apaixona-se pela superfície. Porém, quando se aproxima, logo sabe que as profundezas interiores da outra pessoa são tão escuras quanto as suas. Ele é um mendigo, tanto quanto a mulher. Agora... dois mendigos implorando um para o outro. A essa altura torna-se um inferno.

Sim, tem razão: "Mulheres: inferno com elas, inferno sem elas." Não tem a ver com o fato de ser mulher ou de ser homem, é apenas uma questão de meditação e amor. A meditação é a fonte de onde a alegria brota dentro do ser humano e começa a transbordar. Aquele que tem alegria bastante para compartilhar, tem um amor que por si só é motivo de contentamento. Aquele que não tem alegria suficiente para compartilhar, tem um amor que tende a ser cansativo, exaustivo e chato. Portanto, sempre que o homem está com uma mulher, sente-se entediado e quer se ver livre dela, e sempre que está sozinho fica entediado consigo mesmo e quer se ver livre da solidão, e sai em busca de uma mulher, e a procura. Trata-se de um círculo vicioso! O homem pode se manter em movimento como um pêndulo, de um extremo ao outro, a vida inteira.

Visualize o problema verdadeiro. O problema verdadeiro não tem nada a ver com o fato de ser homem ou mulher. O verdadeiro problema tem algo a ver com meditação e o florescimento da meditação no amor, na alegria e na felicidade suprema. Primeiro é preciso meditar e ser feliz, para depois, por vontade própria, muito amor acontecer. A partir daí, estar com os outros é lindo, assim como ficar sozinho também é lindo.

E então fica simples também. O homem não depende dos outros e não faz com que os outros dependam dele. Assim, será sempre uma amizade, uma relação entre amigos. Nunca se torna um casamento, é sempre um relacionamento. Relaciona-se, mas não se cria um casamento. O casamento é por medo, o relacionamento, por amor.

O homem se relaciona e, desde que as coisas estejam muito bem, compartilha. E se vê que chegou o momento de partir, porque os caminhos divergem num cruzamento, o homem diz adeus com uma gratidão enorme por tudo o que ela representou para ele, por todas as alegrias e todos os prazeres, e todos os belos momentos que compartilharam. Sem nenhum sofrimento, sem nenhuma dor, ele simplesmente se separa. Ninguém pode garantir que duas pessoas serão sempre felizes juntas, porque elas mudam. Quando o homem encontra uma mulher, ela é uma pessoa e ele é uma pessoa. Após dez anos, o homem será outra pessoa, e também ela. É como um rio: a água está fluindo permanentemente. As pessoas que se apaixonaram não existem mais, nenhuma das duas está lá. Entretanto, o homem pode continuar agarrado a uma determinada promessa feita por outra pessoa, mas não por *ele*. O verdadeiro homem é aquele que compreende, nunca faz promessas para o amanhã e pode apenas dizer "Por enquanto". Um homem realmente sincero não consegue prometer nada. Como pode prometer? Quem sabe sobre o dia de amanhã? O amanhã pode vir, assim como pode não vir. O amanhã pode vir: "Não vou ser o mesmo, você não vai ser a mesma." O amanhã pode vir: "Você pode encontrar alguém com quem se dê de forma mais profunda, e eu posso encontrar alguém com quem vou viver de forma mais harmoniosa." O mundo é vasto. Por que esgotá-lo no dia de hoje? Mantenha as portas abertas, mantenha as alternativas abertas. Eu sou contra o casamento. É o casamento que gera problemas. É o casamento que tem se tornado muito desagradável. A pior instituição do mundo é o casamento, uma vez que força as pessoas a serem falsas: elas mudam, mas continuam a fingir que são as mesmas.

Um idoso de 80 anos estava comemorando o seu aniversário de 50 anos de casamento com a esposa de 75. Foram ao mesmo hotel, na mesma estação montanhosa onde tinham passado a lua de mel. Que nostálgico! Agora ele tem 80 e ela, 75. Fizeram reserva no mesmo hotel e pegaram o mesmo quarto daquela época. Estavam tentando viver aqueles dias maravilhosos de cinquenta anos atrás outra vez.

Quando estavam para se deitar, a mulher disse:

– Você esqueceu? Não vai me beijar do jeito que me beijou em nossa noite de núpcias?

– Ok – respondeu o velho, e levantou-se.

– Aonde você vai? – perguntou a mulher.

– Vou pegar meus dentes no banheiro – disse ele.

Tudo mudou. Agora, esse beijo sem os dentes ou com os dentes falsos não vai ser o mesmo beijo. Mas o homem disse: "Tudo bem." A viagem deve ter sido cansativa, e para um senhor de 80 anos... No entanto, as pessoas continuam a se comportar como se fossem as mesmas.

Poucas pessoas crescem de fato, mesmo quando ficam mais velhas. Envelhecer não é crescer. A verdadeira maturidade vem por meio da meditação.

Aprenda a ficar em silêncio, em paz e tranquilo. Aprenda a ficar no estado de não mente. Isso tem que ser o começo. Nada pode ser feito antes e tudo fica mais fácil depois disso. Depois que o homem percebe que está plenamente feliz e satisfeito, mesmo que aconteça uma Terceira Guerra Mundial e o mundo inteiro desapareça, deixando-o sozinho, isso não vai afetá-lo. Você vai permanecer sentado sob sua árvore fazendo *vipassana*.

O dia em que esse momento chegar em sua vida, você vai poder compartilhar sua alegria. E será capaz de dar amor. Antes que isso aconteça, há de haver sofrimento, esperanças e frustrações, desejos e fracassos, sonhos... portanto, mãos à obra. Cuidado, não perca tempo. Quanto mais cedo entrar em sintonia com o estado de não mente, melhor. Depois, muitas coisas podem florescer: amor, criatividade, espontaneidade, alegria, oração, gratidão, Deus.

# O Playboy

"Estou passando por um aperto: amo três mulheres. Isto é o inferno, e vem acontecendo faz três meses. O que fazer agora?"

Esse rapaz deve ser um homem e tanto! Uma mulher é suficiente. Ele precisa de proteção legal! Mas, se tem tolerado isso por três meses, deve esperar um pouco mais. O tempo resolve tudo. Como as mulheres são sempre mais perceptivas do que os homens, se ele não conseguir fazer nada a respeito, elas vão ser obrigadas a fazer algo.

John e Mary começaram a fazer amor próximo a um trilho de trem. À medida que o ato progredia, foram rolando até os trilhos do trem que se aproximava.

O maquinista, ao ver os dois corpos à frente, parou o trem bem a tempo. Dado que atrasar trens é um delito grave, no julgamento, o juiz exigiu uma explicação.

— Agora veja, John — disse o juiz. — Sou um homem do mundo e posso compreender que você e sua namorada quisessem ter um pouco de diversão. Mas por que não saíram do caminho do trem?

— Bem, é assim, meritíssimo — disse John. — Eu estava chegando, o trem estava chegando e Mary estava chegando, e achei que aquele que pudesse parar, pararia.

"Será que isso é uma bênção? Após ficar sozinho por um longo tempo, eu me apaixonei por três mulheres ao mesmo tempo, o que foi fácil no começo. Porém, logo que começava a entrar em um relacionamento mais profundo com uma, ou eu corria para a próxima ou ela passava a querer estar com outra pessoa. E assim sucessivamente. Então, alegria e sofrimento estão muito próximos um do outro, mas me pergunto: estou evitando alguma coisa?"

Será que esse rapaz não acha que três é mais do que suficiente? Ele acha que está evitando a quarta? Basta uma mulher para criar o inferno, e esse rapaz ainda pergunta: "Será que isso é uma bênção?" Deve ser uma maldição disfarçada.

— O que aconteceu com Jack? Não o vejo há séculos.

— Ah, se casou com a garota que ele salvou de um afogamento.

— E ele está feliz?

— Pode apostar! Mas agora odeia água.

Esse homem deve ser uma grande alma, ou porque é tão inconsciente que nem mesmo três mulheres conseguem criar nenhum problema para ele, ou porque é tão iluminado que "quem é que se importa?".

No trajeto do trabalho para casa, em uma determinada noite, três passageiros fizeram amizade no carro do clube e, após a terceira rodada, começaram a se gabar dos méritos relativos de seus respectivos relacionamentos conjugais.

— Minha esposa me encontra no trem toda noite e estamos casados há dez anos — proclamou o primeiro com orgulho.

– Isso não é nada – zombou o segundo. – Minha esposa me encontra toda noite também, e estamos casados há 17 anos.

– Bem, ganhei de vocês dois, companheiros! – disse o terceiro passageiro, que, obviamente, era o mais jovem do grupo.

– Como sabe disso? – quis saber o primeiro companheiro.

– Suponho que tenha uma esposa que encontra você toda noite também! – desdenhou o segundo.

– É isso mesmo – disse o terceiro passageiro –, e não estou nem mesmo casado.

Três mulheres e nem mesmo está casado! Elas vão fazer dele uma bola de futebol. E ele ainda pergunta: "Será que isso é uma bênção?", com um ponto de interrogação, é claro. Deve ter um pouco mais de cuidado: esse é um terreno perigoso para pessoas como ele. Há tantas mulheres nessa história que, se continuar desse jeito, em breve nada sobrará dele. E, além disso, eu perco um discípulo desnecessariamente. Pense em mim também.

Weinstein, um empresário muito rico, tinha uma filha pouco atraente. Ele encontrou um jovem para se casar com ela e, após dez anos, eles tiveram dois filhos.

Weinstein chamou o genro no escritório um dia.

– Ouça – disse ele –, você me deu dois lindos netos, me deixou muito feliz. Vou lhe dar 45% do negócio.

– Obrigado, pai!

– Tem mais alguma coisa que eu poderia fazer por você?

– Tem, compra a minha parte!

Estou pronto para comprar a parte do rapaz qualquer que seja o preço. Mas ele vai ter que consultar as três mulheres!

O amor é importante, uma boa oportunidade de aprendizado, mas apenas uma. Uma escola é suficiente, três escolas é demais. E, com três mulheres, o rapaz não vai ser capaz de aprender muito, uma vez que estará em um grande tumulto. É melhor estar com uma, para que possa estar por inteiro com ela, para que possa compreendê-la e aos próprios anseios de forma mais clara, e para que fique mais desanuviado e menos angustiado, pois o amor, no começo, é apenas um fenômeno inconsciente. É biológico, não é nada precioso. Somente quando o homem adquire percepção da situação, quando fica cada vez mais reflexivo a respeito, é que começa a se tornar precioso, começa a voar alto.

A intimidade com uma mulher, ou um homem, é melhor do que ter muitos relacionamentos superficiais. O amor não é uma flor sazonal. Ele leva anos para crescer. E apenas quando cresce é que vai além da biologia e começa a ter algo de espiritual. Simplesmente ficar com muitas mulheres, ou muitos homens, mantém o indivíduo na superficialidade. Entretido talvez, mas na superficialidade; ocupado, com certeza, mas essa ocupação não vai ajudar no crescimento interior. Uma relação de um para um, um relacionamento sustentável para que os dois possam compreender um ao outro mais profundamente, é bastante benéfico. Por que é assim? E qual é a necessidade de compreender a mulher, ou o homem? A necessidade se deve ao fato de todo homem ter uma parte feminina em seu ser, da mesma forma que toda mulher tem uma parte masculina. A única forma de compreender, o modo mais fácil de compreender, a forma mais natural de compreender é estar em uma relação íntima e profunda com alguém. No caso do homem, ele deve estar em uma relação íntima e profunda com uma mulher. Deve deixar que a confiança cresça para que todas as barreiras se dissolvam. Cheguem bem próximo um do outro a ponto de poderem olhar profundamente dentro de cada um. Não sejam desonestos um com o outro. E, caso tenha muitos relacionamentos, será desonesto e mentirá continuamente. Terá que mentir, deixará de ser sincero, terá que dizer coisas que não quer dizer, e todos vão suspeitar. É muito difícil gerar confiança em uma mulher quando o homem tem algum outro relacionamento. É fácil enganar um homem, porque ele vive do intelecto. Por outro lado, é muito difícil, praticamente impossível, enganar uma mulher, pois ela vive de forma intuitiva. O homem não vai ser capaz de olhar diretamente nos olhos da mulher, vai ter medo de que ela comece a ler sua alma; devida a tantas mentiras que ele esconde, tanta desonestidade.

Portanto, o homem que tem muitos relacionamentos ao mesmo tempo não vai ser capaz de mergulhar fundo na psique da mulher. E essa é a única coisa que é necessária: conhecer a própria parte interna feminina. O relacionamento se torna um espelho. A mulher começa a olhar para dentro do homem e começa a encontrar a própria parte masculina, enquanto o homem olha para dentro da mulher e começa a descobrir a própria feminilidade. E quanto mais o homem se torna consciente de sua parte feminina – o outro pólo – mais completo pode vir a ser, além de mais integrado em sua totalidade. Quando a parte masculina e a parte feminina, ambas internas do homem, desaparecerem entre si, dissolverem-se entre si, ou seja, quando não estiverem mais separadas, quando se tornarem um todo integrado, o homem terá se tornado um indivíduo. Carl Gustav Jung chama a isso de processo de individuação. Ele tem razão, escolheu a palavra certa para isso. E o mesmo acontece com a mulher. Porém, relacionar-se com muitas pessoas vai manter o homem superficial, entretido, ocupado, mas não obterá o devido crescimento. E a única coisa que importa, em última análise, é o crescimento, o crescimento da integração, a individualidade, o crescimento de um centro em si mesmo. Além disso, esse crescimento precisa que a pessoa conheça sua outra parte. A abordagem mais fácil para o homem é primeiro conhecer a mulher em sua parte exterior, para que depois possa conhecer a mulher em seu interior.

Assim como um espelho. O espelho reflete o rosto, mostra ao homem seu rosto, e a mulher se torna seu espelho e o homem se torna seu espelho. O outro reflete o seu rosto, mas se o homem tem muitos espelhos ao redor e corre de um espelho para outro, e esconde cada um dos espelhos do outro, ele vai criar um caos e enlouquecer.

O homem se apaixona por uma mulher porque ela é nova: a fisiologia, as proporções do corpo, o rosto, os olhos, as sobrancelhas, a cor do cabelo, o jeito como anda, o modo como ela se vira, a maneira como ela diz olá, a forma como olha. Tudo é novo, o território como um todo é desconhecido: e o homem gostaria de investigar esse território. É convidativo, é muito convidativo, ele foi pego e ficou hipnotizado. E quando começa a se aproximar, ela começa a fugir, faz parte do jogo. Quanto mais ela foge, mais se torna encantadora. Se ela simplesmente disser: "Sim estou pronta", metade do entusiasmo desaparece naquele exato momento. Na verdade, o homem vai começar a pensar em como fugir. Então, ela dá ao homem a oportunidade de persegui-la. Em nenhuma outra situação as pessoas nunca ficam tão felizes quanto em um cortejo, muito felizes porque é uma perseguição. O homem é, basicamente, um caçador, por isso, quando a mulher é perseguida, o fato de ela fugir, tentar se esconder aqui e ali, evitá-lo, dizer não, faz com que o homem fique cada vez mais entusiasmado. O desafio se torna intenso, a mulher tem que ser conquistada. Agora ele está pronto para morrer por ela, ou fazer qualquer coisa que seja necessário, mas a mulher tem que ser conquistada. E ele precisa provar que não é um homem comum.

Entretanto, uma vez casados... Todo o interesse estava na perseguição, todo o interesse estava no desconhecido, todo o interesse se baseava no fato de que a mulher era, aparentemente, inconquistável. Porém, agora ela foi conquistada. E como é possível manter aquele antigo interesse? No máximo, pode-se fingir, mas é impossível o antigo interesse permanecer. A relação começa a esfriar. O casal começa a ficar entediado um com o outro, porque agora há outras mulheres, que são novos territórios de novo: elas atraem, provocam, atiçam.

O mesmo acontece com os pensamentos: as pessoas ficam encantadas com um tipo de pensamento, mas no momento em que se familiarizam com esse pensamento a lua de mel termina, o amor acaba. Passam a querer ter interesse por outra coisa, algo novo que provoque emoção novamente, um estímulo.

Dessa forma, vai-se de uma mulher para outra, de um homem para outro. Esse tipo de busca nunca vai permitir que o homem tenha tempo suficiente para criar confiança.

# PARTE 3

*Eu sou inútil;*
*Posso apenas cantar,*
*E minhas músicas não têm finalidade.*

RABINDRANATH TAGORE

# O Político

"Sou um político revolucionário radical. Você tem alguma coisa para me dizer?"

Esse homem já foi longe demais, não vai ouvir. O simples fato de ser político é o suficiente. Mas, além disso, ele é um político revolucionário radical, o que significa que o câncer dobrou, triplicou! Será que a política por si só não é suficiente? Ainda tem que ser radical, revolucionário? Mas sempre é possível encontrar belas palavras para encobrir realidades desagradáveis.

Nenhum político pode ser revolucionário, porque a única revolução é espiritual. Da mesma forma que nenhum político pode ser radical, a própria palavra *radical* diz respeito a raízes. O político apenas poda as folhas, ele não tem nada a ver com as raízes. Somente o estado de felicidade suprema leva o ser humano às raízes, somente a meditação leva o ser humano às raízes dos problemas.

A política sempre existiu, os políticos sempre existiram. Mas o que será que aconteceu? O mundo continua o mesmo, as desculpas sempre dão voltas! Na verdade, o sofrimento continua se multiplicando a cada dia. Todos esses revolucionários e políticos radicais apenas provaram que são maliciosos, com boas intenções, é claro, mas intenções não contam nada. O que conta é a consciência. O político não tem consciência. Na verdade, ele está tentando evitar os próprios problemas interiores, está tentando escapar dos próprios problemas. E o modo mais fácil de escapar de si mesmo é se tornar preocupado com os problemas do mundo relacionados à economia, política, história, serviço aos pobres, transformação das condições da sociedade, reforma. Todas são estratégias para escapar dos próprios problemas, estratégias de caráter sutil, perigosas, porque ele sente que está fazendo algo grande, enquanto está simplesmente sendo covarde. Primeiro deve enfrentar os próprios problemas, encontrá-los. Deve tentar transformar *seu* ser. Somente uma pessoa transformada pode desencadear processos de transformação em outros.

A pergunta feita a mim foi a seguinte: "Você tem alguma coisa para me dizer?" Lembre-se de duas coisas. Primeiro, as três regras para a ruína. Há três maneiras de ser arruinado neste mundo: a primeira, pelo sexo; a segunda, pelo jogo; e a terceira, pela política. O sexo é o mais divertido, o jogo é o mais emocionante e a política é a mais segura. Segundo, lembre-se também da lei fundamental de todas as revoluções: quando a revolução chegar, as coisas serão diferentes, não melhores, apenas diferentes.

Os políticos têm conduzido o mundo inteiro durante séculos. Para onde? Para quê? Não é tempo suficiente para que se pudesse perceber a total estupidez do jogo? Pelo menos as pessoas estão completamente cientes dos 5 mil anos de política. Antes disso, a questão deve ter sido a mesma, mas o que foi que aconteceu após 5 mil anos de jogos políticos? O homem permanece na mesma escuridão, no mesmo sofrimento, no mesmo inferno. Sim, a política continua lhe dando esperança, uma esperança por um amanhã melhor, que nunca chega. Os amanhãs nunca chegam.

É o ópio do povo. Karl Marx dizia que a religião é o ópio do povo. É verdade, 99,9% é verdade, enquanto apenas 0,1% não é. Um Buda, um Jesus, um Lao Tzu, um Zaratustra, apenas essas poucas pessoas podem ser consideradas como pertencentes ao 0,1%, enquanto que Karl Marx está 99,9% correto em afirmar que a religião tem se mostrado o ópio do povo. A religião mantinha as pessoas em um estado drogado, praticamente em um estado tão sonolento que podiam suportar uma existência intolerável, que podiam admitir todas as espécies de escravidão, fome, na esperança de um amanhã melhor. As religiões costumavam prometer esse amanhã melhor no outro mundo, após a morte.

As pessoas vêm até mim e me perguntam: "O que vai acontecer após a morte?" Em vez de lhes responder, eu lhes faço outra pergunta: "Esqueça tudo sobre a pós-morte. Deixe-me perguntar uma coisa: o que está acontecendo *antes* da morte?"... pois tudo o que está acontecendo antes da morte vai continuar a acontecer depois da morte. É um processo contínuo: a sua consciência vai ser a mesma, antes e depois não vai fazer qualquer diferença. O corpo pode não ser o mesmo, o recipiente pode mudar, mas o conteúdo permanecerá o mesmo. Qualquer coisa que aconteça, está acontecendo com o conteúdo, não com o recipiente.

Primeiro, a religião estava dando ópio para o povo, "o amanhã", "o pós-morte". Milhões de pessoas permaneciam naquele estado drogado, sob o efeito daquele clorofórmio, o clorofórmio religioso. Agora a política está fazendo o mesmo. Mesmo o comunismo revelou ser nada mais do que um novo ópio para as massas; o comunismo é um novo tipo de religião. A estraté-

gia é a mesma: "Amanhã virá a revolução, e tudo vai ficar bem."
O homem tem que sacrificar o dia de hoje pelo amanhã, e o
amanhã nunca vem.

Oitenta anos se passaram desde a Revolução Russa, e o
amanhã ainda está tão longe quanto antes. Cinquenta anos se
passaram da revolução indiana, a revolução de Gandhi, e o
amanhã permanece tão longe quanto antes, na verdade até
mais distante do que antes. As pessoas que se sacrificaram, sa-
crificaram-se em vão. Teria sido melhor se tivessem vivido. As
pessoas que foram mortas, foram realmente cometer suicídio,
na esperança de que estavam prestando um grande serviço à
humanidade. Não crie mais loucura no mundo, pois ele já está
bastante cheio de loucura.

Um colega meu trabalhou certa vez em um hospital para
doentes mentais. Enquanto fazia as rondas, testava os pacientes, perguntando-lhes: "Por que está aqui?" A resposta geralmente revelava o grau de orientação da realidade do paciente.

Certa manhã, o psicólogo recebeu uma resposta que o ba-
lançou.

– Estou aqui pela mesma razão que você, doutor. Não poderia ser bem-sucedido no mundo lá fora.

Os pacientes e os médicos, as pessoas e os políticos estão
todos no mesmo barco. São todos ayatollah Khomaniacs! Todos os tipos de maníacos estão soltos no mundo. Se o rapaz da
questão acima abandonar sua política revolucionária radical,
haverá pelo menos um Khomaniac a menos, e isso será uma
grande bênção.

# O Padre

Um diabo jovem vem correndo até seu chefe. Está tremendo e diz ao diabo velho:

— Algo tem que ser feito imediatamente, porque na Terra um homem encontrou a verdade! E depois que o povo souber a verdade, o que vai acontecer com a nossa profissão?

O diabo velho riu e então disse:

— Sente-se, descanse e não se preocupe. Está tudo providenciado. Nosso pessoal já chegou lá.

— Mas — disse ele — eu *vim* de lá. E não vi um único diabo lá.

O velho argumentou:

— Os *padres* fazem parte do meu povo! Já cercaram o homem que encontrou a verdade. Agora eles vão se tornar mediadores entre o homem da verdade e as massas. Vão levantar templos, vão escrever escrituras, vão interpretar e distorcer tudo. Vão pedir às pessoas para adorar e orar. E em todo esse burburinho a verdade vai ser perdida! Este é o meu método antigo, e que sempre fez sucesso.

Os padres que representam a religião não são amigos desta. São os maiores inimigos da religião, porque a religião não precisa de mediadores, uma vez que entre o homem e a existência há uma relação imediata. Tudo o que se deve aprender é como compreender a linguagem da existência. As linguagens do homem são conhecidas, mas não são as linguagens da existência. A existência conhece apenas uma linguagem, que é a do silêncio. Aquele que também puder ficar em silêncio será capaz de compreender a verdade, o sentido da vida, o significado de tudo o que existe. E não há ninguém que possa interpretar isso para as pessoas. Todos têm que encontrar a verdade por si mesmos, ninguém pode fazer o serviço por eles. No entanto, é isso que os padres vêm fazendo há séculos. Mantêm-se de pé, como a Muralha da China, entre o homem e a existência. Há apenas alguns dias o Vaticano, na pessoa do papa, informou a todos os católicos: "Tenho sido informado, repetidas vezes, que muitos católicos estão se confessando a Deus *diretamente*. Não estão se dirigindo ao confessionário, ao padre. Declaro a confissão diretamente a Deus como um pecado. Vocês têm que se confessar com o padre, não podem se relacionar com Deus *diretamente*." Não deu qualquer razão para tal, porque não há razão alguma, exceto o fato de o padre ter que manter sua profissão e de ele próprio ser um sumo sacerdote. Se as pessoas começam a se aproximar da realidade sem que ninguém as lidere, sem que ninguém lhes diga o que é bom e mau, sem que ninguém lhes dê um mapa que tenham que seguir, milhões de pessoas serão capazes de compreender a existência, pois o batimento cardíaco do ser humano também é o batimento cardíaco do universo, a vida do ser humano faz parte da vida do universo. O homem não é um estranho nem vem de algum outro lugar, o homem cresce dentro da existência. Ele é parte da existência, parte essencial da existência. Precisa apenas permanecer em silêncio, o suficiente para que possa ouvir aquilo que não pode ser dito em palavras: a canção da existência, a imensa alegria da existência, a constante celebração da existência. Depois que isso começa a penetrar em seu coração, vem a transformação. Essa é a única maneira de alguém se tornar religioso, não é frequentando igrejas, que são feitas pelo homem, não é pela leitura das escrituras, que também são feitas pelo homem. Porém, os padres fingem que suas escrituras sagradas são escritas por Deus. A própria ideia é simplesmente idiota! Basta examinar essas escrituras: não se encontra nenhuma assinatura de Deus. Encontra-se coisas que não haveria razão para Deus escrever. Os hindus creem nos Vedas e acreditam que foram escritas pelo próprio Deus. Os Vedas são os livros mais antigos da existência, mas nenhum hindu se dá o trabalho de analisá-los. Se Deus os escreveu, há de ser algo extremamente valioso, mas 98% dos Vedas são apenas lixo, e é tão lixo que prova que não são escritos por Deus. Por exemplo, uma oração realizada por um padre... por que Deus haveria de escrevê-la? E a oração consiste em suas vacas que não estão dando leite suficiente: "Tenha piedade de mim, aumente o leite das minhas vacas." E não é só isso, aqui continua: "*Reduza* o leite das vacas de todos os outros!" Deus vai escrever isso? "Mate meus inimigos e ajude meus amigos." E até mesmo essas coisas estúpidas como: "As chuvas estão chegando, cuide para que toda a água alcance os meus campos e evite o campo da vizinhança, porque pertence ao meu inimigo. Apenas regue sua água no *meu* campo." Por que Deus deveria escrever essas coisas? Todas as escrituras dão evidências intrínsecas de que são escritas pelos homens, e homens muito estúpidos, homens primitivos. As chamadas escrituras sagradas não são nem mesmo consideradas como boa literatura, uma vez que são infantis, brutas, feias, porém, em função de estarem escritas em línguas mortas... E algumas estão em línguas que nunca estiveram em uso por pessoas comuns, como, por exemplo, os Vedas. Essa língua nunca foi usada pelas pessoas comuns, era a língua dos brâmanes, a língua dos sacerdotes. E estes foram muito relutantes à tradução, porque sabiam que, depois que fossem traduzidos, os Vedas perderiam toda a santidade. As pessoas vão ver que esse absurdo não é sequer profano, que dirá sagrado!

Tanta obscenidade, tanta pornografia é o que se encontra nas escrituras sagradas de todas as religiões. Entretanto, estão escritas em sânscrito, que não é usado por pessoas comuns; em árabe, que não é usado por pessoas comuns; em hebraico, que não é usado por pessoas comuns; em pali, em prakrit... Essas línguas estão mortas! E todas as religiões relutam em ter suas escrituras sagradas editadas em línguas modernas, que as pessoas entendam. No entanto, apesar da relutância, as escrituras sagradas *têm* sido traduzidas. Primeiro, eram contra a impressão das escrituras, depois, ficaram contra sua tradução. A única razão era que sabiam que, depois que fossem impressas, as escrituras seriam vendidas no mundo inteiro, qualquer pessoa poderia comprá-las. E se forem traduzidas para línguas vivas, então, quanto tempo é possível esconder a verdade? E como vai se provar que foram escritas por Deus? As escrituras são feitas pelo homem, as estátuas de Deus são feitas pelo homem, os templos e as igrejas são feitos pelo homem, mas milhares de anos de condicionamento deram a esses feitos um certo caráter sagrado, uma certa santidade. E não há nada de sagrado neles, nada de santo neles.

Os padres, mais do que ninguém, têm enganado o homem. Esta é a pior profissão do mundo, pior até do que a profissão das prostitutas. Pelo menos a prostituta dá às pessoas algo em troca, enquanto que o padre lhes dá apenas ar quente, o padre não tem nada para oferecer. E isso não é tudo: sempre que alguém percebeu a verdade, esses padres ficaram contra ele. É óbvio que têm que ficar contra, afinal, se a verdade for reconhecida pelas pessoas, milhões de padres no mundo vão ficar desempregados.

E seu emprego é completamente improdutivo. Eles são parasitas, se mantêm sugando o sangue do homem. A partir do momento em que a criança nasce, até que entre no túmulo, o padre está sempre encontrando maneiras de explorá-la.

A menos que a religião seja libertada das mãos dos padres, o mundo permanecerá apenas com uma pseudorreligião, que não vai nunca se tornar uma religião. E um mundo religioso não pode ser assim tão sofrido, o mundo religioso deve ser uma constante celebração.

Um homem religioso não é nada além de puro êxtase. Seu coração é cheio de canções. Seu ser, por inteiro, está pronto para dançar a qualquer momento. Mas o padre levou embora a busca pela verdade, dizendo que não há necessidade de busca, que a verdade já foi encontrada, e que o homem tem apenas que ter fé. O padre faz as pessoas sofrerem, porque condena todos os prazeres do mundo. Condena os prazeres do mundo para que ele possa louvar os prazeres do outro mundo. O outro mundo é a sua obra de ficção. E quer que a humanidade sacrifique sua realidade em prol de uma ideia fictícia, e as pessoas a sacrificam.

# O Cientista

"Ouvi você dizer há algum tempo que a ciência é da cabeça e a religião é do coração. Entendo que essas qualidades, embora fiquem cada uma em um extremo, são mutuamente dependentes. Uma não pode existir sem a outra, assim como o homem não pode existir sem a cabeça e o coração. Será, então, que a comunidade científica mundial não traria consigo, como um subproduto necessário, uma comunidade religiosa mundial? Será que a visão de uma ciência mundial e de uma religião mundial não está sintetizada em sua visão do Novo Homem?"

O homem não é apenas cabeça e coração. Há algo mais do que isso nele, que é o próprio ser. Portanto, é preciso compreender três coisas: a cabeça, o coração e o ser. Afirmei que a religião é do coração porque a religião é a ponte entre a cabeça e o ser. A cabeça não pode pular para o ser diretamente, a menos que passe pelo coração.

A ciência está confinada à cabeça, à razão, à lógica. O coração está confinado a sentimentos, emoções, sensibilidades. Mas o ser está além de ambos. É puro silêncio, ausência de pensamento, ausência de sentimento. E apenas o homem que conhece seu ser é religioso de forma autêntica. O coração é apenas uma escala.

O homem citado tem que entender minha dificuldade em responder sua questão. Isso porque esse homem está na cabeça. Não se pode falar sobre o ser porque a cabeça não vai ser capaz de se comunicar com o ser. Para a cabeça, o ser não existe, e é por isso que os cientistas continuam a negar a alma. Portanto, é preciso falar sobre o coração, que está no meio do caminho.

É possível que a cabeça entenda um pouco do coração, porque mesmo o maior cientista se apaixona. Sua cabeça não pode conceber o que está acontecendo. Apaixonar-se? Não consegue prová-lo de forma racional, não consegue encontrar o porquê de isso acontecer com um homem em particular, ou com uma mulher em particular, qual a química que está por trás disso, qual a física que está por trás disso, parece ser algo que veio do nada. Mas também não consegue negá-lo, pois está lá, e está tomando posse de sua vida como um todo. É por isso que digo que a religião é do coração. Trata-se apenas de uma declaração temporária. Depois de persuadi-lo a se deslocar do pensar para o sentir, será possível então aprender que a religião é do ser. A religião não é pensamento nem sentimento, e não é lógica nem emoção. É apenas puro silêncio: por um sentido, é totalmente vazio, pois não há sentimento nem pensamento; por outro sentido, transborda de felicidade suprema e bênção. A meditação é o caminho da cabeça para o coração, e do coração para o ser.

Seria interessante que todos os cientistas ouvissem o coração. Isso mudaria o próprio caráter da ciência. Não estaria a serviço da morte, não criaria cada vez mais armas destrutivas. Estaria a serviço da vida. Criaria rosas melhores, rosas mais perfumadas, e plantas melhores, animais, seres humanos melhores. Mas o objetivo final é se deslocar do sentimento para o ser

E se um cientista é capaz de usar a cabeça, desde que diga respeito ao mundo objetivo, de usar o coração, desde que diga respeito ao mundo interpessoal, e de usar seu ser ao considerar a existência em si, daí, então, ele é um homem perfeito.

A minha visão do novo homem é a de um homem perfeito: perfeito no sentido de que todas as suas três dimensões estejam em funcionamento, sem uma contradizer às outras, mas, ao contrário, complementando-se entre si. O homem perfeito vai criar um mundo perfeito. O homem perfeito vai criar um mundo de cientistas, um mundo de poetas, um mundo de praticantes de meditação.

A minha abordagem é que esses três centros devem funcionar em cada pessoa, visto que mesmo um único indivíduo é um mundo em si mesmo. E esses centros estão no indivíduo, não na sociedade, daí o foco no indivíduo. Se eu puder mudar o indivíduo, mais cedo ou mais tarde o mundo vai acompanhá-lo. *Terá* que acompanhá-lo, para poder ver a beleza do novo homem.

O novo homem não é apenas inteligente em aritmética, pode também apreciar e compor música. Pode dançar, pode tocar violão, o que é um tremendo relaxamento para a cabeça, porque esta deixa de funcionar. E o novo homem não é apenas do coração, embora existam momentos em que ele se abandona ainda mais profundamente e simplesmente se mantém no coração. Essa fonte do ser é o próprio centro da vida do indivíduo. Tocá-lo, estar lá, é ser rejuvenescido. Todas as energias do coração e da cabeça serão bastante multiplicadas, uma vez que o indivíduo estará adquirindo energia mais nova a cada dia, a cada momento. Ora, até mesmo um grande cientista como Albert Einstein usa apenas 15% de seu potencial. O que dizer então das pessoas comuns? Nunca vão além de 5% a 7%. Caso os três centros estejam funcionando em conjunto, o homem será capaz de funcionar 100%. É possível realmente criar um paraíso aqui, nesta Terra. Está nas mãos do ser humano. Basta um pouco de esforço, um pouco de coragem e nada mais.

O mundo tem que ser científico para todas as tecnologias, para todos os confortos. O mundo tem que ser poético, caso contrário, o homem ser torna apenas um robô. A cabeça é um computador. Sem poesia, e música, dança e canção, o que a cabeça faz pode ser feito por um computador de forma muito mais eficiente e mais infalível. Os papas costumam declarar que são infalíveis. Não são. Porém, se quiserem ser infalíveis, seus cérebros podem ser substituídos por um computador, daí, então, serão infalíveis.

O coração é uma dimensão totalmente diferente, por meio dele se experimenta e se expressa a beleza, o amor. Mas isso não é tudo. A menos que alcance o próprio centro, o indivíduo vai permanecer desgostoso. E um homem desgostoso é perigoso, porque vai fazer qualquer coisa para se livrar de seu descontentamento.

A pessoa que conhece a si mesma e o seu centro é a mais rica. Na verdade, é onde está o reino de Deus. No reino de cada indivíduo, é o indivíduo que é o Deus. No fundo, ao estar centrado em seu ser, o indivíduo torna-se um imperador.

# O Empresário

"**S**ou um empresário. Posso também ser um meditante?"

É preciso fazer alguma coisa na vida. Alguém é carpinteiro, alguém é rei, alguém é empresário e alguém é soldado. São meios de subsistência, são meios para obtenção de pão, manteiga e abrigo. Profissões não podem mudar seu ser interior. Ser soldado ou empresário não faz qualquer diferença: cada um escolhe seu meio de ganhar sustento. A meditação é vida, não subsistência.

Não tem nada a ver com o que a pessoa *faz*, tem tudo a ver com o que a pessoa *é*. Sim, o negócio não deve entrar em seu ser, é verdade. Se o seu ser também se tornou um negócio, então é difícil meditar e impossível ser um *perscrutador*... pois, nesse caso, você se tornou excessivamente calculista. E uma pessoa calculista é uma pessoa covarde: pensa demais e não pode dar qualquer salto.

A meditação é um salto: da cabeça para o coração e, finalmente, do coração para o ser. A pessoa vai prosseguir cada vez mais fundo, onde os cálculos terão que ser deixados para trás, e onde toda a lógica se torna irrelevante. Não se pode levar a astúcia para lá. Na verdade, a astúcia não é a verdadeira inteligência também, e sim a substituta pobre para a inteligência. As pessoas que não são inteligentes aprendem como ser astutas. As pessoas que são inteligentes não precisam ser astutas, geralmente são inocentes, e não precisam ser ardilosas. Elas atuam acima do estado do não saber. Se o indivíduo é um empresário, tudo bem. Até Jesus pôde se tornar um meditante e um perscrutador e, por fim, um cristo, um buda. E olha que ele foi filho de um carpinteiro, ajudava o pai, trazia madeira, cortava madeira. Se um filho de carpinteiro pôde se tornar um buda, por que não qualquer outra pessoa? Kabir era um tecelão. Ele continuou seu trabalho a vida toda e, mesmo depois de atingir a felicidade suprema, ainda estava tecendo. Adorava seu trabalho! Muitas vezes seus discípulos lhe pediam e imploravam com lágrimas nos olhos:

– Você não precisa mais trabalhar, estamos aqui para cuidar de você! Tantos discípulos, por que continuar tecendo, dada sua idade avançada?

– Mas vocês sabem para quem estou tecendo? Para Deus! É porque todo mundo virou um deus para mim. É meu modo de orar – diria Kabir.

Se Kabir pôde se tornar um buda e ainda continuar a ser um tecelão, por que outras pessoas não poderiam?

Mas o negócio não deve entrar em seu ser. O negócio deve ser apenas uma coisa externa, apenas um dos meios de subsistência. Quando fecha a loja, o indivíduo deve esquecer tudo sobre seu negócio. Quando vai para casa, não deve carregar a loja em sua cabeça. Quando você está em casa com sua esposa, com seus filhos, não seja um homem de negócios. É desagradável: isso significa que o seu ser está tomando as cores de seu fazer. O fazer é uma coisa superficial. O ser deve permanecer transcendental para o seu fazer, e o indivíduo deve sempre ser capaz de colocar o seu fazer de lado e entrar no mundo de seu ser. É disso que trata a meditação...

Portanto, continue a ser um empresário, mas, por algumas horas, esqueça tudo sobre isso. Não que o indivíduo deva escapar de sua vida comum. É preciso conhecer os caminhos e os meios, a alquimia, para transformar o comum em extraordinário.

O indivíduo pode ser um empresário em sua loja, mas não deve ser um empresário em casa. E, às vezes, por algumas horas, precisa esquecer até mesmo a casa, a família, a esposa, as crianças. Por algumas horas, deve ficar sozinho consigo mesmo. Afundar cada vez mais fundo no próprio ser. Divertir-se, amar-se e, lentamente, vai ter consciência de que está brotando uma grande alegria, sem causa no mundo exterior, sem causa na parte externa. É o seu próprio sabor, é o seu próprio florescimento. Isso é meditação.

"Sentar-se em silêncio, sem fazer nada, a primavera vem e a grama cresce por si."

Sente-se em silêncio, sem fazer nada, e espere pela primavera. Ela vem, ela sempre vem, e quando chegar, a grama vai crescer por si. Você será capaz de sentir uma grande alegria, que surge dentro de si sem motivo algum. Então, deve compartilhá-la e, em seguida, dá-la às pessoas! Consequentemente, sua caridade será interior. E, assim, a alegria não vai apenas ser um meio de alcançar um objetivo, mas também vai ter um valor intrínseco.

O *sannyas* nada mais é do que viver no mundo comum sem que você seja possuído por este, permanecendo transcendental, permanecendo no mundo e ainda um pouco acima dele. Isso é *sannyas*. Não é o antigo *sannyas,* em que o homem tem que deixar a esposa, os filhos, o próprio negócio e ir para o Himalaia. Esse tipo de coisa nunca deu certo. Muitos foram para o Himalaia, mas carregaram junto suas mentes estúpidas. O Himalaia nunca foi de nenhuma ajuda para os homens, pelo contrário, eles destruíram a beleza do Himalaia, só isso. Como pode o Himalaia ajudar seja quem for? Pode-se deixar o mundo, mas não se pode deixar a mente. Ela vai junto com o indivíduo, pois está dentro dele. E, onde quer que ele vá, sua própria mente vai criar o mesmo tipo de mundo ao seu redor. O homem pode deixar o mundo, mas vai ser o mesmo. Vai novamente reproduzi-lo, porque carrega o *blueprint*, o projeto do mundo, em sua mente. Não é uma questão de abandonar a realidade, e sim de mudar a mente, de renunciar à mente. Isso é meditação.

# O Americano

"A seita esotérica conhecida como os Bauls celebrava todos os aspectos da vida, incluindo o corpo. Nós, americanos, cuidamos do corpo com alimento saudável, exercícios aeróbicos, massagem etc. Apesar da semelhança na abordagem, não acho que nossa compreensão em relação ao corpo seja a mesma que a dos Bauls. O que você acha?"

Há muita diferença, e a diferença não é só quantitativa, é qualitativa também. O mundo moderno, a mente moderna, conhece apenas o templo vazio. Esquece completamente aquele que é consagrado em seu interior. Assim, continuam a adorar o templo, mas o Deus está esquecido. Como não conhece sobre o centro da vida, o indivíduo continua na periferia, e desfruta dela.

O americano preza o corpo como o corpo, o Baul cultua o corpo como o santuário de Deus. O corpo em si não é nada. É luminoso por causa de algo que está além do corpo. A glória do corpo não está no corpo em si, que é um hospedeiro, na verdade a glória é por causa do convidado. Se o convidado for esquecido, então, é mera complacência. Por outro lado, lembrar-se do convidado e, consequentemente, amar o corpo e celebrar o corpo faz parte do culto. O culto do americano ao corpo não tem significado. É por isso que as pessoas vão atrás de alimentação saudável, massagem e, de mil e uma maneiras, tentam de alguma forma criar sentido em suas vidas. Mas basta olhar em seus olhos para perceber o grande vazio que existe. Pode-se ver que se perderam. A fragrância não está lá, a flor não floresceu. No fundo eles estão apenas solitários, perdidos, sem saber o que fazer. Continuam a fazer muitas coisas para o corpo, mas está faltando o alvo.

Eis uma anedota para exemplificar: Rosenfeld entrou em casa sorrindo.

– Você nunca vai adivinhar a barganha que acabei de fazer – disse ele para a esposa. – Comprei quatro pneus de poliéster para veículos pesados, com cinta de aço, radial amplo, com faixas brancas, na promoção ainda!

– Você está louco? – disse a Sra. Rosenfeld. – Comprou pneus para quê? Você nem tem carro.

– Bom – disse Rosenfeld –, você compra sutiãs, não compra?

Se está faltando o centro, então a pessoa pode continuar a decorar a periferia. Pode enganar os outros, mas não pode satisfazer a si mesma. Pode até se enganar, porque mesmo a própria mentira, repetida muitas vezes, começa a parecer verdade. No entanto, não pode se satisfazer, não pode proporcionar contentamento. O americano tenta aproveitar a vida, mas parece não haver nenhuma alegria. O Baul não tenta, de jeito nenhum, aproveitar a vida. Não há nenhum esforço nesse sentido, o Baul simplesmente aprecia a vida. E não tem nada para desfrutar, pois, embora seja apenas um mendigo na rua, ele tem algo do interior, algum brilho do desconhecido que o cerca. Suas canções não são apenas canções, e sim algo que vem do além que desce neles. Quando dança, não é apenas o corpo que se movimenta, mas alguma coisa mais profunda também se movimenta. Ele não *tenta* desfrutar.

É bom lembrar que, sempre que tentar desfrutar, vai perder. Quando estiver tentando alcançar a felicidade, vai perder. O próprio esforço para alcançar a felicidade é absurdo, porque a felicidade está *aqui*, não se pode alcançá-la. Nada deve ser feito em relação a isso. É preciso apenas permiti-la. Está acontecendo, está ao redor de todos, dentro, fora, a felicidade está por aí. Nada mais é real. Observe, olhe profundamente para o mundo, as árvores, os pássaros, as pedras, os rios, as estrelas, a lua e o sol, as pessoas, os animais. Olhe profundamente: a existência é composta pelo material da felicidade, da alegria. É feita da felicidade suprema. Não há nada a ser feito em relação a isso. A própria tentativa de querer alcançar a felicidade pode ser a barreira. A pessoa precisa relaxar para que a felicidade a satisfaça, a pessoa precisa relaxar para que a felicidade transborde dela. O Baul está em relaxamento, o americano, em tensão. A tensão surge quando se está perseguindo algo, enquanto o relaxamento surge quando a pessoa permite algo. É por isso que digo que existe uma grande diferença, e que ela é qualitativa. Nada tem a ver com quantidade, não é que os Bauls têm mais do que os americanos, ou que os americanos têm menos do que os Bauls. Não, os americanos não têm nada da felicidade que os Bauls têm e, por outro lado, o que os americanos têm – o sofrimento, a tensão, a angústia, a neurose –, os Bauls não têm. Eles existem em uma dimensão totalmente diferente. A dimensão do Baul é o aqui e agora, e a do americano é em outro lugar – no lá e depois, mas nunca no aqui e agora. O americano está perseguindo, perseguindo arduamente, tentando espremer a vida. Nada dá certo porque esse não é o caminho. Não se pode espremer a vida, é preciso render-se a ela. Impossível conquistar a vida. É preciso ser muito corajoso como se fosse ser derrotado pela vida. A derrota é a vitória, e o esforço para ser vitorioso vai se revelar nada mais do que o fracasso final e absoluto do indivíduo. A vida não pode ser conquistada, porque a parte não pode conquistar o todo. É como se uma pequena gota de água estivesse tentando conquistar o oceano. Sim, uma pequena gota de água pode cair no oceano e se tornar o oceano, mas não pode conquistar o oceano. Na verdade, o cair no oceano, o deslizar no oceano é o caminho para a conquista. É preciso que o indivíduo se dissolva.

Agora, deixe-me dizer uma coisa: o americano está tentando encontrar a felicidade, e é por isso que é excessivamente preocupado com o corpo. É quase uma obsessão. Vai além dos limites da preocupação, tornou-se uma obsessão: pensar constantemente sobre o corpo, fazer isso e aquilo e todos os tipos de coisas. Ele faz um esforço para ter algum contato com a felicidade através do corpo. Isso é impossível. O Baul alcançou a felicidade. Já percebeu a felicidade dentro de si. Olhou fundo dentro do corpo, não através de massagem, não através do método Rolfing (terapia corporal), não através de uma sauna. Olhou para isso através do amor e da meditação, e descobriu que a felicidade está lá, o tesouro está lá. E é por isso que o Baul venera seu corpo, é por isso que é cuidadoso em relação ao corpo... porque o corpo está carregando o divino. Devido a esse acontecimento interno, o fato de ter se tornado consciente, é que o Baul está feliz com seu corpo, cuidando dele e amando-o. Esse amor é totalmente diferente. Em segundo lugar, a mente americana é competitiva. Não que a pessoa esteja necessariamente apaixonada de verdade por seu corpo, pode ser que esteja simplesmente competindo com os outros. A pessoa tem que fazer as coisas que os outros estão fazendo. A mente americana é a mais superficial e ambiciosa que já existiu no mundo.

É uma mente mundana muito básica. É por isso que o empresário se tornou o mais alto paradigma nos Estados Unidos. Tudo mais se desvanece em segundo plano. O empresário, o homem que controla o dinheiro, é o mais alto paradigma.

O dinheiro é o reino da competição em seu extremo. Não é necessário ter cultura, basta apenas ter dinheiro. Não há necessidade de conhecer nada sobre música, nada sobre poesia. Não precisa saber nada sobre literatura antiga, história, religião, filosofia, não precisa saber. Aquele que tem uma conta bancária farta é alguém importante. É por isso que classifico a mente americana como a mais superficial que já existiu. E essa mente transformou tudo em comércio. Essa mente está em constante competição. Até mesmo se uma pessoa compra um Van Gogh ou um Picasso, não compra tendo em vista a arte, compra porque os vizinhos compraram. Se os vizinhos têm uma pintura do Picasso na sala de estar, como é que a pessoa pode deixar de ter um? A pessoa precisa ter um. Pode não saber nada sobre pintura, pode nem mesmo saber como pendurá-la, por qual lado... porque é difícil saber, quando se trata de um Picasso, se a pintura é pendurada de cabeça para baixo ou de cabeça para cima! Pode, inclusive, não saber nada sobre se é um Picasso autêntico ou não. Pode nem nunca olhar para a obra, mas porque os outros têm e falam sobre Picasso, a pessoa precisa mostrar sua cultura. Basta mostrar seu dinheiro. Portanto, tudo o que é caro se torna importante, tudo o que é caro é tido como significante.

O dinheiro e os vizinhos parecem ser o único critério para decidir tudo: carros, casas, pinturas, decoração. As pessoas têm saunas em seus banheiros, não porque amam seus corpos, não necessariamente, mas porque é uma coisa "in", ou seja, todo mundo tem. Aquele que não tem parece pobre. Se todo mundo tem uma casa nas montanhas, a pessoa tem que ter uma. Pode nem saber como desfrutar das montanhas, pode até ficar entediada lá. Ou pode levar sua TV e seu rádio para lá e assistir e ouvir o mesmo programa que estava ouvindo/assistindo em casa. Que diferença faz onde está sentado, se nas montanhas ou em seu próprio quarto? Mas para eles importa. É preciso de uma garagem para quatro carros, pois os outros têm uma. Talvez a pessoa não *precise* de quatro carros.

A mente americana está competindo constantemente com os outros. O Baul não é competitivo. É um desistente. Ele diz: "Não estou preocupado com o que os outros estão fazendo, estou apenas preocupado com o que sou. Não estou preocupado com o que os outros têm, estou apenas preocupado com o que eu tenho." Depois de perceber que a vida pode ser tremendamente feliz sem ter muitas coisas, quem é que vai se importar?

O velho Luke e sua esposa eram conhecidos como o casal mais avarento no vale. Luke morreu e poucos meses depois sua esposa estava morrendo. Ela chamou uma vizinha e disse com dificuldade:

— Ruthie, quero que me enterre com meu vestido de seda preta. Mas, antes disso, corte a parte de trás e faça um novo vestido com ele. É um bom material e odiaria desperdiçá-lo.

— Eu não poderia fazer isso! — exclamou Ruthie. — Quando você e o Luke subirem as escadas de ouro, o que os anjos vão dizer se o seu vestido não tiver a parte de trás?

— Eles não vão olhar para mim — disse ela. — Enterrei o Luke sem as calças.

A preocupação é sempre com o outro. Luke estará sem as calças, então, todo mundo vai olhar para ele. A preocupação americana é com o outro, enquanto o Baul está preocupado simplesmente consigo mesmo. O Baul é muito egoísta, ele não se preocupa com o outro nem com nada que o outro possua ou tenha feito. Não está nem um pouco preocupado com a biografia do outro. Vive nesta Terra como se estivesse sozinho, por isso tem um espaço imenso ao redor dele. Move-se nesta Terra sem se preocupar com a opinião dos outros. Vive sua vida, faz suas coisas e faz o seu ser. É claro, ele é feliz como uma criança. Sua felicidade é muito simples e inocente. Sua felicidade não é manipulada, não é fabricada. É muito simples, essencial, básica, como a de uma criança.

Já observou uma criança correr, gritar, dançar por nada absolutamente? É porque ela não tem nada. Se perguntar a ela: "Por que está tão feliz?", não vai ser capaz de dar uma resposta. Vai realmente achar que quem pergunta é louco. Será que existe alguma necessidade de se ter algum motivo para estar feliz? A criança vai simplesmente ficar chocada com a possibilidade de o "por que" ter sido levantado. Vai encolher os ombros e continuar seu caminho, e começar a cantar e dançar novamente. A criança não tem nada. Não é um primeiro-ministro ainda, não é um presidente dos Estados Unidos, não é um Rockefeller. Não possui nada, talvez algumas conchas ou algumas pedras que catou na praia, apenas isso.

A vida do Baul não termina quando a vida termina, enquanto a vida do americano termina quando a vida termina. Quando o corpo termina, o americano termina, e é por isso que o americano tem muito medo de morrer. Devido ao medo da morte, o americano continua tentando alguma maneira de prolongar sua vida, às vezes chegando a níveis absurdos. Ora, há muitos americanos que estão apenas vegetando em hospitais, em asilos para doentes mentais. Não estão vivendo, estão mortos há muito tempo. São tratados pelos médicos, medicamentos, equipamentos modernos. De alguma forma, seguem aguentando. O medo da morte é tremendo, pois, depois que o indivíduo se foi, se foi para sempre, e nada vai sobreviver. Isso porque o americano só conhece o corpo e nada mais. Aquele que conhece apenas o corpo vai ser muito pobre. Primeiro, vai sempre ter medo da morte e, ao ter medo de morrer, vai ter medo de viver. Vida e morte estão tão ligadas que aquele que tiver medo de morrer vai ter medo de viver. Se é a vida que traz a morte, então, como é que alguém que tenha medo da morte pode realmente amar a vida? O medo estará lá. É a vida que traz a morte, e não se pode vivê-la totalmente. Se sua crença reside no fato que a morte termina tudo, então sua vida será uma corrida, uma perseguição. Como a morte está para chegar, não se pode ser paciente. Daí a mania americana de velocidade: tudo tem que ser feito rápido, por causa da morte que se aproxima, portanto, é preciso tentar lidar com o máximo de coisas possíveis antes de morrer. O indivíduo deve tentar preencher a vida com o máximo de experiências possíveis antes de morrer, pois, uma vez morto, estará morto.

Isso gera uma grande falta de sentido para a vida e, é claro, angústia e ansiedade. Se não há nada que sobreviva ao corpo, então qualquer coisa que se faça não pode ser muito profunda. Qualquer ação do indivíduo é incapaz de satisfazê-lo. Se a morte é o fim, e nada sobrevive, então a vida não pode ter nenhum significado e nenhuma importância. Isso significa que a morte é um conto narrado por um idiota, cheio de fúria e tormenta, e que não significa nada. Assim, por um lado, o americano corre constantemente de um lugar para outro para de alguma forma agarrar a experiência e para de alguma forma não perdê-la. Corre o mundo inteiro, de uma cidade a outra, de um país a outro, de um hotel a outro. Corre de um guru a outro, de uma Igreja a outra, em busca, porque a morte está para chegar. Por um lado, uma constante perseguição louca e, por outro lado, uma apreensão profunda de que tudo é inútil, uma vez que a morte vai acabar com tudo. Portanto, se viveu uma vida rica ou se viveu uma vida pobre, se foi inteligente ou não, se foi um grande amante ou não, que diferença faz? Por fim vem a morte, e iguala a todos: o sábio e o insensato, os prudentes e os pecadores, os esclarecidos e os estúpidos, todos vão para baixo da terra e desaparecem. Então, qual é o sentido disso tudo? Quer seja Buda, Jesus ou Judas, que diferença isso faz? Jesus morre na cruz e Judas comete suicídio no dia seguinte, e, no entanto, ambos desaparecem na terra. Por outro lado, há um medo que uns possam perder enquanto outros possam ganhar, e, por outro lado, uma apreensão profunda de que, mesmo que o indivíduo consiga o que busca, nada se consiga. Mesmo que chegue, não terá chegado a lugar nenhum, pois a morte vem e destrói tudo. O entendimento do Baul é de que não há necessidade de ir a lugar nenhum. Mesmo que fique sentado debaixo de uma árvore, como aconteceu com Buda... O próprio Deus veio a ele. Ele não pretendia ir a lugar nenhum, estava apenas sentado sob sua árvore. Tudo vem, basta criar a capacidade. Tudo vem, basta permitir. A vida está pronta para acontecer a qualquer um. O homem cria muitas barreiras, e a maior barreira que se pode criar é a perseguição. Devido à corrida e à perseguição, sempre que a vida vem e bate à porta do indivíduo ela nunca o encontra lá. Ele está sempre em algum outro lugar. Quando a vida chega lá, o indivíduo já se mudou. Estava em Katmandu e, quando a vida chega a Katmandu, o indivíduo está em Goa. Quando está em Goa e a vida de alguma forma o alcança, o indivíduo está em Pune. E no momento em que a vida chega a Pune, o indivíduo estará na Filadélfia. Assim, o indivíduo persegue a vida e a vida persegue o indivíduo, e o encontro nunca acontece.

Basta ser... apenas ser, e espere, e seja paciente.

Determinada mente passou a existir: a mente americana. Isso é algo novo na história da humanidade. A mente americana, e é a primeira vez em toda a história do homem que tal mente passou a existir, é a mais treinada em lidar com o mundo. A sociedade americana é a primeira sociedade na história humana dominada pelo homem de negócios, daí seu sucesso. Nenhuma sociedade tinha sido dominada por empresários. Na Índia, era o estudioso, o brâmane, o professor de universidade, o perito, que dominava. Na Inglaterra, eram os aristocratas... assim como no restante da Europa. No Japão, eram os guerreiros, os samurais, que dominavam. Nunca antes, e em nenhum outro lugar, o empresário dominou. A sociedade e a cultura americana estão baseadas na mente do empresário. Na verdade dizia-se que, se um alemão tivesse que dizer para alguém "Sou um empresário", ele se sentiria um pouco esquisito. Um *empresário*? O alemão costumava se sentir muito bem se pudesse dizer que era professor universitário. Talvez pobre, mas um professor de uma grande universidade. Pode até ser muito, muito rico, mas um empresário? Então, isso não é nada... um empresário?

Agora, ser professor nos Estados Unidos não significa nada. Apenas um professor de faculdade? Pobre rapaz! Professores são aqueles que fracassaram, professores são aqueles que não conseguem ser nada mais. Nos Estados Unidos, quando uma pessoa não consegue ser outra coisa, vira professor. Por outro lado, "empresário" é uma palavra de prestígio. Aquele que é empresário, é como deveria ser. Toda a sociedade é baseada na mente do empresário, daí o sucesso. É uma sociedade muito bem-sucedida, dado que o empresário tem sucesso em qualquer tipo de empreendimento. O professor está fadado ao fracasso. Onde quer que intelectuais assumam o poder, a sociedade está condenada, visto que vão discutir, e brigar e fazer tudo, mas não vão nunca fazer nada que seja de utilidade. Vão simplesmente esquecer aquilo que é necessário. Vão discutir sobre coisas grandes, sendo que a vida consiste de pequenas coisas. O homem de negócios observa as pequenas coisas, nos mínimos detalhes, é muito pé no chão. Portanto, o próprio sucesso da mente americana é uma barreira no mundo interior. É necessária uma nova abordagem no mundo interior, que seja mais sonhadora, mais poética, mais romântica. Mas isso pode ser alterado. Deve tornar-se muito fluida. Não significa destruir essa mente. A mente é boa se o indivíduo estiver trabalhando no mundo, portanto, deixe-a lá, intacta. Quando necessário, use-a. No mercado, use-a. No mercado, tudo o que estou falando e tudo o que estou compartilhando com o leitor, é inútil, nunca use isso no mercado. Assim, é preciso ser muito fluido. Use essa mente no mercado, mas quando for a um templo interno coloque-a de lado. Use outro tipo de mente, que esteja lá também. Uma mente que não foi usada, é isso.

A coisa mais importante que aconteceu ao primeiro homem que pisou na lua foi, de repente, ter se esquecido de que era norte-americano. De repente, a Terra inteira era uma só, não havia fronteiras, visto que não há nenhum mapa sobre a Terra. O continente americano, o continente africano, o continente asiático, esse e aquele país, todos desapareceram. Não que ele tenha feito qualquer esforço para juntar campos opostos, não havia sequer uma Rússia Soviética ou uma América, a Terra como um todo era simplesmente única.

E as primeiras palavras que foram proferidas pelo americano foram: "Minha Terra amada!" Isto é transcendência. Por um momento esquecera todos os condicionamentos: "Minha Terra amada!" Agora a Terra inteira pertencia a ele. Isso é o que realmente acontece em um estado de silêncio: a existência como um todo é dele, e todos os opostos desaparecem uns nos outros, ao darem apoio e dançarem uns com os outros. Ela se torna uma orquestra.

A mente é condicionada a partir do exterior, além de poder ser governada do exterior. O indivíduo deve desenvolver o estado de não mente, para que depois possa deixar de ser governado a partir do exterior. Apenas o homem em estado de não mente é livre e independente. Ele não é nem alemão, nem indiano, nem inglês, nem norte-americano, é simplesmente livre.

Norte-americano, indiano, alemão... estes são os nomes de suas prisões, não são seus céus de liberdade. Não são céus onde é possível voar, são prisões onde se vive. Um homem livre pertence a si mesmo, a mais ninguém.

Um homem livre é simplesmente uma energia sem nome, sem forma, sem raça, sem nação. Os dias das nações e das raças são passado, e agora estão chegando os dias do indivíduo. Em um mundo melhor, não haverá alemães, indianos, hindus, cristãos. Em seu lugar, haverá puros indivíduos, perfeitamente livres, vivendo suas vidas à sua própria maneira, sem perturbar a vida de ninguém e sem permitir que ninguém perturbe as deles.

Um homem perguntou a um rabino:

– Por que Jesus não escolheu nascer nos Estados Unidos do século XX?

O rabino sacudiu os ombros e disse:

– Na América? Teria sido impossível. Para começar, onde se poderia encontrar uma virgem? E, em segundo lugar, onde seria possível encontrar três homens sábios?

O norte-americano é a pessoa mais viva na Terra nos dias de hoje. É a pessoa mais viva pela simples razão de que o "norte-americano" não é uma raça, é uma mistura de todas as raças. É um ponto de encontro de todos os países. Os Estados Unidos tornou-se o país mais rico pela simples razão de que a miscigenação traz o melhor em cada criança. As outras raças são pequenas lagoas que reproduzem entre si, é como se o homem estivesse procriando em sua própria família. Quanto menor a raça, menor o padrão de sua inteligência. É por isso que é proibido que irmãos se casem com suas irmãs. Nesses casos, a criança vai ser estúpida, não vai ter sal. Não vai ser realmente um homem, vai estar mais para uma banana ou um tomate! Não vai ter nenhuma inteligência.

A inteligência vem da miscigenação. E os Estados Unidos são o país mais afortunado nesse quesito, porque, apesar de sua história como um todo ter apenas trezentos anos, o mundo todo se encontra lá. É o futuro do mundo, é como o mundo todo vai ser. Todos os outros países devem aprender alguma coisa, e a miscigenação deve se tornar um fato normal. O indivíduo deve se casar com alguém o mais longe possível de si. No entanto, as pessoas se casam exatamente no caminho oposto. Encontram alguém na vizinhança, alguém da mesma religião, da mesma raça, da mesma cor. Isso está destruindo a humanidade.

Ora, é só perguntar a criadores de animais, eles aumentaram a qualidade de todos os tipos de animais. Basta perguntar àqueles que trabalham no aumento da qualidade de frutas e legumes. Aumentaram a qualidade de frutas e legumes após passarem a fazer cruzamentos. Entretanto, tratando-se do homem, ele ainda é muito pouco científico e muito supersticioso.

Nos Estados Unidos, todas essas superstições foram rompidas. Tiveram que ser rompidas, porque se tratava de um novo país, e o mundo inteiro convergiu para lá. Pessoas de todos os países, da Espanha, de Portugal, da Itália, da França, da Holanda, da Polônia, da Inglaterra: pessoas de todos os lugares se reuniram lá. Nasceu uma espécie de ser humano totalmente novo, que é muito mais inteligente, muito mais saudável, vive mais tempo, tem capacidades tremendas para aventuras, tem coragem. E que criou o país mais rico do mundo.

Um indiano, um inglês e um norte-americano estavam caminhando em um cemitério.

– Quando vocês morrerem, ao lado de quem gostariam de ser colocados? – perguntou o norte-americano para os amigos.

– Mahatma Gandhi – disse o indiano.

– Winston Churchill – disse o inglês.

– Bem – disse o norte-americano –, eu gostaria de estar ao lado da Raquel Welch.

– Espera um minuto – disse o indiano –, ela ainda não está morta!

– Eu sei – disse o norte-americano. – Nem eu!

Até mesmo as crianças pequenas nos Estados Unidos mostram grande discernimento e inteligência, muito mais do que em qualquer outro lugar. Jimmy decidiu que era hora de revelar uns ensinamentos ao seu filho jovem e meio excêntrico.

– Bob – disse o pai –, você está ficando um jovem adulto agora e acho que deveria levar a vida mais a sério. Apenas pense: se eu morresse repentinamente, onde você estaria?

– Eu estaria aqui – respondeu o garoto. – A questão é: onde *você* estaria?

É bom lembrar que a palavra "*phony*" (que significa "falso", em português) vem dos Estados Unidos e que é derivada da palavra "*telephone*". Quando ao telefone com alguém, já percebeu alguma mudança? A voz não é a mesma, o tom não é o mesmo e ninguém sabe se do outro lado há um outro norte-americano ou um fantasma.

Conta-se que... Um grande psicanalista estava tratando um bilionário super-rico. Embora o valor da terapia estivesse bem acima da capacidade de milhões de pessoas, para o homem super-rico não significava nada. O homem rico continuou na terapia. Um ano se passou, e ele continuava a se deitar no divã do psicanalista e a dizer todos os tipos de absurdos... coisas que enchem a cabeça de todos os indivíduos também. Assuntos que o ser humano mantém dentro de si, mas que no psicanalista precisa colocá-los para fora.

O psicanalista estava ficando entediado, mas não podia se livrar do homem super-rico, porque estava ganhando muito dinheiro com ele. Finalmente, encontrou uma solução americana para isso.

— Tenho muitos outros pacientes, e, às vezes, sua sessão leva três, quatro, cinco horas. Você tem tempo, tem dinheiro. Tenho uma sugestão humilde a lhe dar. Vou manter um gravador que vai ouvir o que você tem a dizer. Minhas quatro ou cinco horas vão ser economizadas e, à noite, quando eu tiver tempo, posso ouvir a fita – disse o psicanalista para o homem rico.

— Ótimo! – disse o homem rico.

No dia seguinte, quando o psicanalista estava entrando em seu consultório, viu o homem rico saindo. Disse então:

— Tão rápido? Terminou?

— Não, também trouxe o meu gravador. Meu gravador está falando com o seu gravador. Por que eu haveria de perder cinco horas? Quando gravadores podem fazê-lo, qual é a necessidade de eu vir todos os dias? – argumentou ele.

É assim que, pouco a pouco, o homem se torna cada vez mais mecânico. Ele fala, ele vive uma vida, mas é tudo como um robô.

Dale Carnegie, um dos filósofos mais famosos dos Estados Unidos, não é reconhecido como um filósofo em lugar nenhum fora dos Estados Unidos, mas seu livro *Como fazer amigos e influenciar pessoas* só não vendeu mais do que a Bíblia. E é cheio de porcaria! Dale sugere que todo marido, pelo menos três ou quatro vezes ao dia, deva dizer para a esposa: "Querida, eu te amo tanto que não posso viver sem você. Não posso me imaginar sem você." E não importa se a pessoa realmente quer dizer isso ou não.

Consegue perceber a falsidade? Se a pessoa está apaixonada é muito difícil dizer "Eu te amo", uma vez que as palavras são insuficientes. Agora, repeti-las três ou quatro vezes numa rotina mecânica... não significa nada, é como se fosse uma gravação. Talvez a agulha no disco esteja presa: "Querida, eu te amo." A querida também responde e, lá no fundo, ambos se *odeiam*: "Essa é a mulher que destruiu a minha liberdade. Esse é o homem que me colocou em uma prisão."

Apenas um único homem na história dos Estados Unidos tem meu respeito: Walt Whitman. Eu não considero nenhum outro norte-americano como sendo de muito valor. Mas Walt Whitman pertence aos gigantes da história do mundo.

Walt Whitman talvez seja o único homem em toda a história dos Estados Unidos que chega bem perto de ser um místico. Diferente da mente dos norte-americanos, que é muito superficial. E está fadada a ser muito superficial, porque tem apenas 300 anos. É a mente de uma criança que tem curiosidade em relação a tudo: vai questionando isso e aquilo, e antes mesmo de obter uma resposta já mudou para outra pergunta. Não tem interesse na resposta, é apenas curiosa, quer saber tudo simultaneamente. Vai de uma religião para outra, de um mestre para outro. Sai em busca de respostas nos confins do mundo, mas tudo permanece praticamente como uma moda.

Os psicólogos descobriram que nos Estados Unidos nada dura mais do que três anos. Esse é o limite normal para qualquer moda. Uma determinada pasta de dente, um determinado sabonete, um determinado xampu, um determinado condicionador de cabelo, um determinado guru, todos entram no mesmo mercado. Calcula-se que, nos Estados Unidos, cada pessoa mude de emprego a cada três anos, mude de esposa a cada três anos, mude de cidade a cada três anos. O período de três anos parece ser tempo suficiente, e quando algo novo é necessário...

Walt Whitman parece ser um caso raro nascido em solo norte-americano. Deveria ter nascido em algum lugar no Oriente, local por onde sempre teve muito interesse.

Walt Whitman é uma das pessoas que não são compreendidas nos Estados Unidos e, mesmo assim, é o único de quem os Estados Unidos pode se orgulhar.

Quanto menos civilizada e mais primitiva for uma pessoa, maior vivacidade terá. Quanto mais civilizada, mais plástica – artificial e cultivada demais – será, e acabará por perder suas raízes na terra. O ser humano tem medo do mundo lamacento. Começa a viver longe do mundo, começa a se posicionar como se não fizesse parte dele. O sistema do Tantra diz: para encontrar a pessoa real, terá que ir até as raízes.

E complementa: aqueles que ainda não são civilizados, não têm educação e não têm cultura, são mais vivos, têm mais vitalidade. E essa é a observação do psicólogo moderno também. Um afro-americano tem mais vitalidade do que um norte-americano branco, e este é o medo do homem branco. Ele tem muito medo do homem negro. O medo é que o norte-americano branco tenha se tornado muito plástico, enquanto o norte-americano negro ainda mantém a vitalidade, ainda tem o pé na terra.

O conflito entre os negros e os brancos nos Estados Unidos não é realmente um conflito entre negro e branco, e sim um conflito entre o real e o plástico. E o norte-americano branco tem muito medo, basicamente porque, se o norte-americano negro tiver chance, o norte-americano branco vai perder sua mulher. O homem negro tem mais vitalidade, sexualmente é mais vigoroso, tem mais vivacidade, e sua energia ainda é selvagem. E esse é um dos maiores medos dos homens civilizados: perder suas mulheres. Eles sabem que, se homens com mais vitalidade estiverem disponíveis, não serão capazes de manter suas mulheres.

O Tantra diz: no mundo daqueles que ainda são primitivos, há a possibilidade de começar a crescer. O homem cresceu em uma direção errada, enquanto os primitivos ainda podem escolher a direção certa, além de terem mais potencial. E como não têm nada para se desfazer, podem proceder diretamente.

"Há um propósito final para tudo, ou a vida é apenas um acidente? Pode-se dizer que a vida está evoluindo em direção a algum objetivo final?"

É muito difícil, especialmente para a mente ocidental, compreender que a vida não tem propósito. O Ocidente tem pensado em termos de propósito, enquanto o Oriente em termos de ausência de propósito. O Oriente diz que a vida não é um negócio, é um jogo, e um jogo não tem um propósito realmente, é apenas não proposital. Pode-se dizer, também, que jogar é um propósito em si, o ato de jogar é o que basta. A vida não é atingir algum objetivo, a vida em si é um objetivo. Não está evoluindo em direção a algum final, e neste exato momento, aqui e agora, a vida é definitiva.

A mente que realiza nunca terá felicidade suprema, será sempre tensa. E sempre que algo é conseguido, a mente que realiza vai se sentir frustrada, porque novos objetivos terão que ser inventados. Isso está acontecendo nos Estados Unidos. Muitos dos objetivos do século passado foram atingidos e, consequentemente, os Estados Unidos mergulharam em profunda frustração. Os objetivos dos fundadores que criaram os

Estados Unidos e a Constituição norte-americana foram quase todos atingidos. Nesse país, pela primeira vez em toda a história da humanidade, uma sociedade se tornou afluente. Quase todo mundo é rico. O homem pobre nos Estados Unidos é um homem rico na Índia.

Os objetivos foram quase alcançados. O que fazer agora? A sociedade tornou-se rica: a comida está lá, todo mundo tem um carro, rádio, geladeira, TV. O que fazer agora? Uma frustração profunda é sentida, alguns outros objetivos são necessários, e parece não haver mais nenhum. Em vez de um carro, o indivíduo pode ter dois carros, e, então, o objetivo passou a ser uma garagem para dois carros, ou pode ter duas casas, mas, nesse caso, o objetivo será alcançado em dez anos. O objetivo pode ser alcançado, seja ele qual for. E, desse modo, a mente que realiza se sente frustrada. O que fazer agora? É preciso novamente um objetivo, e o indivíduo deve inventar outro.

Portanto, o negócio norte-americano como um todo agora depende da invenção de objetivos. Dar objetivos às pessoas é o que fazem os anúncios e todo o negócio de publicidade. Criar objetivos, seduzir pessoas: "Agora *esse* é o objetivo! Você deve ter isso, senão a vida fica sem sentido!" Começam a correr, porque eles têm uma mente que realiza. Mas para onde isso leva? Leva a cada vez mais neurose.

Só uma mente que não realiza pode estar em paz. No entanto, uma mente que não realiza só é possível com a formação de um despropósito cósmico. Se toda a existência for sem propósito, então, não há necessidade de o homem ter um propósito. Assim, ele pode jogar, pode cantar e dançar, pode se divertir, pode amar e viver, e não há necessidade de criar nenhum objetivo. Aqui e agora, neste exato instante, o supremo é o momento presente. Aquele que estiver disponível poderá ter o supremo dentro de si. Mas o homem não está disponível aqui, pois sua mente está em algum lugar no futuro, em algum objetivo.

A vida não tem nenhum propósito, e essa é a beleza disso. Se houvesse algum propósito, a vida teria sido mesquinha e apenas fútil. Não se trata de um negócio, e sim de um jogo. Na Índia, dá-se o nome de *leela*. *Leela* quer dizer jogo cósmico... Como se Deus estivesse jogando. A energia que transborda, sem nenhuma finalidade, apenas para aproveitamento próprio. Apenas uma criança pequena brincando. E com que propósito? Correndo atrás das borboletas, catando pedras coloridas na praia, dançando sob o sol, correndo sob as árvores, apanhando flores. E com que propósito? Basta perguntar a uma criança. Ela vai olhar para quem lhe perguntou como se este fosse um tolo: não há *necessidade* de ter um propósito.

A mente do homem é corrompida. Universidades, faculdades, educação, sociedade, todas elas corrompem o homem. Elas fizeram disso um condicionamento bem profundo no homem, de modo que, se algo não tiver um propósito, é inútil, e, consequentemente, tudo deve ter um propósito. Uma criança brincando não tem nenhum propósito. No máximo, se pudesse explicar, a criança diria: "Porque me sinto bem. Ao correr, me sinto mais viva. Ao apanhar flores, me divirto e tenho prazer." Mas não há nenhum propósito. O próprio ato em si é bonito, prazeroso. Estar vivo é o suficiente, não há necessidade de ter propósitos. Por que pedir mais alguma coisa? O homem não pode ficar satisfeito simplesmente por estar vivo? Isso é um fenômeno! Basta o homem se imaginar sendo uma pedra. Muitos podem ter sido pedras, pois muitos ainda o são. Qualquer um deve ter sido, em algum lugar no passado, em algum momento, uma pedra. Basta o homem se imaginar sendo uma árvore. Qualquer um deve ter sido, em algum lugar, uma árvore, um pássaro, um animal, um inseto. E, depois, basta se imaginar com sendo um homem, aquele que está sempre consciente, alerta, e que se encontra no ponto máximo, no apogeu de todas as possibilidades. E, mesmo assim, ele não está contente com isso. O homem precisa de um objetivo, caso contrário, a vida é inútil. A mente humana tem sido corrompida pelos economistas, matemáticos, teólogos. Corrompem a mente, porque todos eles falam sobre objetivo. Costumam dizer: "Faça alguma coisa apenas se levar à conquista de outra coisa. Não faça nada que não leve a lugar nenhum." No entanto, sugiro que quanto mais o homem puder apreciar o que é inútil, mais feliz será. Quanto mais puder desfrutar do que não têm finalidade, mais inocente e feliz o homem será. Quando não tem a necessidade de nenhum objetivo, o homem simplesmente celebra o seu ser. Sente gratidão apenas pelo fato de existir, de respirar. É uma grande bênção poder respirar, estar alerta, consciente, vivo e cheio de energia. Não é o suficiente? É preciso de algo a ser alcançado, para que possa se sentir bem, para que possa se sentir valorizado, para que possa sentir que a vida se justifica? O que mais o homem pode conseguir além do que ele é? O que mais pode ser adicionado à sua vida? O que mais o homem pode adicionar a ela? Nada pode ser adicionado, e o esforço vai destruir o homem, o esforço para adicionar algo. Entretanto, há muitos séculos, em todo o mundo, ensina-se toda criança a ter objetivos. "Não perca seu tempo! Não desperdice sua vida!" E o que significa isso? Significa: "Transforme sua vida em um saldo bancário. Quando morrer, você deve ser rico. Esse é o propósito." Enquanto se diz aqui no Oriente "Viva ricamente", no Ocidente é dito "Morra um homem rico". E são coisas totalmente diferentes. Aquele que quiser viver ricamente deve viver aqui e agora, e nem um único momento deve ser perdido. Aquele que quiser alcançar algo vai morrer um homem rico, embora vá viver um homem pobre, tendo uma vida pobre.

Quando se olha para pessoas ricas, observa-se que suas vidas são absolutamente pobres, uma vez que as desperdiçam ao transformá-las em saldos bancários, e ao trocar suas vidas por dinheiro, por grandes casas, grandes carros. Todo o esforço dessas pessoas é voltado para uma vida que tem que ser modificada por algumas coisas. Quando morrem, pode-se contabilizar suas aquisições. Um meditante precisa de uma mente que não realiza, porém, uma mente que não realiza somente é possível se o indivíduo puder se contentar com a ausência de propósito. Basta tentar compreender o jogo cósmico como um todo e fazer parte dele. Não deve ficar sério de fato, porque um jogo nunca pode ser sério. E mesmo que o jogo exija seriedade, o indivíduo pode adotar uma postura séria mas divertida, e não realmente séria. Com isso, esse exato momento torna-se rico. Daí então, nesse exato momento, o indivíduo pode ir para o final. O final não é o futuro, é o presente, que está escondido aqui e agora. Portanto, não se deve perguntar sobre o propósito, pois não há nenhum, e é belo que não haja nenhum. Se houvesse propósito, Deus seria apenas um diretor administrativo ou um grande empresário, um industrial ou algo parecido.

Por que perder tempo pensando em termos de negócio? Por que não viver de forma mais divertida, com menos seriedade, com êxtase? Êxtase não é algo que se pode alcançar por meio de esforços, êxtase é um modo de vida. A todo momento o ser humano tem que estar em êxtase, pois as coisas simples precisam ser desfrutadas. E a vida oferece muitas oportunidades para se desfrutar. No entanto, o indivíduo vai perdê-las se for viver sob propósitos.

Aquele que não é dado a viver mediante propósitos a cada momento terá muitas oportunidades para estar em êxtase.

Uma flor, uma solitária flor no jardim... O indivíduo pode dançar se não depender de objetivos. A primeira estrela da noite... pode cantar se não depender de propósitos para viver. Um belo rosto... pode ver o divino nele se não estiver atrelado a objetivos. Tudo em torno do divino está acontecendo, o final está transbordando. Mas o indivíduo será capaz de ver apenas se for uma pessoa livre de propósitos e divertida.

Em viagem à Costa Oeste, em sua primeira visita aos Estados Unidos, um inglês dá início a uma conversa com um norte-americano.

– É o que eu digo, vocês realmente têm um país extraordinário aqui: mulheres encantadoras, grandes cidades... Mas, meu velho, se me permite ser franco, o fato é que vocês não têm *aristocracia*.

– Não tem o quê? – pergunta o norte-americano.

– Não têm aristocracia.

– O que é isso? – pergunta o norte-americano, parecendo confuso.

– Ah, sabe – responde o inglês –, as pessoas que nunca fazem nada, cujos pais nunca fizeram nada, cujos avós nunca fizeram nada e cujas famílias sempre foram pessoas que viveram no ócio.

– Ah, é! – O rosto do norte-americano se ilumina de compreensão. – Temos deles aqui, mas os chamamos de vagabundos!

Sabia que quanto mais educado se torna um país, maior o aumento do número de pessoas loucas nele? Os Estados Unidos têm o maior número de pessoas loucas hoje. É uma questão de orgulho! É a prova de que os Estados Unidos é o país mais educado e mais civilizado. Os psicólogos norte-americanos dizem que, se o mesmo sistema continuar por mais cem anos, será difícil encontrar um homem são nos Estados

Unidos. Mesmo hoje em dia a mente de três a cada quatro pessoas está em uma condição instável. Apenas nos Estados Unidos, 3 milhões de pessoas consultam psicanalistas todos os dias! Aos poucos, o número de médicos está se tornando menor e o de psicanalistas, aumentando. Os médicos também dizem que 80% das doenças do homem são doenças da mente, não do corpo. E, à medida que a compreensão aumenta, esse percentual aumenta. Primeiro, costumavam dizer 40%, depois passaram a dizer 50% e, agora, dizem que *80%* das doenças são da mente, não do corpo. E eu garanto que, daqui a 20 a 25 anos, vão dizer que 99% das doenças são da mente e não do corpo. Vão ter que dizer isso, porque toda a atenção está voltada para o cérebro humano. O cérebro tornou-se insano.

Um homem que fica com raiva de um modo normal, como todo mundo faz, ou seja, se alguém o insulta, ele fica nervoso, não é uma pessoa perigosa, uma vez que nunca vai acumular tanta raiva a ponto de vir a ser perigoso. Porém, um homem que sempre reprime sua ira está sentado sobre um vulcão, e qualquer dia o vulcão vai entrar em erupção. Ou vai cometer suicídio ou assassinato, não menos do que isso. É por causa das religiões repressivas que existe tanta pornografia no mundo. A pornografia existe por causa dos padres, não por causa da revista *Playboy*. Na verdade, as revistas tipo *Playboy* são apenas subprodutos dos padres. Existe muita pornografia simplesmente porque o sexo foi muito reprimido, e quer encontrar algum caminho, alguma saída. E, uma vez reprimido, o sexo começa a encontrar os caminhos da perversão. Pode se tornar uma viagem política, mas é a sexualidade, nada mais, a sexualidade reprimida.

É por isso que, em todos os Exércitos do mundo, o sexo é reprimido. E os soldados norte-americanos ficam em uma situação difícil pela simples razão de que é a primeira vez que um Exército tem permissão para ter alguma saída sexual. Os soldados norte-americanos não podem vencer, a derrota é certa. Qualquer coisa que façam, onde quer que vão, serão derrotados, pelo simples fato de serem um fenômeno novo no mundo, ou seja, não são reprimidos sexualmente. Não podem vencer os russos, não puderam nem mesmo vencer os vietnamitas. Os pobres vietnamitas derrotaram um dos grandes poderes do mundo que já existiu em toda a história do homem porque, quando o sexo é reprimido, o homem se torna mais perigoso, realmente perigoso, a ponto de ferver por dentro. Ele quer bater forte, ele quer ser violento.

A pessoa que é sexualmente satisfeita não está realmente interessada em matar. Na verdade, todas as pesquisas sobre as Forças Armadas norte-americanas mostram que pelo menos 30% dos soldados não usam suas armas na guerra. Trata-se de um grande percentual. E se esse tanto de soldados não usa armas, de jeito nenhum, o que significa que vão todos os dias para a linha de combate e voltam sem matar ninguém, como é que vão vencer? Não estão interessados em matar, não desejam matar. A necessidade de matar surge apenas se o sexo é muito reprimido. É estranho o fato de que toda sociedade abastada, rica e sexualmente livre tenha sido destruída por sociedades pobres, retrógradas e repressivas. Esse foi o destino da civilização grega, da civilização romana, da civilização hindu, e vai ser o destino da civilização norte-americana. É muito esquisito o fato de que quanto mais evoluída, mais vulnerável fica a sociedade, a ponto de poder ser destruída com mais facilidade pelos menos evoluídos, porque os menos evoluídos são mais repressivos. São mais tolos, são mais estúpidos, pois ainda continuam a dar ouvidos aos padres. A cena aconteceu nos últimos Jogos

Olímpicos. No alojamento da equipe de luta livre norte-americana, John Mack, o treinador, levantou-se e preveniu seu pupilo em relação à próxima luta:

– Sabe – disse Mack –, o lutador georgiano que está prestes a combater, o Ivan Katruvsky, é um dos maiores lutadores do mundo. Mas ele realmente não é tão bom quanto você. A única coisa que ele tem que o torna um terror é seu *pretzel-hold*. Se ele pega um homem com seu *pretzel-hold*, esse homem está condenado. Ele usou o *pretzel-hold* em 27 competidores, e em cada um dos casos seu oponente desistiu em dez segundos.

"Portanto, ouça-me, Bull, você tem que ter muito cuidado. Nunca deixe que ele pegue você com esse *pretzel-hold*. Uma vez preso com isso, você está perdido!"

Bull ouviu atentamente as instruções de Mack sobre como evitar aquele aperto paralisante de Ivan. Durante os primeiros três minutos da luta, nem o norte-americano nem o georgiano puderam obter uma vantagem. A multidão estava no limite. Então, de repente, virou um pandemônio. Bull Flamm caíra nas garras do *pretzel-hold* de Ivan e gemia em agonia. Mack sabia que a luta estava perdida e saiu da arena com uma angústia profunda. No fim do corredor, os ecos dos gritos angustiados de Bull ainda o alcançaram. E então, quando Mack estava para entrar no alojamento, ouviu um enorme grito vindo do estádio, uma torcida como nunca tinha ouvido em toda a sua longa experiência. As arquibancadas estavam em tumulto absoluto. Foi a partir dos gritos que Mack soube que Bull ganhara a luta, mas não conseguia entender. O que poderia ter causado a inimaginável reviravolta?

Um minuto depois, Flamm foi trotando até o vestiário dos americanos. O treinador jogou os braços ao redor dele e disse:

— Bull, como diabos você conseguiu sair daquele *pretzel-hold*?

— Bem — respondeu Flamm —, ele me torceu de tal forma que nunca senti tanta agonia em minha vida. Achei que meus ossos fossem quebrar. E como eu estava prestes a desmaiar, vi duas bolas penduradas na minha frente. Com uma investida desesperada, mordi uma daquelas bolas. Bem, Mack, você não pode imaginar do que um homem é capaz quando morde suas próprias bolas.

# O Buda

O homem é uma semente de grande potencial: a semente do estado de Buda. Cada homem nasce para ser um Buda. O homem não nasce para ser escravo, mas para ser mestre. Mas são poucos os que concretizam seu potencial. E o motivo pelo qual muitos não conseguem realizar seu potencial é que partem do princípio de que já o fizeram. A vida é somente uma oportunidade de crescimento, de ser, de florescer. A vida em si é vazia e, a menos que o indivíduo seja criativo, não será capaz de preenchê-la com satisfação. Ele tem uma canção no coração a ser cantada e uma dança a ser dançada, mas a dança é invisível, assim como a canção, mesmo que não a tenha ouvido ainda. Está escondida lá no fundo, no âmago mais profundo do seu ser, e tem de ser trazida para a superfície e colocada em prática. É isso que se entende por "autorrealização". Rara é a pessoa que transforma sua vida em um crescimento, que transforma sua vida em uma longa jornada de autorrealização, que se torna o que pretendia ser. No Oriente, é chamado de homem de Buda, enquanto no Ocidente é chamado de homem de Cristo. A palavra significa exatamente a mesma coisa que a palavra *buda*: aquele que voltou para casa. Todos os homens são andarilhos em busca do próprio lar, mas a busca é muito inconsciente – tateando-se no escuro, sem ter consciência exata do que buscam, de quem são e para onde vão. Seguem como troncos flutuantes, seguem de forma não premeditada. E isso é possível porque milhões de pessoas estão no mesmo barco, e quando alguém vê que milhões de pessoas estão fazendo a mesma coisa que ele, então deduz que deve estar certo, uma vez que milhões não podem estar errados. Esta é a lógica de qualquer um, mas é fundamentalmente equivocada: milhões não podem estar *certos*. É muito raro que uma pessoa esteja certa, é muito raro que uma pessoa perceba a verdade. Milhões vivem vidas de mentiras, vidas de pretensão. As existências são apenas superficiais, vivem na periferia, totalmente inconscientes do centro. E é no centro que se concentra o todo: o centro do reino de Deus.

O primeiro passo em direção ao estado de Buda, ou seja, à realização do potencial infinito do homem, é reconhecer que até agora esteve desperdiçando sua vida, e que até agora esteve completamente inconsciente. É preciso se tornar consciente, esta é a única maneira de se chegar lá. É árduo, é difícil. Ter uma vida não premeditada é fácil, uma vez que não exige inteligência. Qualquer idiota pode fazer isso. Aliás, todos os idiotas já fazem isso. É fácil ter uma vida não premeditada, pois, dessa forma, a pessoa não se sente responsável por nada que acontece. Pode sempre jogar a responsabilidade em alguma outra coisa: destino, Deus, sociedade, estrutura da economia, Estado, Igreja, mãe, pai, país... Pode continuar a jogar a responsabilidade em alguma outra pessoa, e é por isso que fica fácil.

Ser consciente significa assumir toda a responsabilidade sobre os próprios ombros. Ser responsável é o início do estado de Buda.

Quando a palavra *responsável* é empregada aqui, não tem a conotação comum de cumprir deveres. É usada em seu significado essencial real: a capacidade de responder. E a capacidade de resposta é possível apenas se a pessoa estiver consciente. Se estiver profundamente adormecida, como pode responder? Se estiver profundamente adormecida, os pássaros vão continuar cantando, mas a pessoa não vai ouvir, e as flores vão continuar florescendo, e a pessoa nunca vai ser capaz de sentir a beleza, a fragrância, a alegria, que se espalham sobre a existência. Ser responsável significa estar alerta, consciente. Significa estar atento. Deve-se agir com o máximo de consciência possível. Mesmo as pequenas coisas, como, por exemplo, andar na rua, comer, tomar banho, não devem ser feitas de forma mecânica. É preciso fazê-las com plena consciência.

Pouco a pouco, pequenos atos se tornam luminosos e, aos poucos, esses atos luminosos se reúnem dentro do indivíduo e, finalmente... a explosão. A semente explodiu e o potencial se tornou real. O indivíduo, então, já não é mais uma semente, mas uma flor de lótus, uma flor de lótus dourada, uma flor de lótus de mil pétalas.

E esse é o momento de grande bênção, e que Buda chama de *nirvana*. É o momento de chegada. Agora não há mais nada para realizar e lugar nenhum para onde ir. Pode descansar e relaxar, pois a viagem está terminada. Nesse momento, surge uma tremenda alegria e nasce um grande êxtase.

Mas é preciso começar do início.

"O Ocidente deu origem a Aristóteles, Nietzsche, Heidegger, Camus, Berdyaev, Marcel e Sartre. Será que vai dar origem a Budas por si só ou será necessário uma comunhão com a consciência oriental?"

A consciência de Buda não é nem oriental nem ocidental. Não tem nada a ver com geografia ou história, assim como não tem nada a ver com mente. A mente é oriental, ocidental, indiana, chinesa, japonesa, alemã, mas a consciência mais pura é simplesmente o céu puro, e ninguém consegue identificá-la por qualquer meio pois não é um ato condicionado. O que é o Oriente e o que é o Ocidente? Formas de condicionamento, diferente formas de condicionamento. O que é um hindu e o que é um judeu? Diferentes formas de condicionamento. Esses são nomes de doenças. A saúde não é nem oriental nem ocidental.

Uma criança nasce e o condicionamento começa de imediato, sendo que por meio de formas muito sutis. Tanto direta quanto indiretamente, começa-se a pressionar a criança sob um determinado molde. Ela vai falar uma determinada língua, e cada língua tem suas formas de pensar, cada língua tem sua ênfase e uma direção em particular. É por isso que, às vezes, se torna impossível traduzir de uma língua para outra. A outra língua pode nem mesmo ter palavras que correspondam, a outra língua pode não ter observado a realidade e a vida daquela forma. Embora a vida seja infinita, o modo como o homem olha para ela é finito, pois pode haver infinitas maneira de se olhar para ela. E, então, a criança começa a ser colorida pela família, pela escola, pela Igreja, pelo padre, pelos pais, e assim segue, em silêncio. Aos poucos, todo o céu da consciência é fechado, e apenas uma pequena janela, uma pequena abertura é deixada aberta. Essa abertura é indiana, inglesa, norte-americana. Essa abertura é hindu, jainista, budista. A abertura é ocidental, oriental.

Chegar ao estado de Buda é recuperar a consciência que o homem trouxe consigo no nascimento. Aquela pureza não contaminada, aquele rosto original sem máscaras e aquela inocência são o que compõem o estado de Buda. Assim, o estado de Buda não pode ser oriental ou ocidental, uma vez que é transcendental.

É de surpreender que, quando uma criança cresce em uma família... e cada criança tem de crescer em uma família, é quase uma obrigação, pois não há outra maneira, algum tipo de família é necessário. Mesmo que seja uma comunidade, terá suas próprias limitações, até mesmo um *kibutz* terá suas próprias limitações. E não há maneira de criar uma criança sem um ambiente para nutri-la. Esse ambiente é uma necessidade, sem o qual a criança não consegue sobreviver. Ela precisa ser cuidada, mas tem que pagar por isso. Não é simples, pelo contrário, é muito complexo. A criança tem que se ajustar continuamente à família, porque a família está "certa", o pai está "certo", a mãe está "certa". Essas pessoas são poderosas, e a criança, indefesa. Ela tem que depender deles, tem que respeitá-los, tem que segui-los. A questão não é se é certo ou errado. A criança precisa se tornar uma sombra, um ser que imita. Isso é o que é o hinduísmo, o cristianismo e a mente oriental e ocidental. E é muito sutil, tanto que a criança pode nunca vir a ter consciência disso, pois não é feito em um dia, acontece aos poucos, assim como a água que cai de uma montanha, que cai continuamente e destrói as rochas e faz as pedras desaparecerem.

A criança tem que se ajustar de muitas maneiras. Esse ajuste a torna falsa, e não permite que seja autêntica e verdadeira, o que é desleal para com seu próprio ser. Agora os psicólogos descobriram que, se uma determinada criança demonstra ser estúpida, pode não ser esse o caso, uma vez que nenhuma criança nasce estúpida. Pode ser simplesmente o ambiente ao seu redor, a família, à qual a criança teve que se ajustar. Se o pai é intelectual demais, a criança terá que se comportar de uma maneira estúpida para manter um equilíbrio. Se a criança se comportar de uma maneira inteligente, o pai vai ficar com raiva, ainda que de modo sutil. Ele não pode tolerar uma criança inteligente, nunca tolera ninguém que tente ser mais inteligente do que ele. O pai vai forçar a criança a permanecer inferior, apesar do que continua a dizer. E a criança vai aprender o truque de se comportar como tola, pois, quando se comporta como tola, fica tudo bem, tudo fica perfeitamente bem. O pai pode mostrar seu desagrado superficialmente, mas no fundo fica satisfeito. Ele sempre gosta de tolos ao seu redor, pois, cercado por tolos, ele é sempre o mais inteligente.

Devido a isso, há séculos as mulheres aprenderam um truque: nunca tentam ser intelectuais – os maridos não vão gostar. Não que não sejam inteligentes, são tão inteligentes quanto os homens, mas eles têm que aprender. Quem nunca observou isso? Quando a mulher é mais educada, o marido se sente um pouco mal em relação a isso. Nenhum homem quer casar com uma mulher que seja mais educada do que ele, mais famosa do que ele. Não apenas isso, mas nas pequenas coisas também: se a mulher é mais alta, nenhum homem quer se casar com ela. Talvez seja exatamente por isso que as mulheres tenham decidido em nível biológico também não serem muito altas, e pode haver algum tipo de razão psicológica nisso, do contrário não vão conseguir marido. Se a mulher for muito inteligente, não vai conseguir marido. A mulher tem que fingir que ainda é um bebê, que é infantil, para que o marido possa se sentir bem dando apoio à mulher. Em uma família, a criança entra em uma situação pré-fabricada. Tudo já está pronto e a criança tem que se encaixar, tem que se ajustar à situação. Não pode ser ela mesma. Quando tenta ser ela mesma, sempre entra em apuros e começa a se sentir culpada. Tem que se ajustar, custe o que custar. A sobrevivência é a coisa mais importante, é a primeira coisa, o resto é secundário. Portanto, cada criança tem que se ajustar à família, aos pais, à geografia, à história, às idiossincrasias das pessoas à sua volta, a todos os tipos de preconceitos, crenças estúpidas, superstições. No momento em que a criança se torna consciente ou se torna um pouco independente, está tão condicionada, e o condicionamento foi tão profundo no sangue e nos ossos e na medula, que não consegue sair disso.

O que é o estado de Buda? O estado de Buda fica fora de todo esse condicionamento. Buda é aquele que vive como um todo, um todo orgânico. A consciência de Buda é transcendental. Não tem nada a ver com Oriente ou Ocidente.

"Quais são as características de um ser iluminado?"

Um ser iluminado significa simplesmente um homem que não tem mais perguntas a serem feitas em sua vida, uma vez que tudo está resolvido. Um homem iluminado quer dizer um homem que está constantemente no mesmo estado de silêncio, paz e satisfação, aconteça o que acontecer do lado de fora: sucesso ou fracasso, dor ou prazer, vida ou morte. Um homem iluminado é aquele que vivenciou algo para o qual todas as pessoas têm capacidade, mas que nunca tentaram. Esse homem é cheio de luz, cheio de alegria, repleto de êxtase, 24 horas por dia. É praticamente um bêbado embriagado com o divino. Sua vida é uma música, sua vida é uma dança, sua vida é uma alegria. E sua presença é uma bênção. E quem quiser conhecê-lo tem que estar com ele. Não se pode observá-lo do lado de fora. É preciso chegar perto. É preciso entrar em um estado de intimidade. É preciso juntar-se à caravana dele e segurar-lhe a mão. Tem que se alimentar dele e permitir que ele entre no coração. Porém, por favor, não tente encontrar quaisquer características do lado externo, pois estas são experiências interiores.

Mas algumas indicações sempre podem ser dadas. Estar próximo ao ser iluminado faz com que as pessoas sintam uma certa força magnética, uma tremenda atração, um centro carismático. Aquele que é motivado pelo medo não pode chegar perto. É perigoso chegar perto de um homem iluminado, pois, uma vez que a pessoa tenha chegado perto, não pode ir embora depois. Chegar perto é arriscado. É apenas para jogadores, não para homens de negócios.

# PARTE

**4**

# O Novo Homem

Algum tempo atrás, quando visitei o Centro Espacial Kennedy, na Flórida, EUA, pude conhecer a última palavra em ciência para a exploração do espaço externo e a criação de "um homem melhor". A minha visão está voltada para a criação do "novo homem". A visão do "homem melhor" é a rampa de lançamento para a nação mais rica e mais poderosa do mundo. A minha visão é o disco voador para a nova consciência, e ainda é condenada por uma das nações mais pobres do mundo. Uma é matéria e, a outra, espírito. O que será que está acontecendo?

A ideia de um homem melhor é uma ideia antiga, muito antiga, tão antiga quanto o próprio homem. Todo mundo está disposto a aceitar um homem melhor porque não há necessidade de nenhuma mudança radical. Um homem melhor significa algo adicionado ao homem: ele permanece o mesmo, em uma situação de continuidade, ou seja, não há descontinuidade. E torna-se mais rico e melhor. A ideia de um homem melhor tem raiz na ganância, e é por isso que todo mundo a apoia. Os países ricos vão apoiá-la, os países pobres vão apoiá-la. A Índia foi totalmente a favor de Mahatma Gandhi porque ele estava tentando gerar um homem melhor. A ideia de um homem melhor é reformatória, não é revolucionária. Mas a ideia de um novo homem é perigosa, requer coragem. O requisito básico é que o que há de velho no homem tem que morrer para que então o homem nasça de novo. Trata-se de um renascimento. E é por isso que eu sofro oposição. E não é apenas na Índia que se opõem a mim e me caluniam, mas também em qualquer lugar do mundo. Mesmo que esteja na Flórida, nos EUA, vai acontecer o mesmo. Na verdade, há mais possibilidades de oposição em um país mais rico e poderoso do que em um país pobre e faminto, pela simples razão de que milhões de indianos não têm ideia do que está acontecendo aqui, no mundo ocidental. Eles não têm tempo, não têm interesse. O nascimento de um novo homem não é uma questão vital para eles. O problema vital do povo indiano é como sobreviver, e o assunto aqui é o nascimento de um novo homem! Eles não têm nem condições para sobreviver. Seus problemas são totalmente diferentes. Estão doentes, estão com fome, as crianças são ignorantes, os adultos estão desempregados, não têm nenhum pedaço de terra, não têm comida, não têm abrigo. E as pessoas estão falando sobre um novo homem? Os indianos não estão interessados, não é esse o problema deles.

No entanto, se eu falar sobre o novo homem nos Estados Unidos, vou ser morto de imediato, ou preso. Não serei tolerado, de jeito nenhum, porque sou um perigo para o modo de vida americano como um todo.

O modo de vida americano se baseia na ambição, e o meu novo homem tem que ser totalmente desprovido de ambição. A abordagem geral nos Estados Unidos é a seguinte: as coisas devem ser melhoradas, tudo deve ser feito de forma melhor. Não importa onde isso vai chegar, mas as coisas têm que ficar melhores, cada vez melhores. Os norte-americanos são obcecados com a ideia de melhorar as coisas. É preciso ter mais velocidade, melhores máquinas, melhor tecnologia, melhores ferrovias, melhores estradas, tudo melhor! E, é claro, da mesma forma, é necessário um homem melhor. E que se encaixe com o estilo de vida americano como um todo. O homem também é considerado *commodity*. Assim como existe a necessidade de se gerar vacas melhores, cachorros melhores, carros melhores e aviões melhores, existe a necessidade de se criar um homem melhor! Não há diferença, e a lógica é a mesma.

O assunto tratado aqui é um novo homem. O novo homem não é necessariamente o homem melhor. Ele vai ser mais animado, mais alegre, mais alerta, mas quem é que sabe se ele vai ser melhor ou não? No que diz respeito à opinião dos políticos, o novo homem não vai ser melhor, porque não vai ser um soldado melhor, não vai sequer estar pronto para ser um soldado. Não vai ser competitivo, e toda a economia competitiva vai entrar em colapso. Não estará interessado apenas em acumular lixo, e a economia como um todo depende disso. Todas as agências de publicidade produzem na mente dos norte-americanos a ideia de adquirir cada vez mais lixo.

O novo homem terá uma visão totalmente diferente da vida. Vai viver de uma forma mais baseada no amor, porque, para ele, amor é riqueza. Saberá que o dinheiro não pode comprar o amor ou a alegria. Saberá que o dinheiro é um utilitário, não um objetivo de vida. Todo o sistema norte-americano é baseado no fazer melhor. "Faça isso melhor!" O que está sendo feito não é a questão. "Se estiver matando pessoas, faça da melhor forma!" Vê-se o que aconteceu em Hiroshima e Nagasaki: os Estados Unidos realmente fizeram isso melhor do que ninguém jamais havia feito. "Chegue até a lua!" Ninguém pergunta por quê. Aquele que pergunta é taxado de louco, essas perguntas não devem ser feitas. A única pergunta que vale a pena fazer é: "Como chegar à lua de uma forma melhor do que ninguém? Derrote a Rússia. Deve ser um norte-americano o primeiro a pisar na lua." E para quê? Não importa. Eu, porém, não consigo compreender essa posição. O norte-americano de pé na lua parece tão bobo! Mas esse é o modo como eles pensam, trata-se da filosofia norte-americana: "Mesmo que aparente ser bobo, faça-o de uma maneira melhor. Derrote todos os outros!" O meu novo homem significa o fim do velho mundo. E por que o novo homem é criticado? Ele sempre foi criticado. Jesus foi morto porque falou sobre o novo homem, e não sobre o homem melhor. Jesus disse a Nicodemus: "A menos que você nasça novamente, não entrará no reino de Deus." Jesus insistiu que, primeiro, o homem tem que morrer para o passado e, apenas depois, será possível surgir uma nova consciência nele. Ele foi crucificado. Vale lembrar que Sócrates falou de um novo homem. Por que tais pessoas cultas se tornam tão animalescas, tão bárbaras a ponto de matar um homem como Sócrates? Ele falava sobre o novo homem. Se tivesse falado sobre o homem melhor, provavelmente, teria sido venerado. Aqueles que falaram sobre o homem melhor sempre foram venerados, porque queriam dizer que o passado era bonito, mas podia ficar ainda mais bonito. Eles não estão contra o passado, nem contra as convenções, nem contra as tradições, pelo contrário, são a favor delas. A tradição tem que ser a fundação, e é sobre ela que se pode levantar um templo melhor, uma casa melhor.

É perigoso falar sobre o novo homem. Um novo homem significa se afastar totalmente do passado, interromper, arrancar-se completamente do passado pela raiz, morrer para o passado e viver no presente. E os velhos hábitos morrem com muita dificuldade. As pessoas estão acostumadas a ouvir falar sobre um homem melhor, faz parte da própria circulação do sangue. Todo santo, todo mahatma fala sobre o homem melhor, sabe-se que faz parte do negócio deles. Mas, e sobre o novo homem? Isso provoca medo. O novo homem traz algo absolutamente novo, leva as pessoas para o território do desconhecido, e tenta desenraizá-las do que lhes é familiar. E as pessoas vivem há milhares de anos de um determinado modo, são condicionadas por ele, fazem parte dele. Somente muito poucas pessoas conseguem sair desse modo. E é por isso que minha mensagem vai ficar restrita somente aos poucos escolhidos. É bom lembrar que os velhos hábitos morrem com dificuldade, e as religiões e as filosofias são muito velhas, os estilos são muito velhos. E eu sou a favor do novo. As pessoas acham que o velho vale ouro, enquanto eu digo que o velho é apenas lixo! Concordo com Henry Ford que a história é bobagem. É tudo mentira! É preciso libertar o homem de tudo o que se passou antes e de forma total, absoluta e categórica.

– Mamãe, por que você se casou com o papai?
– Ah! – responde a mãe. – Então você está se perguntando também!

– Não te conheço do Texas?
– Nunca estive no Texas.
– Nem eu. Acho que devem ter sido outras duas pessoas.

Esses bêbados, essas pessoas inconscientes têm dominado toda a humanidade. Loucos e bêbados foram os fatores decisórios do passado. Nunca as pessoas despertas foram ouvidas. As pessoas despertas não podem falar sobre melhorar o homem. É como dizer para uma pessoa doente: "Vou lhe dar remédio para melhorar a sua doença." A pessoa doente não quer melhorar sua doença, quer é se ver livre dela, quer ficar saudável.

# O Meditante

"Ouvi dizer que a meditação, às vezes, é descrita como ciência e, outras, como arte, e em uma determinada ocasião você a chamou até de talento especial. Por favor, me dê uma explicação."

A meditação é tão misteriosa que pode ser chamada de ciência, de arte, de talento, sem qualquer contradição. De um ponto de vista, é uma ciência, porque se trata de uma técnica clara que precisa ser realizada. Não há exceções para isso, é praticamente como uma lei científica. Porém, de um ponto de vista diferente, também pode ser considerada como arte. A ciência e uma extensão da mente, e é matemática, lógica e racional.

A meditação pertence ao coração, não à mente, e não é lógica, uma vez que está mais perto do coração.

Não é como outras atividades científicas, e sim mais como música, poesia, pintura, dança. Daí poder ser chamada de arte. Mas a meditação é um mistério tão grande que chamá-la de "ciência" e "arte" não esgota o potencial de sua definição. É um talento especial, que se pode ter ou não. O talento não é ciência, não pode ser ensinado. Talento não é arte. O talento é o que há de mais misterioso na compreensão humana.

Por exemplo, você deve cruzar por aí com outras pessoas... Às vezes, alguém tem o talento de se tornar amigo de forma imediata. Basta você encontrar esse alguém no ônibus por poucos momentos para que, de repente, sinta como se o conhecesse desde sempre, talvez por muitas vidas. Mas você não consegue identificar o que está acontecendo, porque acabou de ver essa pessoa pela primeira vez. O talento é algo misterioso que apenas algumas pessoas possuem.

Conheci um homem que conseguia fazer com que os lóbulos da orelha se mexessem! Nunca havia encontrado nenhum outro que pudesse mover os lóbulos da orelha. Que nome se dá a isso? É ciência ou o quê? Cheguei a questionar médicos:

– O que dizer sobre lóbulos de orelha que se movem?

– É impossível – disseram os médicos.

Mas eu levei o amigo a um médico e lhe pedi:

– Mostre para o médico...

– Meu Deus! – exclamou o médico. – Ele move os lóbulos da orelha com muita facilidade, sem nenhum problema.

Na verdade, os lóbulos não têm capacidade biológica de movimento, e o homem não tem controle sobre eles. Basta tentar para perceber que não há como ter controle. Os lóbulos pertencem ao homem, mas não seguem qualquer ordem que o homem tente dar.

No entanto, conheço um homem que consegue, e lhe fiz a seguinte pergunta:

– Como você consegue?

– Não sei. Só sei que faço isso desde pequeno – respondeu ele.

É absolutamente impossível, fisicamente impossível, pois, para mover esses lóbulos, é necessário que exista um determinado sistema nervoso para controlá-los, e esse sistema nervoso não existe naquela região. O lóbulo é apenas carne.

A meditação, em última instância, é um talento especial também. É por isso que há muitos anos as pessoas meditam e ensinam a meditar, mas bem poucas alcançam as alturas por meio da meditação, e menos pessoas sequer tentam. Grande parte da humanidade nem mesmo se preocupa em pensar sobre isso. É algo... uma semente com a qual o indivíduo nasce. Nada vai acontecer para aquele que não tem a semente, ainda que um mestre possa regá-lo com todo o seu êxtase. No entanto, para aquele que tem a semente, basta a presença do mestre, basta o modo como ele olha em seus olhos, para que algo de grande importância lhe aconteça, como uma revolução que não se pode explicar para ninguém.

É uma das grandes dificuldades para todos os praticantes de meditação não conseguir explicar para os amigos e familiares o que estão fazendo... porque a maior parte da humanidade não está interessada nisso de jeito nenhum. E aqueles que não estão interessados nisso de modo algum simplesmente pensam que as pessoas interessadas em meditação estão com um parafuso solto em suas cabeças, que algo está errado.

"Sentar-se em silêncio, sem fazer nada, a primavera chega e a grama cresce por si", mas, em primeiro lugar, por que se preocupar com a grama? A bela *haiku* de Basho vai lhes parecer absurdo. A grama vai crescer por si, quer alguém se sente em silêncio ou não! Por que desperdiçar tempo? Afinal, a grama vai crescer sozinha. Deixe a primavera chegar, a primavera chega assim como a grama cresce, sozinha. Por que perder tempo? Faça alguma outra coisa enquanto isso.

Se o homem já não tem algo em seu coração, uma pequena semente, então é impossível para ele. Ele pode aprender a técnica, pode aprender a arte. Mas se não houver talento especial, não vai ser bem-sucedido. Assim, milhares de pessoas começam a fazer meditação, mas muito poucas, tão poucas que se pode contar nos dedos, atingem o estado de iluminação. E, a menos que a meditação se transforme em um estado de felicidade suprema, a pessoa terá simplesmente desperdiçado seu tempo.

**"Quais são os indícios de que alguém está se aprofundando na meditação?"**

Realmente, não há marcação de quilometragem, pois não há nenhuma estrada fixa. As pessoas não estão em uma única estrada, cada uma se encontra em uma estrada diferente. Mesmo que várias pessoas estejam seguindo uma mesma técnica de meditação, não estão na mesma estrada, nem podem estar. Não há um trajeto público. Cada trajeto é individual e pessoal. Portanto, as experiências de um indivíduo serão não apenas inúteis para outra pessoa, como também possivelmente prejudiciais.

Uma pessoa pode ver algo no trajeto de outra. Embora a primeira possa dizer à segunda que este é o sinal de progresso, a segunda pode não encontrar o mesmo sinal em seu trajeto. As mesmas árvores e pedras podem não estar em seu trajeto. Portanto, é preciso prestar atenção para não ser uma vítima de toda essa bobagem. Somente certos sentimentos interiores são relevantes. Por exemplo, quando o estado meditativo progride, certas coisas vão começar a acontecer de forma espontânea. Uma delas é que o indivíduo vai sentir cada vez mais contentamento. De fato, quando a meditação é realizada de forma plena, o indivíduo fica tão contente que se esquece de meditar, dado que a meditação exige algum esforço e se traduz como um descontentamento. Se num determinado dia o indivíduo esquece de meditar e não sente qualquer necessidade ou falta disso e, pelo contrário, sente-se satisfeito como nunca, então é bom que saiba que é um bom sinal. Há muitas pessoas que fazem meditação e que, quando ficam sem meditar, ficam sujeitas à ocorrência de um estranho fenômeno. Quando meditam, não sentem nada. Quando deixam de meditar, sentem uma lacuna. Quando meditam, nada lhes acontece. Quando não meditam, sentem que falta algo.

Isso é apenas um hábito. Como fumar, como beber, como qualquer coisa, isso é apenas um hábito. Não se deve fazer da meditação um hábito. Deixe-a viva e intensa! Então a insatisfação vai desaparecer aos poucos e a pessoa vai sentir contentamento. E não somente enquanto estiver meditando. Se algo acontece apenas enquanto a pessoa está meditando, é falso, é hipnose. Resulta em algo bom, mas não vai ser muito profundo. É bom apenas em termos de comparação. Se nada estiver acontecendo, ou seja, nenhuma meditação, nenhum momento de felicidade suprema, a pessoa não precisa ficar preocupada. Se algo está acontecendo, não deve se apegar a isso. Se a meditação está ocorrendo de forma correta e profunda, a pessoa vai se sentir transformada ao longo do dia todo. Um contentamento sutil estará presente em todos os momentos. Qualquer coisa que esteja fazendo, a pessoa vai sentir um centro calmo em seu interior – o contentamento.

Claro, haverá resultados. A raiva será cada vez menos possível. Vai continuar a desaparecer. Por quê? Porque a raiva revela uma mente não meditativa, uma mente que não está à vontade consigo mesma. É por isso que a pessoa fica com raiva das outras pessoas. Basicamente, a pessoa fica com raiva de si mesma. O fato de estar com raiva de si faz com que fique irritada com os outros.

Já reparou que as pessoas ficam com raiva apenas daqueles com quem têm intimidade? Quanto maior a intimidade, maior a raiva. Por quê? Quanto maior a distância entre as pessoas, menor será a raiva entre elas. Ninguém fica com raiva de um estranho. Fica-se irritado com a esposa, com o marido, com o filho, com a filha, com a mãe. Por quê? Por que o ser humano fica mais zangado com as pessoas com quem tem mais intimidade? A razão é a seguinte: o ser humano está com raiva de si mesmo. Quanto maior a intimidade entre duas pessoas, maior a identificação entre eles. Sempre que estiver irritada consigo mesma, a pessoa vai jogar sua raiva em cima de alguém próximo. Esse alguém se tornou parte da pessoa. Com a meditação, a pessoa vai ficar cada vez mais feliz consigo mesma. E é bom lembrar: consigo mesma.

É um milagre quando alguém se torna mais feliz consigo mesmo. Para a grande maioria, ou se está feliz com alguém ou com raiva de alguém. Quando alguém se torna mais feliz consigo mesmo significa que está realmente se apaixonando por si mesmo. E quando a pessoa está apaixonada por si mesma, é difícil ter raiva. A coisa toda se torna um absurdo. Cada vez menos raiva estará lá e, no lugar, terá cada vez mais amor e mais compaixão. Estes serão sinais, os sinais comuns.

Portanto, não ache que está conseguindo muita coisa se começar a ver uma luz ou se passar a ver belas cores. É muito bom, mas não se dê por satisfeito se não houver mudanças psicológicas, tais como: menos raiva e mais amor, menos crueldade e mais compaixão. A menos que isso aconteça, o fato de ver luzes e cores além de ouvir sons não passa de brincadeira de criança. Luzes, cores e sons são belos, muito belos, e é muito bom brincar com eles, mas não são o objetivo da meditação. Acontecem no trajeto da estrada, são apenas subprodutos, mas não devem ser motivo de preocupação. Muitos vão até mim e dizem: "Agora vejo uma luz azul. Qual é o significado desse sinal? Quanto progredi?" Não vai servir uma luz azul porque a raiva da pessoa está dando uma luz vermelha. Mudanças psicológicas básicas são significativas, portanto, não perca tempo atrás de brinquedos. Estes são brinquedos, brinquedos espirituais. Estas coisas não são os fins em si.

Em um relacionamento, o homem deve observar o que está acontecendo. Como o homem está se comportando com a esposa neste momento? Ele deve observar. Há alguma mudança? Essa mudança é significativa. Como o homem está se comportando com seu empregado? Há alguma mudança? Essa mudança é significativa. E se não houver nenhuma mudança, então deve jogar fora a luz azul, pois não serve para nada. O homem está enganando e pode continuar enganando. Estes são truques encontrados com facilidade. É por isso que um homem dito religioso começa a se sentir religioso: pois agora ele está vendo isso e aquilo. No entanto, continua o mesmo, e se torna ainda pior! Seu progresso deve ser observado em seus relacionamentos. O relacionamento é o espelho: dá para ver seu rosto ali. Deve-se lembrar sempre que o relacionamento é o espelho. Se a meditação for profunda, os relacionamentos vão se tornar diferentes, totalmente diferentes! O amor será a nota básica dos relacionamentos, e não a violência. Como está, a violência é a nota básica. Mesmo que a pessoa apenas olhe para alguém, esse olhar é violento. Mas a pessoa está acostumada a isso. A meditação para mim não é uma brincadeira de criança, mas uma transformação profunda. Como conhecer essa transformação? É refletida a cada momento nos relacionamentos. Se uma pessoa tenta possuir alguém, então essa pessoa é violenta. Como pode uma pessoa possuir alguém? Se uma pessoa tenta dominar alguém, então essa pessoa é violenta. Como pode uma pessoa dominar outra? O amor não pode ser dominado, o amor não pode ser possuído. Portanto, a pessoa deve ficar atenta e observar tudo o que estiver fazendo e, então, dar prosseguimento à meditação. Em breve vai começar a sentir a mudança. Agora, não existe possessividade nos relacionamentos. Aos poucos, ela desaparece, e quando não estiver mais lá, o relacionamento terá uma beleza própria. Quando a possessividade está lá, tudo se torna sujo, feio, desumano. E as pessoas são tão enganadoras que não olham para si mesmas nos relacionamentos, pois lá a verdadeira face pode ser vista. Portanto, fecham os olhos para seus relacionamentos e continuam a achar que algo vai ser visto por dentro. Você não pode ver nada por dentro. Isso porque, primeiro, você vai sentir sua transformação interior nos relacionamentos externos, para daí então ir fundo. Só depois é que vai começar a sentir algo interiormente. Portanto, aprofunde-se, penetre em seus relacionamentos, e observe-os para verificar se a meditação está progredindo ou não.

Se você sente um amor crescente, um amor incondicional, uma compaixão sem motivo, uma profunda preocupação com a saúde e com o bem-estar de todos, é porque a meditação está progredindo. Portanto, deve esquecer todas as outras coisas. Com essa observação, vai passar a observar muitas coisas em si mesmo. Ficará mais em silêncio e menos agitado por dentro. Quando houver necessidade, falará; quando não houver necessidade, ficará em silêncio. Como é o caso neste momento: não pode estar em silêncio interiormente. Vai se sentir mais à vontade, mais relaxado. Qualquer coisa que esteja fazendo, será um esforço relaxado, não haverá tensão. Vai ficar cada vez menos ambicioso. Por fim, não haverá nenhuma ambição. Até mesmo a ambição de alcançar o *moksha* (termo hindu que se refere à libertação do ciclo do renascimento e da morte e à iluminação espiritual) não vai estar lá. Quando a pessoa sente que até o desejo de alcançar o *moksha* desapareceu, é porque alcançou o *moksha*. Agora ela está livre, pois o desejo e uma escravidão. Até mesmo o desejo de libertação é uma escravidão. E até o desejo de não ter desejo é uma escravidão. Sempre que o desejo por algo desaparece, a pessoa se move em direção ao desconhecido. A meditação chegou ao seu fim. Daí então *sansar* (mundo) é *moksha*: esse mesmo mundo é a libertação. Então esta margem é a outra margem.

# O Guerreiro

"Como posso ser empresário, profissional e, ao mesmo tempo, guerreiro? Vou perder o estado de felicidade suprema?"

Ser um guerreiro não significa ser um soldado, é uma qualidade da mente. O indivíduo pode tanto ser um empresário e ser um guerreiro, quanto ser um guerreiro e ser um empresário.

"Empresário" significa uma qualidade da mente que está sempre a barganhar, tentando dar menos e obter mais. Isso é o que quero dizer quando digo "empresário ou homem de negócio": aquele que tenta dar menos e obter mais, que sempre barganha, que sempre pensa no lucro. Um guerreiro, da mesma forma, é uma qualidade da mente, a qualidade do jogador, e não a do negociador, é a qualidade que pode apostar tudo desta ou daquela forma, ou seja, uma mente que não se compromete. Se um empresário pensa em iluminação, pensa nisso como uma *commodity*, como muitas outras. Ele tem uma lista: tem que construir um grande palácio, tem que comprar isso e aquilo e, no final, também tem que comprar a iluminação. Mas ela é sempre a última: quando tudo estiver terminado, depois, quando não tiver mais nada a ser feito, depois. E essa iluminação também tem de ser comprada, porque o empresário só compreende a linguagem do dinheiro.

Aconteceu de um grande e rico homem ir até Mahavira (fundador do jainismo). Ele era realmente rico, e podia comprar qualquer coisa, até mesmo reinos. Até reis lhe tomavam dinheiro emprestado. Ele foi até Mahavira e comentou:

– Tenho ouvido muito sobre meditação. Durante o tempo em que tem estado aqui, você criou uma febre nas pessoas: todo mundo está falando sobre meditação. O que *é* meditação? Quanto custa? Posso comprá-la?

Como Mahavira hesitara, o homem argumentou:

– Não precisa pensar em termos de custo. Simplesmente diga, e pagarei. Não há nenhum problema em relação a isso.

Como falar com esse homem? Mahavira não sabia o que dizer ao homem.

Por fim, Mahavira respondeu:

– Vá… Na sua cidade tem um homem, um homem muito pobre. Ele pode estar disposto a vender sua meditação. Ele a conseguiu, e é tão pobre que pode estar pronto para vendê-la.

O homem agradeceu, correu atrás do homem pobre, bateu em sua porta e perguntou:

– Quanto você quer por sua meditação? Quero comprar sua meditação.

O homem pobre começou a rir e disse:

– Você pode *me* comprar, tudo bem. Mas como posso dar a você minha meditação? É uma qualidade do meu ser, não é uma *commodity*.

Mas os empresários sempre pensaram dessa maneira. Doam para comprar algo, criam templos para comprar algo. Doam, mas na verdade nunca é uma doação propriamente, uma vez que serve sempre para obter algo em troca, é um investimento.

Quando digo para alguém ser um guerreiro, quero dizer um jogador, para colocar tudo em jogo. Com isso, o estado de felicidade suprema se torna uma questão de vida ou morte, não de *commodity*, e o homem está pronto para botar a perder tudo por isso. E não está pensando em lucro.

As pessoas vêm até mim e me perguntam: "O que vamos ganhar com a meditação? Qual é o propósito disso? Qual será o lucro com isso? Qual será o ganho se for dedicada uma hora à meditação?" A vida delas como um todo se baseia em questões econômico-financeiras.

O guerreiro não está atrás do ganho. Ele está atrás do topo mais elevado, atrás do máximo que a experiência pode lhe dar. O que um guerreiro ganha quando luta em uma guerra? Os soldados não são mais guerreiros, são apenas servidores. Não existem mais guerreiros nesta Terra porque a guerra atual é feita através da tecnologia. Uma bomba caiu sobre Hiroshima, mas sua queda não foi executada por um guerreiro. Qualquer criança pode fazer isso, qualquer maluco pode fazer isso. Na verdade, apenas um maluco pode realmente fazer isso. Soltar uma bomba sobre Hiroshima não é ser um combatente ou um guerreiro. A guerra não é mais a mesma que era no passado. Nos dias de hoje, qualquer um pode ir para guerra e, mais cedo ou mais tarde, irão apenas dispositivos mecânicos. Podem ser usados aviões sem piloto, mas o avião não é um guerreiro. A qualidade é perdida.

O guerreiro enfrentava, defrontava-se com o inimigo, cara a cara. Basta imaginar duas pessoas defrontando-se com espadas em punho: será que eles conseguem pensar? Se pararem para pensar, vão perder. Quando as espadas estão empunhadas, o pensamento para. O guerreiro não pode planejar, pois se planejar, naquele momento, o outro vai atingi-lo. Eles se movem espontaneamente, ficam no estado de não mente. O perigo é tanto, a possibilidade de morte fica tão próxima, que a mente não consegue funcionar. A mente precisa de tempo, tanto que em situações de emergência a mente não tem permissão para operar. Quando sentado em uma cadeira, o indivíduo consegue pensar, porém, quando de frente ao inimigo, não consegue. Ao passar por uma rua, uma rua escura e, de repente, vir uma cobra, uma cobra perigosa estendida lá, qual atitude tomar? Começar a pensar? Não, qualquer um vai sair correndo. E a reação não vem da mente, pois a mente precisa de tempo, e cobras não têm tempo, não têm mente. A cobra vai atacar o indivíduo e, portanto, a mente não pode ter permissão para operar. Quando de frente a uma cobra, a pessoa sai correndo, reação de seu ser, e que precede o pensamento. Ela primeiro corre, depois pensa.

Isso é o que quero dizer com qualidade de um guerreiro: a ação vem sem pensar, a ação não conta com a mente, a ação é total. Qualquer um pode se tornar um guerreiro sem ir para a guerra, não há necessidade de ir para a guerra.

A vida em sua totalidade é uma emergência, e em todo lugar há inimigos e cobras, e animais selvagens ferozes prontos para atacar as pessoas. A vida como um todo é uma guerra. O indivíduo que estiver alerta vai perceber que a vida por inteiro é uma guerra e que, a qualquer momento, pode morrer, e é por isso que a emergência é permanente. Esteja alerta, seja como um guerreiro, como se estivesse se deslocando em meio ao inimigo. A qualquer momento, de qualquer lugar, a morte pode pular sobre você. E não deve permitir que a mente entre em ação. Seja um jogador, uma vez que apenas os jogadores podem compreender sua fuga. Tanto é assim, que aqueles que pensam em lucro não conseguem compreender. É um risco, o maior risco, pois é possível que se perca tudo e que nada possa ser ganho. Quando alguém vem até mim pode perder tudo e pode não ganhar nada. Vou repetir as palavras de Jesus:

"Todo aquele que se agarra à vida, todo aquele que tenta preservá-la, vai perdê-la, e todo aquele que estiver pronto para perdê-la, vai preservá-la." Essa é a linguagem de um jogador: perca-a, que essa é a maneira de preservá-la; morra, que essa é a forma de alcançar a vida eterna, a vida imortal. Quando uso o termo empresário aqui, é no sentido de uma mente ardilosa e calculista. As pessoas não devem ser mentes ardilosas. Se, por um lado, a criança nunca é um empresário, por outro, é difícil encontrar um idoso que não seja um empresário. Toda criança é um guerreiro e todo idoso é um homem de negócios. Como todo guerreiro se torna um homem de negócios é uma longa história: toda a sociedade, a educação, a cultura e o condicionamento fazem com que o indivíduo fique cada vez mais temeroso, com medo. Ele não pode correr o risco, e tudo o que é belo *é* arriscado. O amor é um risco. A vida é um risco. Deus é um risco. Deus é o maior risco, e não é por meio da matemática que se vai alcançá-lo, e sim correndo risco, colocando-se tudo o que se tem em jogo. Como não se conhece o desconhecido, arrisca-se o conhecido e não se tem ideia do desconhecido.

A mente de negócios vai dizer: "O que está fazendo? Colocando a perder aquilo que tem por aquilo que ninguém sabe se existe? Preserve aquilo que está na mão e não almeje o desconhecido." A mente do guerreiro diz: "O conhecido já é conhecido, e não há nada nisso. Tornou-se um fardo, e carregá-lo é inútil. O desconhecido deve ser conhecido agora, e deve se arriscar o conhecido pelo desconhecido."

E aquele que puder arriscar deve arriscar totalmente, sem preservar nada, sem enganar a si próprio, sem recusar nada e, de repente, o desconhecido vai envolvê-lo. E quando o desconhecido vem, o indivíduo se torna consciente que não é apenas o desconhecido, é o irreconhecível. Não é contra o conhecido, está além do conhecido. Para se mover nessa escuridão, para se mover nesse lugar inexplorado sem nenhum mapa e sem percursos definidos, para se mover sozinho de forma absoluta, é preciso adotar a qualidade do guerreiro. Muitos ainda têm um pouco disso porque um dia foram crianças. Todos foram guerreiros, todos sonharam com o desconhecido. A infância está escondida, mas não pode ser destruída. Está lá, ainda tem seu próprio canto no ser de cada um. Permita que ela aja. Basta se permitir ser infantil para ser guerreiro novamente. Isso é o que eu quero dizer. E ninguém deve se sentir deprimido porque dirige uma loja e é um empresário. Não deve se sentir deprimido, pois pode ser um guerreiro em qualquer lugar. Assumir riscos é uma qualidade da mente, uma qualidade infantil, é confiar e se mover para além do que é seguro.

O maior guerreiro não tem nada a ver com a guerra. Não tem nada a ver com a luta contra os outros. Tem algo a fazer dentro de si. E não se trata de uma luta, embora isso traga a vitória. Não é uma guerra, não é um conflito. Mas é preciso ser um guerreiro porque o ser humano tem que estar muito alerta, como o guerreiro.

Deve-se estar muito vigilante e muito meditativo, pois, se alguém estiver se movendo no continente mais escuro da existência... Finalmente há luz, luz infinita, mas primeiro é preciso passar por uma grande noite escura da alma. Há todo tipo de armadilha, toda possibilidade de desvio e há toda espécie de inimigo interno. Esses inimigos não devem ser mortos ou destruídos, pelo contrário, devem ser transformados, convertidos em amigos. A raiva tem que ser transformada em compaixão, o desejo tem que ser transformado em amor e assim por diante. Portanto, embora não se trate de uma guerra, é preciso que o homem seja um guerreiro. É assim que, no Japão, o mundo todo do samurai, o guerreiro, veio da meditação, e todos os tipos de artes marciais se tornaram caminhos para a paz interior. A esgrima se tornou uma das melhores formas de meditação no Japão. O homem deve estar muito alerta, pois basta um único momento de falta de consciência para estar acabado. O verdadeiro esgrimista se tornou tão alerta que, antes da outra pessoa atacá-lo, ele sabe que vai ser atacado. Antes mesmo de o pensamento do ataque cruzar a mente do oponente, ele está preparado. Está pronto. Sua vigilância se torna tão profunda que ele começa a ler os pensamentos do rival. Dizem que, quando dois samurais verdadeiros lutam, ninguém pode vencer. A luta pode continuar, mas ninguém pode ganhar, porque ambos estarão lendo a mente um do outro. E antes que um ataque, o outro já está pronto para se defender. A esgrima tornou-se uma das maiores fontes de iluminação. Parece estranho, mas o Japão fez muitas coisas realmente estranhas. Do hábito de beber chá até a prática da esgrima, tudo foi transformado em meditação. Na verdade, a vida como um todo pode ser transformada em meditação, uma vez que meditação significa simplesmente se tornar mais consciente. Portanto, o homem precisa se voltar para dentro e ser mais consciente. Um dia a vitória será sua, com certeza absoluta. Apenas cumpra a exigência: estar plenamente consciente.

Certa vez um samurai zen, um guerreiro zen, chegou em casa mais cedo da linha de combate, e encontrou um serviçal fazendo amor com sua esposa. Por ser um homem zen, disse ao serviçal:

– Não se preocupe, apenas termine o seu trabalho. Estou esperando lá fora. Você terá que trazer uma espada na mão e lutar comigo. Está perfeitamente correto seja o que for que esteja acontecendo. Estou esperando lá fora.

O pobre criado começou a tremer. Além dele nem sequer saber como segurar uma espada, seu mestre era um guerreiro famoso e iria cortar sua cabeça em um único golpe. Então, correu pela porta dos fundos em direção ao mestre zen, que também era o mestre do guerreiro. E disse ao mestre:

– Estou em apuros. A culpa é toda minha, mas aconteceu.

O mestre ouviu a história e disse:

– Não há necessidade de se preocupar. Vou lhe ensinar como segurar a espada. E gostaria de lhe dizer também que não importa que o seu mestre seja um grande guerreiro. Tudo o que importa é a espontaneidade. E na espontaneidade você vai ser o melhor, porque ele parece estar pensando confiante: não há dúvida de que esse serviçal não sobreviverá. Será praticamente como um gato brincando com um rato. Então, não se preocupe. Seja total, e bata nele com força, pois essa é sua única chance de vida, de sobrevivência. Portanto, não se intimide, não seja condicional, achando que talvez ele possa perdoá-lo. Ele nunca vai perdoá-lo. Você vai ter que lutar com ele. Você o provocou e o desafiou. Mas não tem problema: do meu ponto de vista, você vai acabar vencedor.

O serviçal não conseguia acreditar e, então, o mestre lhe disse:

– Deve entender que sou o mestre do seu mestre também, e sei que ele vai se comportar de acordo com seu treinamento. Por saber perfeitamente bem que ele vai ganhar, ele não pode ser incondicional, e você não tem alternativa senão ter que ser incondicional. Apenas seja pleno. Como não sabe onde bater, como bater, então bata em qualquer lugar. Basta dar uma de louco!

– Se está dizendo, vou fazer isso. Na verdade, não há nenhuma chance de eu sobreviver, então, por que não fazê-lo de forma plena? – disse o criado.

Ao ver que havia chegado o momento, ele aprendeu como segurar a espada, voltou e desafiou seu mestre:

– Agora vamos lá!

O samurai não pôde acreditar. Achou que o serviçal cairia aos seus pés, choraria, derramaria lágrimas e diria: "Apenas me perdoe!" No entanto, em vez disso, o criado rugiu como um leão, empunhando uma espada do mestre zen! O samurai reconheceu a espada.

– Onde conseguiu isso? – indagou o samurai.

– Do seu mestre. Agora venha, que seja decidido de uma vez por todas. Ou eu vou sobreviver ou você vai sobreviver, mas ambos não é possível – esclareceu o serviçal.

O samurai sentiu um pequeno tremor no coração, mas mesmo assim pensou: "Como ele pode fazer isso? É um treinamento de anos... Luto há anos em guerras, e esse pobre serviçal..." Mas então teve que puxar sua espada.

O criado realmente avançar enlouquecido. Sem saber onde bater, começou a bater aqui e ali e apenas.... O samurai estava no prejuízo, pois podia lutar com qualquer guerreiro que soubesse como lutar, mas aquele homem não sabia nada e estava fazendo todo tipo de coisa! O serviçal o empurrou contra a parede e o samurai teve que implorar:

– Por favor, me perdoe. Você vai me matar. Você não sabe como lutar. O que está fazendo?

– Não é uma questão de fazer. É minha última chance, e vou fazer tudo de forma plena – declarou o serviçal.

O serviçal foi o vencedor, e o guerreiro também foi até o mestre e disse:

– Que milagre foi esse que você fez? Em cinco minutos o serviçal se tornou um grande guerreiro, e com uns golpes tão estúpidos que poderiam ter me matado. Ele não sabe nada, mas poderia ter me matado. Empurrou-me contra a parede da minha casa, com a espada no meu peito. Tive que implorar para ser perdoado e lhe disse que o que quer que estivesse fazendo estava correto e podia continuar.

— Você tem que aprender uma lição, que é, por fim, a plenitude, o absoluto incondicional... não importa se traz derrota ou vitória. O que importa é que o homem foi pleno, e o homem pleno nunca é derrotado. Sua plenitude é sua vitória — disse o mestre zen.

# O Jogador

"O que significa viver perigosamente?"

Viver perigosamente significa viver. Se não viver perigosamente, o homem não vive. O viver prospera apenas no perigo. O viver nunca prospera na segurança, e sim apenas na insegurança.

Se o homem começa a se sentir seguro, torna-se um poço estagnado. Em seguida, sua energia não se desloca mais. Depois fica com medo, porque nunca se sabe como se faz para ir para o desconhecido. E por que correr o risco? Afinal, o conhecido é mais seguro. E, depois, o homem fica obcecado com o que é familiar. Fica bravo com isso, entediado, sente-se infeliz, mas ainda assim lhe parece familiar e confortável. Pelo menos é conhecido. O desconhecido o faz tremer. A própria ideia do desconhecido faz com que comece a se sentir inseguro.

Há apenas dois tipos de pessoas no mundo. Por um lado, as pessoas que querem viver de forma confortável... Estas estão buscando a morte, e querem um túmulo confortável. Por outro, as pessoas que querem *viver*. Escolhem viver perigosamente, porque a vida prospera apenas quando há risco. Quem já não subiu montanhas? Quanto maior a subida, mais refrescada e mais jovem a pessoa se sente. Quanto maior o perigo de cair, quanto maior o abismo ao lado, mais viva a pessoa está... entre a vida e a morte, quando se está suspenso entre a vida e a morte. Nesse momento, não há tédio, não há poeira do passado, não há desejo para o futuro. O presente momento é muito forte, como uma chama. É o suficiente. O homem vive o aqui e agora... Surfando, esquiando ou voando de asa delta, onde quer que haja um risco de perder a vida, há enorme alegria, uma vez que o risco de perder a vida faz com que o homem se sinta intensamente vivo. Daí as pessoas serem atraídas pelos esportes perigosos.

As pessoas vão subindo as montanhas. Perguntam a Hillary:

– Por que você tentou escalar o Everest? Por quê?

– Porque ele está lá, é um desafio constante – responde Hillary.

Era arriscado, muitas pessoas tinham morrido antes. Fazia cerca de sessenta ou setenta anos que grupos praticavam essa escalada, e era praticamente morte certa. Mas ainda assim as pessoas continuavam a empreitada. Qual era a atração?

Chegar mais alto, ficar mais longe do estabelecido, da vida de rotina, voltar a ser selvagem, voltar a fazer parte do mundo animal, voltar a viver como um tigre ou um leão, ou como um rio, voltar a voar como um pássaro no céu, cada vez mais alto. E, a cada momento, a segurança, o saldo bancário, a esposa, o marido, a família, a sociedade, a Igreja, a respeitabilidade, todos eles estão desvanecendo, cada vez mais longe, tornando-se cada vez mais distante. E o homem se torna solitário. É por isso que as pessoas estão tão interessadas nos esportes. Mas isso também não é perigo real, pois a pessoa pode se tornar muito habilidosa. Há como aprender e treinar para isso. Na minha opinião, é um risco muito calculado. Pode-se treinar para fazer montanhismo e, consequentemente, tomar todas as precau ções. Ou para dirigir veículos em alta velocidade. Pode-se chegar a 160km por hora. É perigoso, emocionante. Porém ·é possível a pessoa se tornar realmente habilidosa no que faz, e o perigo é apenas para aqueles que estão de fora, mas não para a pessoa habilidosa. E mesmo que o perigo esteja lá, é apenas marginal. E, depois, esses riscos são apenas riscos físicos, é apenas o corpo que está envolvido.

Quando eu digo para as pessoas viverem perigosamente, quero dizer não apenas assumir riscos corporais, mas também riscos psicológicos e, por fim, riscos espirituais. A religião é um risco espiritual. Chega a alturas em que talvez não haja retorno.

Quando digo "viva perigosamente", quero dizer para que não vivam a vida de respeitabilidade comum: ser o prefeito de uma cidade ou um membro da cooperação. Isso não é vida. Ou a pessoa é um ministro ou tem uma boa profissão e ganha bem, e o dinheiro vai se acumulando no banco para que tudo dê certo. Quando tudo estiver muito bem, a pessoa precisa simplesmente atentar para isso: que ela está morrendo e nada acontece. Os outros podem respeitá-la e, até mesmo quando morrer, um grande cortejo vai segui-la. Bom, isso é tudo. E nos jornais suas fotos serão publicadas e haverá editoriais a seu respeito e, depois, as pessoas vão esquecê-la. E ela viveu toda uma vida apenas para essas coisas.

Preste atenção: pode-se perder uma vida inteira por coisas comuns, mundanas. Ser espiritual significa compreender que não se deve dar muita importância a essas pequenas coisas. Isso não quer dizer que não tenham importância. Quer dizer, sim, que são significativas, mas não tão significativas quanto a maioria pensa. O dinheiro é necessário. É uma necessidade. Entretanto, o dinheiro não é o objetivo, e não pode ser o objetivo. Uma casa é necessária, certamente. É uma necessidade. Eu não sou um devoto e não quero que as pessoas destruam suas casas e fujam para o Himalaia. A casa é necessária, mas a casa é necessária para o *indivíduo*. Não interprete errado. Do jeito que andam as pessoas, a coisa toda tem andado às avessas. As pessoas existem como se fossem necessárias para a casa. Mantêm-se trabalhando para a casa. Da mesma forma, como se fossem necessárias para o saldo bancário, uma vez que juntam dinheiro e depois morrem. Sem nunca terem vivido. Nunca tiveram um único momento sequer de vida vibrante e palpitante. Estavam aprisionadas na segurança, na familiaridade e na respeitabilidade. Então, se alguém se sente entediado, é normal. As pessoas vêm até mim e dizem que se sentem muito entediadas. Sentem-se cansadas, presas. O que fazer? Acham que basta repetir um *mantra* para se tornarem vivas novamente. Não é assim tão fácil. Vão ter que mudar todo o seu padrão de vida.

O homem pode amar, mas não deve achar que amanhã a mulher estará disponível para ele. Não deve esperar por isso. Não pode reduzir a mulher a uma esposa. Daí, ele está vivendo perigosamente. A mulher não deve reduzir o homem a um marido, porque marido é uma coisa feia. É preciso deixar que o homem seja seu homem e, no caso do homem, que a mulher seja sua mulher. E não tornar o amanhã previsível. Não se deve esperar nada e estar pronto para tudo. Isso é o que eu quero dizer quando digo para viver perigosamente. O que fazer? O homem se apaixona por uma mulher e, imediatamente, se dirige para o cartório ou para a Igreja para casar. Não digo para as pessoas que não se casem. É uma formalidade. Bom, é uma satisfação para a sociedade. Mas lá no fundo da mente o homem nunca deve possuir a mulher. Nunca, por um momento sequer, deve dizer: "Você me pertence." Como uma pessoa pode pertencer a outra? Além disso, quando o homem começa a possuir a mulher, a mulher começa a possuir o homem. Daí, nenhum dos dois está mais apaixonado pelo outro. Estão apenas se destruindo, matando um ao outro, paralisando um ao outro.

Ame, mas não degrade seu amor através do casamento. Trabalhe, o trabalho é necessário, mas não deixe que o trabalho se torne sua única vida. O jogo deve manter a vida do homem, o centro de sua vida. O trabalho deve ser um meio para o jogo. Trabalhe no escritório, na fábrica e na loja, mas apenas para ter tempo, oportunidade, para jogar. Não se deve deixar que a vida seja reduzida a apenas uma rotina de trabalho, pois o objetivo da vida é *jogar*. Jogar significa fazer algo para o próprio bem.

As pessoas me procuram para meditar, e até mesmo isso adotam como trabalho. Acham que é preciso fazer algo para alcançar Deus. É uma bobagem. A meditação não pode ser feita dessa forma. É preciso jogar, é preciso adotá-la como diversão. Não tem que levá-la a sério. É preciso curtir. Quando a pessoa curte, a meditação progride. Quando a pessoa começa a ver isso como trabalho, como um dever a ser feito – fazer porque tem que fazer, tem que alcançar *moksha*, *nirvana*, a libertação –, é porque trouxe novamente seus condicionamentos tolos para o mundo do jogo.

A meditação é um jogo, é uma *leela*. O praticante aproveita a meditação para o próprio bem. O homem, ao curtir muito mais coisas para o próprio bem, vai se sentir mais vivo. É claro que sua vida estará sempre em risco, em perigo. Mas é assim que a vida tem que ser. O risco faz parte da vida. Na verdade, a melhor parte da vida é o risco, a principal parte da vida é o risco. A parte mais bela da vida é o risco. Cada momento é um risco. O homem pode não ter consciência disso. O inspirar e o expirar implicam risco. Mesmo no ato de respirar, quem garante que a respiração vai voltar? Não é certo, não há garantia. Mas existem alguns cuja religião se baseia na segurança. Até quando falam sobre Deus, falam de Deus como a segurança suprema. Quando pensam em Deus, pensam apenas porque estão com medo. Quando vão rezar ou meditar, vão apenas com o intuito de manter os ensinamentos dos bons livros, dos bons livros de Deus. "Se há um Deus, ele vai saber que eu fui um frequentador regular da igreja. Posso reivindicar isso." Até mesmo suas orações são apenas um meio. Viver perigosamente significa viver a vida como se cada momento fosse o seu próprio fim. Cada momento tem seu próprio valor intrínseco. E o homem não está com medo. Sabe que a morte está lá e aceita o fato de que a morte esteja lá, além de não se esconder dela. Na verdade, o homem vai e encontra a morte. O homem aproveita física, psicológica e espiritualmente esses momentos de encontro com a morte.

Desfrutar esses momentos em que se entra diretamente em contato com a morte, em que ela se torna quase uma realidade, é o que quero dizer quando falo sobre "viver perigosamente".

O amor coloca o homem cara a cara com a morte. A meditação coloca o homem cara a cara com a morte. Ir até um mestre é ir para a própria morte. Estar diante de alguém que tenha desaparecido é entrar em um abismo no qual pode se perder, e se transformar em alguém que nunca retorna. Aqueles que são corajosos, mergulham de cabeça. Saem em busca de todas as oportunidades de perigo. Sua filosofia de vida não é a das companhias de seguro. Sua filosofia de vida é a de um alpinista, de um praticante de planador, de um surfista. E não surfam apenas nos mares de fora, mas também nos mares mais profundos. E não escalam apenas do lado de fora nos Alpes e no Himalaia, mas também buscam picos ocultos. Mas é bom lembrar uma coisa: nunca se esqueça da arte de se arriscar, nunca, jamais. Mantenha sempre sua capacidade de se arriscar. E sempre que puder encontrar uma oportunidade de se arriscar, nunca a deixe passar. Agindo assim, você nunca será um perdedor.

O risco é a única garantia de estar vivo de verdade.

# O Criador

"No passado todos os artistas famosos eram bem conhecidos pelo estilo de vida boêmio. Pode, por favor, falar algo sobre criatividade e disciplina?"

A vida boêmia é a única vida digna de ser vivida! Todos os outros estilos de vida são apenas mornos, são mais meios de cometer suicídio lento do que meios de viver a vida com paixão e intensidade. No passado, era inevitável que o artista tivesse que viver em rebeldia, pois a criatividade é a maior rebeldia da existência. Aquele que quiser criar tem que se livrar de todos os condicionamentos, pois, do contrário, a criatividade não será nada além de uma cópia, a criatividade será apenas uma cópia em papel carbono. Só é possível ser criativo se a pessoa atuar individualmente. Não pode criar como parte da psicologia coletiva. A psicologia coletiva ou das massas não tem criatividade, pois vive uma vida que está mais para um fardo. Não conhece nenhuma dança, nenhuma música, nenhuma alegria e, além disso, é mecânica. É claro que existem algumas coisas que as pessoas obtêm a partir da sociedade, apenas se forem mecânicas. A respeitabilidade que vão adquirir, as honras que vão receber. As universidades vão lhes conceder doutorados, os países vão lhes dar medalhas de ouro, e podem, finalmente, ser laureadas com o Nobel. Mas tudo isso é horroroso. Um homem genial de verdade vai descartar toda essa bobagem, porque isso é suborno. Dar o Prêmio Nobel a uma pessoa significa simplesmente que seus serviços em relação ao que já está estabelecido são respeitados, que é homenageada porque tem sido uma boa escrava, obediente, que não se desviou, que seguiu o trajeto bem-trilhado. O criador não pode seguir o trajeto bem-trilhado. Tem que sair em busca e descobrir o próprio caminho. Tem que investigar nas selvas da vida, e tem que ir sozinho, abandonando a mente das massas, a psicologia coletiva. A mente coletiva é a mente mais inferior do mundo. Até mesmo os chamados idiotas são um pouco superior do que a idiotice coletiva. Mas a coletividade tem seus próprios meios de suborno, respeitando e homenageando as pessoas que continuarem a insistir que o caminho da mente coletiva é o único correto.

Era por absoluta necessidade que, no passado, os criadores de todos os tipos, tais como os pintores, os dançarinos, os músicos, os poetas, os escultores, tinham que renunciar à respeitabilidade. Tinham que viver uma espécie de vida boêmia, a vida de vagabundo, uma vez que era o único jeito de serem criativos. Não precisa mais ser assim no futuro. Se for possível compreender isso, se for possível perceber que o que está sendo dito é uma verdade, então, no futuro, todo mundo deve viver individualmente, e não haverá a necessidade de ter uma vida boêmia. A vida boêmia é o subproduto de uma vida fixa, ortodoxa, convencional e respeitável.

O meu esforço é para destruir a mente coletiva e fazer com que cada indivíduo se torne livre, a fim de ser ele mesmo. Depois, não haverá mais problema, pois, depois, ele pode viver a vida como quiser. Na verdade, a humanidade somente vai realmente nascer no dia em que o indivíduo for respeitado em sua rebeldia. A humanidade ainda não nasceu, ainda está no útero. O que se vê como humanidade é meramente um fenômeno de pura tapeação. A menos que se dê liberdade individual a cada pessoa, liberdade absoluta a cada pessoa para ser ela própria, para existir de sua própria maneira... E, claro, ela não deve interferir na vida de outros, pois isto faz parte da liberdade. Ninguém deve interferir na vida de ninguém.

No entanto, no passado, todo mundo metia o nariz nos assuntos de todo mundo, mesmo em coisas que são absolutamente privadas, que não têm nada a ver com a sociedade. Por exemplo, o homem se apaixonar por uma mulher. O que isso tem a ver com a sociedade? É um fenômeno puramente pessoal, e não um fenômeno de mercado. Se duas pessoas concordam com a comunhão no amor, a sociedade não deve se intrometer. Entretanto, a sociedade se intromete com toda a sua parafernália, tanto de forma direta quanto indireta. O policial vai se colocar entre os amantes, o juiz vai ficar entre os amantes e, como se isso não fosse o suficiente, as sociedades criaram um superpolicial, Deus, que vai tomar conta do casal. A ideia de Deus é a de um *voyeur* que nem mesmo permite ao homem privacidade no próprio banheiro, e que sempre olha pelo buraco da fechadura para observar o que estão fazendo. Isso é feio. Todas as religiões do mundo dizem que Deus observa os homens continuamente. Isso é feio. Que tipo de Deus é esse? Ele não tem nenhum outro negócio que não seja observar e seguir todo mundo? Parece ser o detetive mais supremo!

A humanidade precisa de um novo solo, o solo da liberdade. Embora a boêmia se constituísse como uma reação, uma reação necessária, se a minha visão tiver êxito, então, não haverá mais boêmia, porque não haverá a chamada mente coletiva que tenta dominar as pessoas. Com isso, o homem ficará à vontade consigo mesmo. É claro que não tem que interferir na vida de ninguém, mas, como se trata de sua própria vida, ele tem que vivê-la em seus próprios termos. Apenas então haverá criatividade. A criatividade é a fragrância da liberdade individual. Perguntaram-me: "Pode, por favor, dizer algo sobre criatividade e disciplina?"

*Disciplina* é uma bela palavra, mas tem sido mal-empregada, como todas as outras belas palavras foram mal-empregadas no passado. A palavra disciplina tem a mesma raiz da palavra *discípulo*, e o significado da raiz da palavra é *processo de aprendizagem*. Aquele que está pronto para aprender é um discípulo, e o processo que faz com que o indivíduo esteja preparado para o aprendizado é a disciplina.

A pessoa instruída nunca está pronta para aprender, porque acha que já sabe, e é muito centrada em seu chamado conhecimento. Seu conhecimento não é nada mais do que um alimento para seu ego. Diante disso, não pode ser um discípulo, não pode ter verdadeira disciplina.

Sócrates dizia: "Sei apenas uma coisa: que nada sei." Esse é o princípio da disciplina. Quando você não sabe nada, é claro que surge um grande anseio de indagar, explorar, investigar. E, no momento em que se começa a aprender, acontece outro fator inevitável: qualquer coisa que tenha aprendido tem que ser descartada continuamente, pois, caso contrário, vai se tornar conhecimento, e o conhecimento vai impedir mais aprendizados. O verdadeiro homem de disciplina nunca acumula. A cada momento ele morre para o que quer que seja que venha a adquirir de conhecimento e se torna ignorante novamente. Essa ignorância é realmente luminosa. Estar em um estado de não saber luminoso é uma das mais belas experiências existentes. Quando está nesse estado, a pessoa está aberta. Não há barreira e, portanto, a pessoa está pronta para explorar. Os hindus não podem fazer isso, pois já são conhecedores. Os maometanos também não podem fazer isso, nem os cristãos. A disciplina tem sido mal-interpretada. As pessoas dizem aos outros para disciplinar sua vida: faça isso, não façam aquilo. Milhares de coisas que devem e não devem ser feitas são impostas ao homem que, ao viver com essa exigência, não pode ser criativo. Acaba por ser um prisioneiro, visto que em toda parte há de deparar com uma parede.

A pessoa criativa tem que dissolver todos os deveres e proibições. Ela precisa de liberdade e de espaço, um espaço amplo, precisa de todo o céu e de todas as estrelas. Somente então sua espontaneidade mais profunda pode começar a crescer. Portanto, é bom lembrar que a disciplina da qual eu falo não é a dos Dez Mandamentos, uma vez que não dou ao homem nenhuma disciplina. Simplesmente, lhe dou uma visão de como continuar aprendendo e nunca se tornar conhecedor. A disciplina do homem tem de vir do próprio coração, tem que ser *sua*. Isso faz uma grande diferença. Quando outra pessoa lhe dá a disciplina, nunca vai poder lhe caber. É como usar as roupas de outro: ou vão ficar muito folgadas ou muito apertadas, e a pessoa vai se sentir um pouco desconfortável nelas.

Maomé deu uma disciplina aos maometanos, e pode ter sido bom para ele, mas não pode ser bom para ninguém mais. Buda deu uma disciplina a milhares de budistas, e pode ter sido bom para ele, mas não pode ser bom para ninguém mais. A disciplina é um fenômeno individual. É por isso que, sempre que pega uma disciplina emprestada, o indivíduo passa a viver de acordo com princípios estabelecidos, princípios mortos. E a vida nunca está morta, a vida está em constante mudança, a cada momento. A vida é um fluxo.

Heráclito está certo: não se pode pisar no mesmo rio duas vezes. Na verdade, por minha conta, diria que não se pode pisar no mesmo rio nem mesmo uma única vez, visto que o rio é tão veloz! É preciso estar alerta, atento, a cada situação e suas nuances, e responder à situação de acordo com o momento, e não de acordo com quaisquer respostas prontas dadas por terceiros. Dá para ver a estupidez da humanidade? Há 5 mil anos, Manu deu uma disciplina aos hindus, que ainda a seguem. Há 3 mil anos, Moisés deu uma disciplina aos judeus, que ainda a seguem. Há 5 mil anos, Adinatha deu sua disciplina aos jainistas, que ainda a seguem. O mundo inteiro está ficando louco por causa dessas disciplinas! Essas pessoas estão desatualizadas, e deveriam ter sido enterradas há muito tempo. Estão carregando cadáveres, e eles estão fedendo. E quando se vive cercado de cadáveres, que tipo de vida se pode ter?

Eu ensino ao homem o momento, e a liberdade do momento e a responsabilidade do momento. Uma coisa pode estar certa neste momento e pode se tornar errada no seguinte. O homem não deve tentar ser consistente, senão pode estar morto. Somente as pessoas mortas são consistentes.

Esteja vivo de forma intensa, com todas as suas contradições, e viva cada momento sem qualquer referência ao passado, sem qualquer referência ao futuro também. Ao viver o momento, no contexto do momento, a resposta será total. E essa totalidade, além de bela, é criativa. Assim, o que quer que você faça, terá uma beleza própria.

# O Envelhecimento

"Pode me dizer algo sobre a velhice?"

Uma pessoa pode envelhecer ou crescer. A pessoa que envelhece, simplesmente não viveu de modo absoluto. Passou o tempo, mas não viveu. Toda a sua vida nada mais é do que repressão. Eu ensino as pessoas a não envelhecerem. Isso não significa que não vão ficar idosas. Isso quer dizer que ofereço ao homem uma outra dimensão: o crescimento. Certamente que o homem vai envelhecer, mas isso apenas no que diz respeito ao corpo. Porém, sua consciência, sua existência, não vão envelhecer, apenas crescer. O homem continua a crescer na maturidade.

No entanto, todas as religiões do mundo têm cometido tais crimes, pelos quais não podem ser perdoadas. Em vez de ensinarem ao homem como viver, elas o ensinam como *não* viver, como renunciar à vida, como renunciar ao mundo. Este mundo, de acordo com as religiões, é uma punição. O homem está na prisão. Portanto, a única coisa a fazer é fugir da prisão o mais rápido possível. Isso não é verdade. A vida não é uma punição. A vida é tão valiosa que não pode ser uma punição. A vida é uma recompensa. E você deve ser grato à existência por ela ter escolhido respirar por meio de você, amar por meio de você, cantar por meio de você, dançar por meio de você.

Aquele que continua a crescer em maturidade e em compreensão, nunca fica velho. E está sempre jovem, porque está sempre aprendendo. O ato de aprender mantém o homem jovem. Está sempre jovem, porque não fica sobrecarregado com repressões. E não carregar esse peso faz com que se sinta como se fosse apenas uma criança, um novato nessa bela Terra.

Ouvi uma vez que três sacerdotes iam para Pittsburgh. Eles chegaram ao guichê para comprar os bilhetes e foram atendidos por uma mulher extraordinariamente bonita. Suas roupas eram praticamente insignificantes. Tinha belos seios e estava usando um decote em V.

O mais jovem dos sacerdotes foi até a janela do guichê, mas tinha esquecido tudo sobre a viagem, pois só podia ver aqueles belos seios à sua frente.

— O que posso fazer por você? — perguntou a mulher.

— Três bilhetes para Tetópolis — disse o sacerdote mais jovem.

A mulher se assustou.

— Você é um padre! — exclamou ela.

O segundo sacerdote se aproximou e o empurrou para o lado. E disse à mulher:

— Não fique zangada, ele é novo, imaturo. Nos dê três bilhetes para Tetópolis...

A mulher olhou para ele como quem diz "Todos esses homens estão loucos ou algo assim?".

— ... E lembre-se de uma coisa: eu gostaria de ter o troco em mamilos e moedas de 10 centavos.

Então, a mulher começou a gritar:

– Isso é demais!

O sacerdote mais velho então se aproximou e disse:

– Minha filha, não fique irritada. Esses rapazes ficam no monastério, sem sair, sem ver nada. Você deve ter um pouco de compreensão em relação à vida que eles levam, pois eles renunciaram à vida. Acalme-se. Agora, precisamos de três bilhetes para Tetópolis.

A mulher não podia acreditar neles: todos os três pareciam ser idiotas! O sacerdote mais velho disse:

– Lembre-se de uma coisa: aconselho a você que use outras roupas para melhor cobrir seu belo corpo. Caso contrário, lembre-se que, no dia do julgamento, o Santo Dedo vai apontar seu Pedro para você!

Essa é a situação da pessoa obsessiva. Quanto mais nega a vida, mais obsessiva a pessoa se torna com a mesma vida. Até agora, não se permite que o homem viva uma vida não obsessiva. Todas as religiões e os governos estão irritados comigo pela simples razão de que sou a favor do homem, de sua liberdade e de uma vida não obsessiva, por meio de um fluxo natural, puro, alegre, que faz com que a vida como um todo seja um paraíso.

Ninguém está em busca de nenhum paraíso nas nuvens. Se houver um lá, o homem vai se apossar dele, mas, primeiro, é preciso fazer um paraíso aqui na Terra, que será a preparação do ser humano. Se for possível viver em um paraíso na Terra, então este, onde quer que se encontre, será do homem. E ninguém mais poderá reivindicá-lo, pelo menos não esses sacerdotes, monges e freiras! Todas essas pessoas estão vinculadas ao inferno, pois na superfície são uma coisa e por dentro são exatamente o oposto. É preciso tentar ser natural. Arrisque tudo para ser natural e não sairá perdendo.

"Por que existe a expressão 'velho tarado'? Estou ficando velho e suspeito que as pessoas estejam começando a pensar a meu respeito exatamente nestes termos."

O velho tarado existe por causa de uma sociedade que há muito tempo é repressiva. O velho tarado existe por causa dos santos, dos sacerdotes, dos puritanos. Se as pessoas têm permissão para viver sua vida sexual com alegria, quando se aproximam dos 42 anos (lembre-se: 42 e não 48), e apenas quando estão chegando aos 42, o sexo começa a perder o controle sobre elas. Da mesma forma que o sexo surge e se torna muito poderoso aos 14 anos, começa a desaparecer aos 42. É um curso natural. E quando o sexo desaparece, o idoso tem um amor e uma compaixão de uma maneira totalmente diferente. Não há apetite sexual em seu amor, não há desejo, e o idoso não quer nada com isso. Seu amor tem uma pureza, uma inocência. Seu amor é uma alegria.

O sexo dá prazer. No entanto, o sexo dá prazer apenas quando se faz sexo. O prazer é o resultado final. Se o sexo se tornou irrelevante, não foi por ter sido reprimido, mas devido ao sexo ter sido experimentado tão profundamente que já não tem mais valor. Os idosos conheceram o sexo, e o conhecimento sempre traz liberdade. Os idosos conheceram o sexo de modo pleno e, por esse motivo, acabou-se o mistério, não há mais o que ser explorado. Com esse conhecimento, toda a energia, a energia sexual, é transformada em amor, compaixão. E, então, passam a distribuir alegria. A partir daí, o idoso é o homem mais belo do mundo, o homem mais limpo do mundo.

Não existe em nenhum idioma uma expressão do tipo o "velho puro". Pelo menos não que o autor tenha conhecimento. Mas a expressão "velho tarado" existe em quase todos os idiomas. O motivo é que, apesar de o corpo ficar velho, cansado, e querer se livrar de toda a sexualidade, a mente, devido aos desejos reprimidos, ainda anseia. Quando o corpo não é capaz, e a mente persegue continuamente algo que o corpo é incapaz de fazer, é porque o velho está confuso. Por um lado, seus olhos são sexuais, têm um desejo ardente, e, por outro, o corpo está morto e sem brilho. E sua mente continua a incitá-lo. Ele começa a ter um olhar de tarado, seu rosto começa a ter um aspecto de tarado e, por fim, começa a ter algo feio nele. Eis uma história interessante, de um homem que, por acaso, ouviu o irmão e a esposa discutindo sobre as frequentes viagens de negócios dele fora da cidade. A irmã continuava a sugerir que a esposa devia se preocupar com o fato de o marido estar sempre desacompanhado nesses hotéis resort de convenções chiques com tantas mulheres de carreira, independentes e atraentes ao redor.

– Eu, me preocupar? – disse a esposa. – Por que, se ele nunca me traiu? Ele é muito fiel, muito decente... muito velho.

O corpo envelhece, mais cedo ou mais tarde, porque é obrigado a envelhecer. Entretanto, se os desejos do corpo não forem vividos, vão protestar e serão obrigados a criar algo feio no idoso. O idoso pode se tornar o homem mais belo do mundo, ao alcançar uma inocência como a de uma criança, ou até mesmo mais profunda do que a inocência de uma criança, tornando-se um sábio. Mas se os desejos ainda estiverem lá, funcionando como uma corrente, então o idoso ficará preso em turbulência.

Um homem bastante idoso foi preso ao tentar molestar sexualmente uma mulher jovem. Ao ver aquele idoso de 84 anos no tribunal, o juiz reduziu a acusação de estupro para agressão com arma inoperante.

Aquele que está envelhecendo deve se lembrar que a velhice é o apogeu da vida. Deve ter em mente, também, que a velhice pode ser a mais bela experiência, visto que a criança tem esperança no futuro, ela vive no futuro. A criança tem grandes desejos de fazer isso, de fazer aquilo. Toda criança acha que vai ser alguém especial, como Alexandre, o Grande, Josef Stalin, Mao Tsé-Tung. Vive nos desejos e no futuro. O jovem é muito controlado pelos instintos, todos os instintos, que explodem nele. O sexo está lá: o jovem é possuído por essas grandes forças naturais das quais não consegue se livrar. A ambição está lá, e o tempo está se esgotando rapidamente, e ele tem que fazer alguma coisa, ele tem que ser alguma coisa. Todas essas esperanças e fantasias da infância têm que ser cumpridas, e é por isso que ele está correndo e com muita pressa.

O idoso sabe que aqueles desejos infantis eram realmente infantis. Sabe que todos aqueles dias da juventude e de turbulência se foram. E está no mesmo estado de quando a tempestade passa e o silêncio prevalece. Esse silêncio pode ser de enorme beleza, profundidade e riqueza. Se o idoso for realmente maduro, o que raramente acontece, então ele será belo. Mas as pessoas só crescem em idade, não crescem em sabedoria. Eis o problema. Crescer, tornar-se mais maduro, tornar-se mais alerta e consciente. E a velhice é a última oportunidade dada ao homem: antes que a morte venha, o homem deve se preparar. E como é que o homem se prepara para a morte? Tornando-se mais meditativo.

Se alguns desejos ocultos ainda estiverem lá, e o corpo está envelhecendo e não é capaz de satisfazer aqueles desejos, não é motivo para preocupação. Basta meditar sobre esses desejos, observar, estar consciente. O simples fato de estar consciente, atento e alerta, fará com que esses desejos e a energia contida neles possam ser transmutados. Mas é preciso estar livre de todos os desejos antes que a morte chegue. Quando digo para ficar livre de todos os desejos quero simplesmente dizer para ficar livre de todos os objetos de desejos. Depois, há um desejo puro. Esse desejo puro é divino, esse desejo puro é Deus. Daí, então, passa a existir uma criatividade pura, sem nenhum objeto, sem nenhum endereço, sem nenhuma direção, sem nenhum destino, apenas energia pura, um poço de energia, que não vai a lugar nenhum. Esse é o estado de Buda.

# O Mestre

**"Para** o mundo ocidental, os termos 'liberdade' e 'mestre' são praticamente excludentes. Para aqueles que o conheceram, Osho, isso é extremamente impreciso. Como você redefine a ideia de liberdade e mestre para a compreensão ocidental?"

O mundo ocidental não entrou em contato com a grande realidade que acontece no encontro entre um mestre e um discípulo. Claro, não é visível. É como o amor, mas muito maior, e muito mais profundo e muito mais misterioso.

O Ocidente conhece santos e seguidores. Os santos exigem rendição e exigem fé. E no momento em que o homem se torna crente, ele deixa de existir, toda a sua individualidade é apagada. A partir daí, o homem é um cristão, ou um judeu, mas não é ele próprio. O fenômeno do mestre e do discípulo aconteceu no Oriente, em seus tempos áureos, quando havia pessoas como Lao Tzu, Zaratustra e Buda Gautama. Eles criaram um tipo totalmente diferente de relacionamento. Ninguém pode pintar como um Picasso, nem pode ser como um Michelangelo. O Ocidente sente falta de ter um Buda Gautama. Jesus não pode, de jeito nenhum, ser comparado a ele. Jesus foi simplesmente um judeu que acreditou em todos os dogmas judaicos. Ele é fiel, na verdade fiel um pouco demais. Buda Gautama, por outro lado, é um rebelde, não é seguidor de ninguém. E Lao Tzu também não é seguidor de ninguém. Nenhum dos dois tem qualquer escritura, ou qualquer sistema de crenças. Buscaram por contra própria, por si só, arriscando-se, uma vez que se distanciaram da multidão para seguir um caminho solitário, sem saber onde essa jornada iria terminar, mas confiando em seus corações, experimentando pequenos indícios de que a paz estava crescendo, de que o amor florescia, de que uma nova fragrância chegava às suas existências, de que seus olhos já não estavam mais cheios da poeira acumulada do passado. Uma enorme clareza e transparência... E eles souberam que estavam no caminho certo. Não há guia, e as pessoas não vão encontrar ninguém no caminho para obter informações sobre a distância até o destino. É um voo solitário, do começo ao fim. No entanto, depois que o homem encontra uma verdade por si mesmo, torna-se naturalmente consciente de que não há necessidade de nenhuma religião organizada – é um empecilho –, de nenhum sacerdote e de nenhum mediador, pois eles não vão permitir que o homem chegue à verdade. Tal homem, esse que encontrou a verdade, torna-se um mestre.

A diferença é sutil, e tem que ser compreendida. O discípulo não é um seguidor, o discípulo simplesmente se apaixona. Não se chama amante de seguidores. Algo despertou em seu ser, na presença de alguém. Não é o caso de ele ter se convencido das ideias desse alguém. Não é uma questão de convicção, não é uma conversão, é uma transformação. No momento em que uma pessoa que está em busca entra em contato com alguém que tenha encontrado, ocorre uma grande sincronia. Olhando um nos olhos do outro, sem dizer uma palavra, algo com que eles nunca sonharam de repente se torna a maior realidade.

Não se trata de crença, pois a crença está sempre nas filosofias, nas ideologias. Não é fé, pois a fé está nas ficções para as quais ninguém pode encontrar um argumento ou evidência. Trata-se de confiança. O que relaciona o mestre ao discípulo é a confiança. A confiança é o maior florescimento do amor. E como pode o amor fazer com que alguém seja um escravo? O próprio fato de que é o amor que une o mestre e o discípulo é indicação suficiente de que o mestre preparará todas as possibilidades para a liberdade do discípulo, caso contrário, trairá o amor, e nenhum mestre pode trair o amor. O amor é a realidade suprema. O homem tem que cumprir o amor através de suas ações, de suas palavras, de suas relações, de seus silêncios. O que quer que faça, o homem tem que cumprir apenas uma única coisa, e esta é o amor. E se uma pessoa estiver tateando no escuro, um discípulo chega até ela... Apenas um padre pode explorá-lo, um político pode explorá-lo. Tanto o padre quanto o político estão em busca de seguidores. O político e o padre estão de acordo em um ponto: que precisam de seguidores, pois somente dessa forma podem se tornar alguém. E dividem seus territórios: o político fica com o mundano e o padre com o espiritual. Entre os dois territórios, fazem toda a humanidade escrava. E, assim, têm destruído a liberdade de todos.

A maior contribuição veio de alguns mestres que alcançaram não só a própria liberdade, mas também a liberdade daqueles que os amavam. É simplesmente inconcebível: se o discípulo ama o mestre, como pode o mestre escravizar o discípulo? Se o discípulo ama o mestre, então, o segundo só vai ter alegria com a liberdade do primeiro. O que deixa o mestre alegre é ver o discípulo abrindo suas asas para o céu, em direção ao desconhecido, ao que está distante, ao mistério, e não preso a um determinado dogma, credo, culto, religião, filosofia. Esses são todos nomes diferentes de correntes, fabricadas por diferentes tipos de pessoas, mas o objetivo é o mesmo.

O Ocidente não conheceu mestres... Conheceu papas, conheceu profetas, conheceu salvadores, conheceu santos. O Ocidente não sabe realmente que há uma dimensão que foi perdida, e que essa é a dimensão mais valiosa. Em função dessa perda, surgiu um grande mal-entendido. Acontece... como na bela parábola de Esopo.

Uma raposa tentava, pulando o máximo possível, alcançar as belas uvas maduras penduradas logo acima de sua cabeça. Mas seu salto era menor do que a distância das uvas. Cansado, transpirando, e depois de ter caído muitas vezes, olhou em volta para ver se alguém a estava vendo.

Um pequeno coelho escondido em um pequeno arbusto estava observando. Isso era perigoso, pois aquele coelho poderia espalhar a notícia por toda parte. A raposa se afastou das uvas.

O coelho foi atrás dele e perguntou:

– Tio, apenas uma pergunta: o que aconteceu? Por que não consegue alcançar as uvas?

A raposa ficou muito irritada e disse:

– Suspeitei, no momento em que o vi, que você iria criar boatos a meu respeito. Optei por não pegar aquelas uvas porque não estão maduras. E se eu ouvir alguém falando sobre aquelas uvas, vou matar você, porque você é a única testemunha.

Trata-se de uma pequena parábola, mas contém um enorme significado: o que não se pode alcançar, o indivíduo começa a condenar, aqui, nesse caso, as uvas não estão maduras. Repetindo a pergunta inicial: "Para o mundo ocidental, os termos 'liberdade' e 'mestre' são praticamente excludentes. Para aqueles que o conheceram, Osho, isso é extremamente impreciso. Como você redefine a ideia de liberdade e mestre para a compreensão ocidental?"

A palavra mestre cria confusão. Passa a ideia de que o discípulo se tornou um escravo, de que alguém se tornou seu mestre. No Oriente, a palavra é usada no sentido de que o indivíduo se tornou mestre de si mesmo, de que não é mais um escravo, de que alcançou a liberdade. Línguas diferentes, cultivadas em ambientes diferentes, por pessoas diferentes, experiências diferentes, estão sujeitas a criar esse tipo de confusão.

Ser mestre de si mesmo nunca foi um objetivo na consciência ocidental. No Ocidente, ser mestre sempre foi conquistar os outros, ser mestre dos *outros*. É difícil traduzir muitas palavras orientais para a linguagem ocidental. Encontra-se a mesma dificuldade quando se quer traduzir a física quântica para as línguas orientais. Não se encontra os termos certos, pois, antes de vir a linguagem, a experiência tem que estar lá. A experiência cria a linguagem. E ao se tentar o contrário, podem acontecer coisas muito engraçadas. A palavra oriental para mestre é *acharya*. A palavra *acharya* significa que o indivíduo vive sua vida de forma autêntica, de acordo com a própria consciência e sensibilidade. O que tal pessoa pode oferecer àquele que chega perto dela? Estar com *acharya* fará com que qualquer pessoa aprenda uma única coisa: como viver em liberdade, com consciência, em profunda integridade e dignidade. Estamos usando a palavra mestre para *acharya*.

A palavra discípulo é mais afortunada, porque a palavra oriental *shishya* e a palavra discípulo têm exatamente os mesmos significados, por diferentes razões, mas os significados são os mesmos. O discípulo é aquele que está tentando aprender alguma coisa. O significado da raiz da palavra discípulo é o mesmo da raiz da palavra disciplina, e significa se preparar para aprender, para compreender. Está muito bom dessa forma, pode ser usado. No que diz respeito à palavra mestre... O discípulo se apaixonou pelo homem e quer aprender a mesma liberdade, a mesma sinceridade, a mesma integridade, a chegar ao mesmo nível de consciência. E não ocorre nem a questão da rendição nem a questão da crença. Na presença do mestre, no ambiente do mestre, os discípulos começam a crescer em dimensões novas, que não sabiam que carregavam dentro de si como algo em potencial. O mestre não oferece a eles nada além de amor, o que também não se pode dizer que ele ofereça. O amor é simplesmente regado, da mesma forma que o sol lança seus raios sobre todas as flores, sobre todos os pássaros, sobre todos os animais, de modo que, quem quer que se aproxime do mestre, é regado com amor.

Se a pessoa está à procura, se está pronta para aprender, se ainda não aprendeu, se ainda não adquiriu preconceitos, se ainda não é crente, se ainda não vendeu a alma para alguma teologia, religião ou ideologia, basta estar próximo do mestre que algo começa a transpirar. É uma transmissão da luz. Assim é conhecida no Oriente: uma transmissão de luz de um coração, que chegou ao seu próprio fogo, para outro coração, que está tateando no escuro. Apenas se aproximando... Basta imaginar duas velas, uma acesa e outra apagada, chegando cada vez mais perto. Chega um momento em que, de repente, e de forma surpreendente, ambas as velas estão acesas. A chama pulou para a outra vela. Apenas uma certa proximidade. O amor cria essa proximidade, e a chama pula de um coração para outro. Não se trata de alguém se render, não se trata de alguém acreditar.

Mas a pergunta citada é significativa, porque mesmo no Oriente não se encontra o mestre que defino aqui. O Oriente caiu nas profundezas da escuridão. Os dias de Buda Gautama não são mais uma realidade, mas apenas uma bela memória, um sonho que talvez tenha acontecido ou talvez alguém tenha sonhado.

Numa certa manhã, um grande rei, Prasenjita, foi até Buda Gautama. Tinha em uma das mãos uma bela flor de lótus e, na outra, um dos diamantes mais preciosos daquela época. Fora porque sua esposa era persistente ao dizer: "Embora Buda Gautama esteja aqui, você perde seu tempo com idiotas, falando sobre coisas desnecessárias."

Desde a infância a esposa costumava ir ao Buda Gautama. Depois, ela se casou. Prasenjita não tinha essa inclinação, porém, como a esposa era muito insistente, acabou por dizer: "Vale a pena fazer pelo menos uma visita para ver que espécie de homem é esse." No entanto, como era um homem de ego muito grande, pegou o diamante mais precioso de seu tesouro para dar de presente a Buda Gautama.

Não queria ir até lá apenas como um homem comum. Todo mundo tinha que saber... Na verdade, queria que todo mundo soubesse: "Quem é o maior: Buda Gautama ou Prasenjita?" Aquele diamante era tão precioso que provocou muitas brigas e foi motivo de muitas guerras.

A esposa riu e disse:

— Você desconhece completamente o homem a quem estou te levando. É melhor que leve uma flor do que uma pedra de presente para ele.

Embora não conseguisse entender, ele disse:

— Não há mal algum, posso levar os dois. Vamos ver.

Quando chegou lá, ofereceu seu diamante, que carregava em uma das mãos, e Buda simplesmente disse:

— Largue isso!

De fato, o que ele poderia fazer? Largou o diamante. Pensou que talvez a esposa estivesse certa. Na outra mão estava carregando a flor de lótus e, quando tentou oferecê-la, Buda disse:

— Largue isso!

Largou a flor também e ficou um pouco temeroso, pois o homem parecia ser insano, mas, por outro lado, 10 mil discípulos. E ficou lá pensando que as pessoas devem estar pensando que ele é estúpido. E Buda falou pela terceira vez:

– Não está me ouvindo? Largue isso!

Prasenjita disse para si mesmo: "Ele realmente é louco! Larguei o diamante, larguei a flor de lótus, e agora não tenho nada."

E naquele exato momento Sariputta, um antigo discípulo de Buda Gautama, começou a rir. A risada fez com que Prasenjita se voltasse para ele e perguntasse:

– Por que você está rindo?

– Você não entende a linguagem. Ele não está dizendo para você largar o diamante e a flor de lótus. Está dizendo para largar a si mesmo, para abandonar o ego. Você pode ter o diamante e a flor de lótus, mas abandone o ego.

"Não o pegue de volta", acrescentou Sariputta.

Aqueles foram belos dias. De repente, um novo céu se abriu para Prasenjita. Deixou-se cair aos pés de Buda Gautama em uma humildade absoluta, e nunca mais o deixou. Tornou-se parte da grande caravana que costumava seguir Buda Gautama. Esqueceu-se de tudo que se relacionava ao seu reino, tudo. A única coisa que restou foi esse belo homem, essa enorme graça, esse magnetismo invisível, esses olhos e esse silêncio. E ele foi tomado por tudo isso.

Não é uma questão de crença nem de conversão, de argumentação. Trata-se da mais alta qualidade do amor. É raro encontrar um mestre nos dias de hoje, e há muitos impostores. Uma das coisas que se pode dizer a respeito dos impostores é que é possível reconhecê-los de imediato. Quando pedem à pessoa que acredite em alguma coisa, que siga uma determinada regra, regulamento, que tenha fé neles, que nunca duvide, nunca questione, que tenha fé sem dúvidas, esses são os sinais de que são impostores. Onde quer que você os encontre, deve sair do local o mais rápido possível. Entretanto, essas pessoas estão no mundo todo, não apenas no Ocidente, mas no Oriente também. É muito difícil deparar com um mestre capaz de dar às pessoas dignidade, amor, liberdade, que não crie nenhum tipo de escravidão, e que não faça nenhum contrato, e que não queira que as pessoas sejam sua sombra – que queira que as pessoas sejam elas mesmas. No momento que você conseguir encontrar um homem como esse será o maior momento de sua vida. Não o perca. São vários os impostores, mas os mestres autênticos são muito raros.

É lamentável que as pessoas da época atual tenham se esquecido completamente de uma determinada dimensão, e não apenas no Ocidente. No Ocidente, nunca a descobriram, mas, no Oriente, a descobriram, e perderam. E se não há mais mestres que tenham alcançado seu potencial supremo, que se tornaram Deus para si mesmos, então é muito difícil para os discípulos que estão tateando na escuridão, sem poder enxergar, em todos os tipos de desvios, encontrar sua própria dignidade, seu próprio eu. Eu me esforço aqui não para criar discípulos – esse é apenas o prefácio –, mas para criar mestres, o máximo de mestres possível. O mundo precisa imensamente, com urgência, de muitas pessoas com consciência, amor, liberdade e sinceridade. Apenas elas podem criar uma certa atmosfera espiritual que possa impedir que este mundo seja destruído pelas forças suicidas, que são muito poderosas, mas não mais poderosas do que o amor.

# Zorba, o Buda

"Qual é a sua ideia sobre rebelião e rebelde?"

Minha ideia sobre rebelião e rebelde é muito simples: um rebelde é um homem que não vive como um robô condicionado pelo passado. A religião, a sociedade, a cultura – qualquer coisa que seja do passado – não interferem de forma alguma em seu modo de vida, em seu estilo de vida.

O rebelde vive individualmente... não como uma peça da engrenagem, mas como uma unidade orgânica. Sua vida não é decidida por qualquer outra pessoa, mas por sua própria inteligência. A própria fragrância de sua vida é a da liberdade. Ele não apenas vive na liberdade, mas também permite que todos os demais também vivam nela. Não permite que ninguém interfira em sua vida, nem interfere na vida de ninguém. Para ele, a vida é sagrada, e a liberdade, o valor final. Ele é capaz de sacrificar tudo pela liberdade: respeitabilidade, status, e até mesmo a própria vida. Liberdade, para o rebelde, é o que Deus costumava ser para as pessoas ditas religiosas no passado. A liberdade é seu Deus.

Os homens viveram, ao longo dos tempos, como ovelhas, como parte de uma multidão, seguindo suas tradições, convenções, escrituras antigas e velhas disciplinas. Mas o modo de vida era anti-individual: aquele que é cristão não pode ter uma vida individualista, aquele que é hindu não pode ser individualista.

Rebelde é aquele que vive totalmente de acordo com a própria luz e arrisca tudo pelo valor final que é a liberdade. O rebelde é a pessoa contemporânea.

As multidões não são contemporâneas. Os hindus acreditam nas escrituras que têm 5 mil ou 10 mil anos de idade. Esse também é o caso de outras religiões. Os mortos estão dominando os vivos. O rebelde se rebela contra os mortos e controla sua própria vida. Não tem medo de ficar sozinho, pelo contrário, preza a solidão como se fosse um dos tesouros mais preciosos. A multidão dá às pessoas proteção e segurança à custa da alma de cada uma, escravizando-as. Além disso, dá orientações de como viver: o que fazer, o que não fazer. No mundo inteiro, toda religião oferece algo como os dez mandamentos, e estes foram feitos por pessoas que não tinham ideia de como seria o futuro, de como a consciência do homem seria no futuro. É como se uma criança pequena estivesse para escrever a história de toda a sua vida sem saber nada do que significa juventude, sem saber nada sobre a velhice, sem saber absolutamente nada sobre o que é a morte.

Todas as religiões são primitivas, brutas, e têm moldado a vida das pessoas. É natural, pois o mundo inteiro está cheio de sofrimento: o ser humano não tem permissão para ser ele mesmo. Toda cultura quer que ele seja apenas uma cópia em papel carbono, nunca sua face original.

O rebelde é aquele que vive de acordo com a própria luz e que se move de acordo com a própria inteligência. Cria seu caminho ao andar por ele, não segue a multidão na autoestrada. Sua vida é perigosa, mas a vida que não é perigosa não é vida.

Aceita o desafio do desconhecido. Não atende o desconhecido que virá no futuro, preparado pelo passado. É isso que cria toda a angústia da humanidade: o passado prepara o ser humano e o futuro nunca vai ser passado. O ontem de alguém nunca será seu amanhã. Mas, até agora, é assim que o homem tem vivido: o seu ontem o prepara para o seu amanhã. A própria preparação se torna um empecilho. Ele não pode respirar livremente, não pode amar livremente, não pode dançar com liberdade, pois o passado o paralisa de todas as maneiras possíveis. O fardo do passado é tão pesado que todo mundo é esmagado sob ele. O rebelde simplesmente diz adeus ao passado.

Trata-se de um processo constante, e é por isso que ser um rebelde é estar em constante rebeldia, pois cada momento se tornará passado, todo dia será transformado em passado. Não é que o passado já esteja no cemitério, mesmo porque o homem circula pelo passado a todo momento. Portanto, o rebelde tem que aprender uma nova arte: a arte de morrer a cada momento que passa, de modo que possa viver livremente no novo momento que chega.

O rebelde permanece em um processo contínuo de rebelião, não é estático. E é aqui que faço uma distinção entre o revolucionário e o rebelde. O revolucionário também é condicionado pelo passado. Pode não ser condicionado por Jesus Cristo ou por Buda Gautama, mas é condicionado por Karl Marx, Mao Tsé-Tung, Joseph Stalin, Adolf Hitler ou Benito Mussolini... não importa quem o condiciona. O revolucionário tem sua própria Bíblia sagrada: *O capital*; sua terra sagrada: a União Soviética; sua própria Meca: o Kremlin. E, como qualquer outra pessoa religiosa, não vive de acordo com a própria consciência. Pelo contrário, o revolucionário vive de acordo com uma consciência criada por outros. Assim, o revolucionário não é nada além de um reacionário. Ele pode ser contra determinada sociedade, mas é sempre a favor de outra sociedade. Ele pode ser contra uma cultura, mas está pronto para aceitar outra cultura. Apenas continua a se deslocar de uma prisão para outra – do cristianismo para o comunismo, de uma religião para outra, do hinduísmo para o cristianismo. O revolucionário apenas muda de prisão.

O rebelde simplesmente sai do passado e nunca permite que o passado o domine. É um processo constante. A vida inteira do rebelde é um fogo que queima. Até o último suspiro, o rebelde tem o frescor da juventude. Não vai responder a nenhuma situação de acordo com sua experiência passada. Toda situação será respondida por ele de acordo com sua consciência no presente.

Para mim, ser rebelde é a única forma de ser religioso, e as ditas religiões não são religiões, em absoluto. As religiões destruíram completamente a humanidade, escravizaram os seres humanos e acorrentaram suas almas. Embora possa parecer que por fora o ser humano é livre, internamente ele mantém uma consciência criada pelas religiões que o domina constantemente. Rebelde é aquele que joga fora todo o passado por querer viver sua própria vida de acordo com os próprios anseios, de acordo com sua própria natureza, e não de acordo com algum Buda Gautama, ou de acordo com algum Jesus Cristo ou Moisés.

O rebelde é a única esperança para o futuro da humanidade.

O rebelde vai destruir todas as religiões, todas as nações, todas as raças, porque todas elas estão podres, acabadas, impedindo o progresso da evolução humana. Não permitem que ninguém se desenvolva plenamente: em vez de seres humanos habitando a Terra, querem ovelhas.

Jesus diz continuamente: "Sou o seu pastor e você é a minha ovelha..." E é de se perguntar por que nunca nenhum homem se levantou e argumentou: "Que tipo de absurdo você está falando? Se somos ovelhas, então você também é uma ovelha, e se você é um pastor, então também somos pastores." Não apenas seus contemporâneos... porém, nenhum cristão nos últimos 2 mil anos levantou a questão de que isso é um grande insulto à humanidade, uma grande humilhação chamar seres humanos de ovelhas enquanto chama a si mesmo de pastor, de salvador.

"Eu vim para te salvar"... e ele não pôde salvar a si mesmo! Ainda assim, quase metade da humanidade tem a esperança de que ele vai voltar para salvá-la. O ser humano não pode salvar a si mesmo. É preciso a interferência do único filho gerado por Deus, Jesus Cristo. E ele prometera para seu povo: "Chegarei em breve, em sua própria vida"... e 2 mil anos se passaram, muitas vidas se passaram e parece não haver nenhum sinal, nenhum indício...

Mas todas as religiões têm feito o mesmo, de maneiras diferentes. Krishna diz no Gita que sempre que houver sofrimento, sempre que houver angústia, sempre que houver a necessidade, "vou voltar, repetidas vezes". Cinco mil anos se passaram e ele não foi visto uma vez sequer. Não importa o "repetidas vezes"! Essas pessoas, por mais belas que possam ser suas declarações, não tiveram respeito com a humanidade. O rebelde respeita o ser humano e a vida, tem um profundo respeito por tudo o que cresce, prospera, respira. Não se coloca acima dos outros, em uma posição mais sagrada, mais elevada. Ele é apenas um entre os homens. E pode reivindicar somente uma única coisa: ele é mais corajoso do que os outros. O rebelde não pode salvar os homens, pois estes só podem ser salvos pela própria coragem. O rebelde não pode conduzir os homens, apenas a própria coragem deles é que pode levá-los à realização de suas vidas.

Rebelião é um estilo de vida. Para mim, essa é a única religião autêntica. Isso por que, aquele que vive de acordo com a própria luz, pode muitas vezes seguir por um mau caminho e falhar muitas vezes e, no entanto, cada falha, cada desvio o tornará mais sábio, mais inteligente, mais compreensivo, mais humano. Não há outra maneira de aprender a não ser cometendo erros. Só não cometa o mesmo erro novamente. Não há Deus, exceto a própria consciência de cada um. Não há necessidade de qualquer papa, aiatollah Khomeini ou qualquer *shankaracharya* para ser mediador entre o homem e Deus. Eles são os grandes criminosos do mundo, porque estão explorando o desamparo do ser humano.

Há algum tempo o papa declarou um novo pecado: que as pessoas não devem se confessar diretamente com Deus, elas têm de se confessar por intermédio do padre. Confessar diretamente com Deus, ou seja, comunicar-se diretamente com Deus, é um novo pecado. Estranho... pode se ver claramente que isso não é religião, que isso é um negócio, pois, se as pessoas começarem a se confessar diretamente com Deus, então, quem é que vai se confessar com o padre e cumprir a penalidade? O padre se torna inútil, e o próprio papa se torna inútil. Todos os padres fingem que são mediadores entre o homem e a fonte suprema da vida. Não sabem nada da fonte suprema de vida, pois apenas cada um dos homens é capaz de conhecer a própria fonte de vida. No entanto, sua fonte de vida é também a fonte suprema de vida, uma vez que os homens não estão isolados. Nenhum homem é uma ilha, os homens são um vasto continente por debaixo. Talvez na superfície o homem possa parecer uma ilha, e existem muitas ilhas, mas lá no fundo, no oceano, encontra-se com outros homens. O homem é parte de uma terra, de um continente. O mesmo se aplica à consciência.

Mas é preciso estar livre de Igrejas, templos, mesquitas, sinagogas. O homem tem que ser apenas ele próprio e assumir o desafio da vida para onde quer que ela o conduza. O homem é seu próprio guia. O homem é seu próprio mestre.

É uma velha associação e um mal-entendido dizer que, para ser um não conformista, é preciso ser um rebelde. O não conformista é um reacionário, age por raiva e ódio, e com violência e ego. Sua ação não é baseada na consciência. Embora vá contra a sociedade, apenas estar contra a sociedade não significa necessariamente estar certo. Na verdade, na maior parte das vezes, ir de um extremo ao outro é sempre ir de uma injustiça a outra. O rebelde tem enorme equilíbrio, e isso não é possível sem consciência, sem estar alerta, sem ter grande compaixão. Não se trata de uma reação, mas de uma ação, e não uma ação contra o velho e sim em prol do novo. O não conformista é apenas contra o velho, contra o estabelecido, mas não tem nenhuma concepção criativa do por que é contra, não tem nenhuma visão do futuro. O que fará se for bem-sucedido? Ficará confuso e completamente constrangido. Nunca pensou sobre isso. Nunca sentiu constrangimento porque nunca teve sucesso. Seu fracasso tem sido um grande abrigo para ele. Quando eu digo "reação" quero dizer que a orientação do não conformista é basicamente dependente: não age com liberdade e independência. Isso tem implicações muito profundas. Quer dizer que sua ação é apenas um subproduto, além de poder significar que sua ação pode ser controlada com muita facilidade. Há uma pequena história sobre *mulla* Nasruddin, um não conformista, um reacionário fundamental, uma mente absolutamente negativa. Se seu pai dissesse: "Você tem que ir para a direita", seria certo que ele iria para a esquerda. Logo o pai percebeu isso e, então, passou a não ter mais problemas. Quando queria que o filho fosse para a direita, dizia: "Por favor, vá para a esquerda", e o *mulla* ia para a direita. Embora o filho fosse desobediente e não conformista, não tinha a menor consciência de que era orientado, ordenado, controlado e que, na verdade, fazia o que o pai queria que ele fizesse.

Pouco a pouco o filho também se tornou consciente: "Qual é o problema? Antes, meu pai costumava ficar muito irritado quando me dizia para ir para a direita e eu ia para a esquerda. Continuo a ser desobediente como sempre, mas agora ele nunca reclama." Logo ele descobriu a estratégia.

Um dia o velho pai e Nasruddin estavam ambos atravessando o rio com o jumento deles e, sobre o jumento, havia um grande saco de açúcar. O saco estava inclinado mais para a direita e havia o perigo de que pudesse escorregar e cair no rio.

O pai estava atrás e pensou: "Tenho um filho tão esquisito que, se eu disser: 'Desloque o saco para a esquerda', ele vai mover o saco imediatamente para a direita e este vai cair no rio, e todo o açúcar será perdido."

Então o pai, achando que o filho fosse deslocar o saco para a esquerda de acordo com a antiga experiência, gritou:

– Nasruddin, desloque o saco para a direita.

No entanto, a esta altura, Nasruddin já tinha descoberto a artimanha e, então, disse:

– Está bem.

Dito isso, o filho puxou o saco para a direita, e o saco caiu no rio!

– O que aconteceu? Você não está mais desobediente? – perguntou então o pai.

– Agora vou decidir, cada vez, se vou ser obediente ou não. Não vou ter uma filosofia fixa, vou mudar de acordo com a situação, porque você foi astuto comigo, e andou me enganando. Sou seu filho e, mesmo assim, andou me enganando! Você vinha me dando ordens de tal forma que eu tinha que desobedecer. De hoje em diante, esteja alerta. Posso tanto obedecer, como posso desobedecer. De hoje em diante, não vou ser previsível, controlável, não vou mais ficar nas suas mãos – respondeu o filho.

O não conformista está sempre nas mãos da sociedade e do poder instituído. O poder instituído precisa apenas ser um pouco mais esperto e astuto para daí então poder usar o não conformista com muita facilidade, sem qualquer dificuldade.

Entretanto, o poder instituído nunca poderá usar o rebelde, porque ele não reage ao poder estabelecido. O rebelde tem uma visão do futuro, de um novo homem, de uma nova humanidade. Trabalha para criar esse sonho e para transformá-lo em realidade. Se ele for contra a sociedade, é porque esta se constitui um obstáculo ao seu sonho. Seu foco não está no poder instituído, seu foco está no futuro desconhecido, na possibilidade potencial. Age motivado por sua liberdade, por sua visão, por seu sonho. Sua consciência decide qual caminho seguir.

**"Qual é a relação entre o seu rebelde e 'Zorba, o Buda'?"**

O meu rebelde, o meu novo homem, é "Zorba, o Buda". A humanidade acredita na realidade da alma e no caráter ilusório da matéria ou na realidade da matéria e no caráter ilusório da alma.

Pode-se dividir a humanidade do passado em espiritualistas e materialistas. No entanto, ninguém se preocupa em olhar para a realidade do homem. O homem é tanto espírito quanto matéria. Não é nem apenas espiritualidade, uma vez que não é apenas consciência, nem apenas matéria. O homem é uma grande harmonia entre matéria e consciência.

Ou, talvez, matéria e consciência não sejam duas coisas, mas tão somente dois aspectos de uma única realidade: a matéria é a parte externa da consciência e a consciência é a parte interna da matéria. Mas não foi um único filósofo, sábio ou místico religioso do passado que declarou essa unidade, pois eram todos a favor da divisão do homem, vindo a chamar um lado de real e o outro, de irreal. Isso criou uma atmosfera de esquizofrenia em todo o mundo.

Não se pode viver apenas como um corpo. É o que Jesus quer dizer quando diz "O homem não pode viver só de pão", mas isso é só metade da verdade. Não se pode viver apenas como consciência, da mesma forma que não se pode viver sem pão. O homem tem duas dimensões de seu ser, e ambas têm de ser cumpridas, dadas as mesmas oportunidades de crescimento. Porém, o passado era ou a favor de uma e contra a outra, ou a favor da segunda e contra a primeira.

O homem não foi aceito como uma totalidade. Isso criou sofrimento, angústia e imensa escuridão, uma noite que dura há milhares de anos e que parece não ter fim. Se escuta o corpo, condena a si mesmo, se não escuta o corpo, sofre – passa fome, tem sede, sente-se impotente. Se escuta só a consciência, seu crescimento será desigual: sua consciência vai crescer, mas seu corpo vai encolher, e o equilíbrio será perdido. E na balança se encontra sua saúde, na balança se encontra sua totalidade, na balança está sua alegria, sua canção, sua dança. O Ocidente escolheu escutar o corpo e se tornou completamente surdo no que tange à realidade da consciência. O resultado final é a grande ciência, a grande tecnologia, uma sociedade rica, uma riqueza das coisas mundanas, das coisas comuns. E em meio a essa abundância um pobre homem sem alma, completamente perdido, sem saber quem ele é, sem saber por que ele é, sentindo-se um acidente ou uma aberração da natureza. A menos que a consciência cresça com a riqueza do mundo material, o corpo – a matéria – se torna muito pesado e a alma, muito fraca. O homem está muito sobrecarregado por suas próprias invenções, suas próprias descobertas. Em vez de criar uma bela vida para o homem, essas descobertas criam uma vida que é considerada por toda a sociedade intelectual do Ocidente como não sendo digna de ser vivida. O Oriente escolheu a consciência e condenou a matéria e tudo o que seja matéria, incluindo-se o corpo, como *maya*, ilusório, uma miragem em um deserto que tem apenas aparência, mas não é real. O Oriente criou um Buda Gautama, um Mahavira, um Patanjali, um Kabir, um Farid, um Raidas, uma fila longa de pessoas com grande consciência, com grande sensibilidade. Mas também criou milhões de pessoas pobres, famintas, que morrem de fome, que morrem como cachorros, uma vez que não têm comida suficiente, não têm água pura para beber, não têm roupas suficientes, não têm bastantes abrigos.

Uma situação estranha... No Oeste, a cada seis meses, é preciso afundar o referente a bilhões e bilhões de dólares em produtos lácteos e outros gêneros alimentícios no oceano, porque há excedente. Não querem sobrecarregar seus depósitos, não querem reduzir seus preços e destruir a estrutura econômica. Por um lado, morriam na Etiópia mil pessoas por dia e, por outro, o Mercado Comum Europeu estava destruindo tanta comida que o custo da destruição era de milhões de dólares. Este não é o custo da comida, é o custo de transportá-la até o oceano e jogá-la no mar. Quem é responsável por essa situação?

O homem mais rico no Ocidente está em busca de sua alma, por se sentir vazio, sem qualquer amor, apenas luxúria, sem qualquer oração, apenas palavras decoradas que lhe foram ensinadas nas escolas dominicais. Ele não tem nenhuma religiosidade, nenhum sentimento pelos outros seres humanos, nenhum respeito pela vida, pelos pássaros, pelas árvores, pelos animais. E a destruição é tão fácil. Hiroshima e Nagasaki não teriam acontecido se o homem não tivesse considerado ser apenas matéria. Muitas armas nucleares não teriam sido acumuladas se o homem tivesse considerado ser um Deus oculto, um esplendor escondido, e não para ser destruído, mas para ser descoberto e trazido para a luz – para ser um templo de Deus. Entretanto, se o homem é somente matéria, isto é, química, física, um esqueleto coberto com pele, então, com a morte, tudo morre, nada permanece. É por isso que se torna possível para um Adolf Hitler matar 6 milhões de pessoas, sem problemas. Se todas as pessoas são apenas matéria, não há dúvida sequer de pensar duas vezes.

O Ocidente perdeu sua alma, sua interioridade. Cercado por insignificância, tédio, angústia, não consegue encontrar a si mesmo. Todo o sucesso da ciência está se revelando inútil, pois a casa está cheia de tudo quanto é coisa, mas o mestre da casa está ausente. No Oriente, o mestre está vivo, mas a casa está vazia. É difícil ter alegria com estômagos famintos, com corpos doentes, com a morte no entorno, e é impossível meditar. Portanto, os homens, em geral, foram vencidos, desnecessariamente. Tanto os espiritualistas quanto os materialistas, além de todos os seus santos e todos os seus filósofos, são responsáveis por esse grande crime contra o homem.

Zorba, o Buda, é a resposta. É a síntese da matéria e da alma. É uma declaração de que não há conflito entre a matéria e a consciência, de que é possível ser rico de ambos os lados. O homem pode ter tudo que o mundo pode oferecer, que a ciência e a tecnologia podem produzir, além de ainda poder ter tudo que um Buda, um Kabir, um Nanak encontram em seu ser interior: as flores do êxtase, a fragrância da piedade, as asas da liberdade suprema. Zorba, o Buda, é o novo homem, é o rebelde.

Sua rebeldia consiste em destruir a esquizofrenia do homem, destruir a capacidade de divisão – a espiritualidade versus o materialismo e o materialismo versus a espiritualidade. É um manifesto para que o corpo e a alma permaneçam juntos:

de modo que a existência seja repleta de espiritualidade, que até mesmo as montanhas estejam vivas, que mesmo as árvores sejam sensíveis, que toda a existência seja tanto matéria como consciência ou, talvez, apenas uma energia que se expresse de duas maneiras, como matéria e como consciência. Quando é purificada, a energia se expressa como consciência. Por outro lado, quando é bruta, impura, densa, a energia aparece como matéria. Mas a existência como um todo não é nada mais do que um campo de energia.

Essa é minha experiência, e não minha filosofia. E é apoiada pela física moderna e por pesquisas.

O homem pode ter ambos os mundos ao mesmo tempo. Não precisa renunciar a este mundo para ter o outro, nem tem que negar o segundo mundo para desfrutar do primeiro. Na verdade, ter somente um mundo, quando é possível ter ambos os mundos, é ser pobre sem ter necessidade.

Zorba, o Buda, é a possibilidade mais rica. Ele vai viver sua natureza ao máximo e vai cantar músicas desta Terra. Não vai trair nem a Terra nem o céu. Vai reivindicar não só tudo o que esta Terra oferece – todas as flores, todos os prazeres –, mas também todas as estrelas do céu. Vai reivindicar toda a existência como sua morada.

O homem do passado era pobre porque dividia a existência. O novo homem, o meu rebelde, Zorba, o Buda, reivindica o mundo inteiro como sua morada. Tudo o que está contido no mundo é para os homens, e eles têm que usá-lo de todas as maneiras possíveis, sem qualquer culpa, sem qualquer conflito, sem qualquer escolha. Desfrutar, sem escolher, de tudo que se é capaz de desfrutar com a matéria e se alegrar com tudo que se é capaz de alegrar-se com a consciência.

Seja um Zorba, mas não pare por aí. Continue avançando para ser um Buda. Zorba é metade, Buda é metade.

Eis uma velha história:

Em uma floresta próxima a uma cidade viviam dois mendigos. Naturalmente, eles eram inimigos entre si, como são todos os profissionais, sejam dois médicos, dois professores ou dois santos. Um era cego e o outro, manco, e ambos eram muito competitivos. Passavam o dia todo competindo um com o outro, pela cidade.

Mas, numa noite, suas cabanas pegaram fogo, porque a floresta inteira estava em chamas. O homem cego podia correr para fora, mas não podia ver *para onde* correr, não podia ver para onde o fogo ainda não tinha se alastrado. O homem manco podia ver que ainda havia possibilidades de escapar do fogo, mas não podia correr dali. O fogo estava muito rápido, muito selvagem, de modo que o homem manco só conseguia ver a sua morte chegando. Ambos perceberam que precisavam um do outro. O homem manco teve uma percepção súbita: "O homem cego pode correr, e eu posso ver." Esqueceram-se de toda a competitividade entre eles. Em um momento tão crítico, quando ambos depararam com a morte, cada um deles esqueceu toda a inimizade estúpida. Criaram uma grande síntese: concordaram que o homem cego carregaria o homem manco nos ombros. Assim, funcionariam como um único homem: o homem manco poderia ver e o homem cego poderia correr. Com isso, salvaram suas vidas. E, em função de terem salvado a vida um do outro, tornaram-se amigos. Pela primeira vez, abandonaram o antagonismo que existia entre eles.

Zorba é cego, ele não pode ver, mas pode dançar, pode cantar, pode se alegrar. Por outro lado, o Buda pode ver, mas pode tão somente ver. Buda é puro olhar, apenas clareza e percepção, mas não pode dançar e, como é aleijado, não pode cantar nem alegrar-se.

Está na hora. O mundo é um grande incêndio, e a vida de todo mundo está em perigo. O encontro de Zorba com Buda pode salvar toda a humanidade. O encontro deles é a única esperança. Buda pode contribuir com consciência, clareza, olhos para ver além, olhos para ver o que é praticamente invisível. Zorba pode dar todo o seu ser para a visão de Buda e contribuir para que esta não permaneça somente como uma visão seca, mas que se transforme em um modo de vida que prime pela dança, pela alegria e pelo êxtase.

Eu estou dando a Buda a energia para dançar e estou dando a Zorba olhos para ver além dos céus, em direção a destinos distantes da existência e da evolução. O meu rebelde não é nada mais, nada menos, do que Zorba, o Buda.

# Informações adicionais

### www.OSHO.com

Um site de fácil compreensão que abriga a revista e os livros de OSHO, o acervo da OSHO Talks, em formato de áudio e vídeo, e os textos da OSHO Library, em inglês e híndi, além de ampla informação sobre a OSHO Meditations. Você poderá encontrar o programa da OSHO Multiversity e mais detalhes sobre o Resort Internacional de Meditação OSHO.

## SITES:

http://OSHO.com/resort
http://OSHO.com/AllAboutOSHO
http://OSHO.com/shop
http://www.youtube.com/OSHO
http://www.twitter.com/OSHOtimes
http://facebook.com/pages/OSHO.International
http://www.flickr.com/photos/oshointernational

Para entrar em contato com a **OSHO International Foundation**: www.osho.com/oshointernational

# RESORT INTERNACIONAL DE MEDITAÇÃO

O Resort Internacional de Meditação Osho é um ótimo local para passar férias e para ter uma experiência pessoal direta de uma nova maneira de viver, com mais atenção, relaxamento e diversão. Localizado em Puna, Índia, aproximadamente 160 quilômetros a sudeste de Mumbai, o resort oferece uma variedade de programas a milhares de pessoas que o visitam a cada ano, procedentes de mais de cem países.

Criada originalmente como um retiro de verão destinado a marajás e a colonialistas ingleses abastados, Puna é atualmente uma cidade moderna e próspera, que abriga inúmeras universidades e indústrias de alta tecnologia.

O Resort de Meditação ocupa uma área de mais de quarenta acres em um bairro residencial muito arborizado, chamado Koregaon Park. Seu *campus* oferece um número limitado de acomodações para visitantes numa nova casa de hóspedes, mas existe uma grande variedade de hotéis e apartamentos próximos, que ficam disponíveis para permanência de alguns dias a vários meses.

Os programas do Resort de Meditação se baseiam todos na visão de Osho de um novo tipo de ser humano, capaz, ao mesmo tempo, de participar criativamente da vida cotidiana e de buscar relaxamento no silêncio e na meditação. Realizada em instalações modernas, com ar-condicionado, a maioria dos programas inclui uma variedade de sessões individuais, cursos e workshops, que abrangem desde artes criativas até tratamentos holísticos de saúde, terapia e transformação pessoal, ciências esotéricas, abordagem zen nos esportes e recreação, questões de relacionamento e transições significativas da vida para homens e mulheres. Sessões individuais e workshops em grupo são oferecidos durante todo o ano, ao lado de uma programação diária integral de meditações.

Cafés e restaurantes ao ar livre, situados na própria área do resort, servem cardápios indianos tradicionais e uma variedade de pratos internacionais, todos feitos com vegetais produzidos organicamente na própria fazenda. O *campus* tem seu próprio suprimento de água potável de boa qualidade.

www.osho.com/resort

Este livro foi composto na tipologia Adobe Caslon Pro,
em corpo 11/15,25, e impresso em papel off-white
no Sistema Cameron da Divisão Gráfica
da Distribuidora Record.